영미소설 해설총서 *8*

George Eliot

The Mill on the Floss

플로스강의 물방앗간

한애경 지음

신아사

『영미소설 해설총서』를 발간하며

『영미소설 해설총서』가 한국근대영미소설학회에 의해 기획되어 출판이 시작된 지 5년이 흘렀습니다. 한국근대영미소설학회는 대학에서 영미소설을 가르치고 연구하는 교수들의 모임으로써, 그동안 『18세기 영국소설 강의』, 『19세기 영국소설 강의』, 『19세기 미국소설 강의』, 『미국소설사』, 『영국소설사』, 『미국소설 명장면 모음집』, 『영국소설 명장면 모음집』 등 영미소설에 관한 중요한 책들을 출판해 왔습니다.

『영미소설 해설총서』는 한국근대영미소설학회의 일곱 번째 기획 사업입니다. 당시 이 사업을 기획하셨던 김정희 회장님께서는 그 의의를 다음과 같이 머리말에서 쓰고 있습니다.

> 많은 시간을 요구하는 영미소설 읽기가 그 노력에 상응하는 즐거움과 결실을 준다는 믿음을 바탕으로 근대영미소설학회는 그동안 영미소설읽기가 보다 보편화되는 데 앞장서고자 여러 가지 기획물을 출판해왔습니다. 지금까지의 기획물들은 영미소설에 대한 개괄적 지식을 제공하고 영미소설전반에 대한 진지한 관심과 호기심을 끌어내는 일에 초점이 맞춰져 있었다고 볼 수 있습니다. 그러나 이번에 시작한 새 기획물인 『영미소설 해설총서』는 한국 독자가 개별 작품 전권을 독파하려할 때 반드시 필요한 정보와 믿음직한 조언을 제공한다는 취지로 만든 것입니다.

이러한 취지로 시작한 『영미소설 해설총서』가 4권 정도만 출판된 채 그동안 다소 지연되고 있었던 데에는 여러 가지 이유가 있겠으나, 무엇보다 전문분야에 따라 각 권의 출판을 맡으신 교수님들이 완벽한 전문 해설서를 내고자 하는 의욕이 크신 한편 강의와 연구로 바쁜 일정 때문에 원고 출고가 미루어지고 있었기 때문이라고 할 수 있습니다.

그러나 영문학을 전공하는 학부생들이나 대학원생들 뿐 아니라 영미소설에 관심을 가지고 영미문학과 문화를 이해하고 인간에 대한 이해를 넓혀가려는 많은 일반 독자들에게 영미의 주옥같은 소설들에 대한 좋은 해설서를 제공하는 것이 얼마나 중요한지를 인식하시는 교수님들의 의욕이 다시 이 해설총서 시리즈를 살아나게 하셨고, 이에 2009년부터 출판을 재개하게 된 점을 매우 기쁘고 감사하게 생각합니다.

『영미소설 해설총서』는 영미의 가장 대표적인 소설들을 선정하여 각 작품에 대한 깊이 있는 이해를 제공할 뿐 아니라 원전으로 읽는 영미소설의 즐거움을 제공하게 될 것입니다. 무엇보다 각 해설서가 그 작품에 대해 전문적인 연구를 해오신 교수님들에 의해 쓰여짐으로써 권위 있는 해설이 주는 책읽기의 즐거움을 제공할 것입니다.

이 총서의 각 권은 작가 소개, 작품의 배경 소개, 작품 본문에 대한 장별 해설 및 주석, 등장인물 소개와 분석, 작품의 언어 및 기교 분석, 토론 주제 및 생각거리 제시, 비평적 접근 소개, 참고문헌 등으로 구성되어 있습니다. 이러한 구성은 영문학 전공자와 일반 독자 모두에게 해당 소설에 대한 이해에 있어서 깊이와 폭을 제공할 것입니다.

다시 출판이 재개된 『영미소설 해설총서』 시리즈가 부디 많은 독자들에게 영미소설을 읽는 즐거움과 보람을 제공하게 될 것을 소망하면서, 기획과 출판에 참여해주신 모든 교수님들께 심심한 감사를 드립니다. 특히 출판이 지연되고 있는 기간에도 인내심을 가지고 기다려주시고 다시 『영미소설 해설총서』의 출판을 맡아주신 신아사에게 특별한 감사를 드립니다.

한국근대영미소설학회장

오정화

차 례

영미소설 해설총서 8『플로스강의 물방앗간』

George Eliot

The Mill on the Floss

I. 작가와 작품배경

I. 작가와 작품배경

George Eliot

작가의 생애와 시대 배경

George Eliot, 1819-1880

A. 조지 엘리엇(George Eliot) 생애

어린 시절

조지 엘리엇(George Eliot, 1819-1880)은 메리 앤 에반스(Mary Ann Evans, 이후에는 매리앤 에반스Marian Evans)의 남성 필명이다. 그녀는 1819년 11월 22일 영국 워릭셔(Warwickshire)의 아버리(Arbury)에 위치한 사우스 팜 농장(South Farm)에서 태어났다. 아버지인 로버트 에반즈(Robert Evans)는 목수 교육 외에 정규 교육이라고는 거의 받지 못했지만, 독학으로 공부하여 대지주인 뉴디게이트(Newdigate) 소유의 아버리 홀(Arbury Hall)을 관리하는 토지 관리인이 되었다. 그는 귀족의 토지를 관리해 주면서 자신의 토지도 조금 소유한 독립적인 농부이자, 사회가 산업화되고 도시화됨에 따라 몰락하던 자작농(yeoman)으로서, 이후 『애덤 비드』(*Adam Bede*)에 등장하는 농부 애덤의 모델이 되었다. 그는 1801년에 해리엇 포인튼(Harriet Poynton)과 결혼하여 로버트(Robert)와 프랜시스(Frances), 루시(Lucy) 등 세 자매를 낳았다. 그는 결혼한 지 8년 만에 아내가 죽자 4년 후인 1813년 크리스티나 피어슨(Christina Pearson)과 재혼했으며, 매리앤은 이 재혼에서 태어난 세 자녀(Christiana, Isaac, Mary Ann) 중 막내였다. 매리앤과 오빠 아이작의 어린 시절 이야기는 『플로스강의 물방앗간』(*The Mill on the Floss*, 1960, 이하 『물방앗간』으로 약칭함)의 매기(Maggie)와 톰(Tom)의 남매관계에 잘 묘사되어 있다. 에반즈 가족은 칠버스 코튼(Chilvers Cotton) 교구의 그리프 하우스(Griff House)로 이사하게 된다.

어머니가 매우 병약했던 탓에 매리앤은 5세부터 여러 기숙학교에서 당시로서는 상당한 교육을 받았다. 1824년에는 언니 크리스티나와 함께 애틀보로(Attleborough)의 기숙학교에 입학했으며, 당시 8세였던 매리앤은 월터 스콧(Waler Scott)의 『웨이벌리』(*Waverley*, 1814)를 읽고 나서 스콧의 세계에 빠졌다.

넌이튼

넌이튼의 타운 센터와 그 앞에 세워져 있는 조지 엘리엇의 동상

1828년에 두 자매는 넌이튼(Nuneaton)의 기숙학교에 입학했으며, 피아노 솜씨가 뛰어난 매리앤은 학교에 손님이 오면 응접실에 불려나가 피아노를 연주하곤 했다. 매리앤은 1828년부터 1832년까지 이 기숙학교에 다녔으며, 이곳에서 열렬한 복음주의자였던 교장 마리아 루이스(Maria Lewis)의 영향을 크게 받았다. 매리앤은 루이스의 영향으로 20세까지 독서나 연극 구경 같은

세속적 즐거움을 포기하고 종교적 헌신과 자기 절제에 몰두하게 된다. 이런 변화는 『물방앗간』의 5권에서 반항적이던 매기가 토마스 아 켐피스(Thomas ă Kempis)의 『예수의 모방』(*The Imitation of Christ*)을 읽고 경건한 복음주의자(Evangelicalist)로 변하는 데서 그려진다. 하지만 이런 극단적인 경건함과 엄격함은 곧 끝나버린다. 1832년에 매리앤은 코벤트리(Coventry)에 있는 프랭클린 양의 학교(Miss Franklin's school)로 전학하며 이 학교에서 음악과 미술, 영어와 불어, 역사와 수학을 배웠다. 한편 아버지는 여러 선생님들을 집으로 불러 그녀가 광범위하게 지식을 쌓도록 도와주었다.

토마스 아 켐피스(Thomas ă Kempis)

매리앤은 1835년 어머니의 병환 때문에 집에 돌아오게 된다. 1836년에는 어머니가 돌아가시고 1837년에는 결혼한 언니가 집을 떠났기 때문에, 매리앤은 약 10년간 돌아가신 어머니를 대신하여 집안을 보살피게 된다. 오빠인 아이작(Isaac)이 1824년 기술학교에 다닌 반면, 그녀는 독학 및 여러 가정교사의 도움으로 이태리어와 독어, 그리스어와 라틴어를 계속 공부하면서, 놀라운 향학열을 보여준다.

코벤트리

1841년에 오빠가 결혼하자, 엘리엇은 아버지와 함께 당시 급진적 사상의 중심지였던 코벤트리 근처의 폴즈힐(Foleshill)로 이사를 하게 된다. 그런데 이 코벤트리에서 만난 친구들 때문에 그녀의 기독교 신앙이 흔들리게 된다. 엘리엇은 이곳에서 처음으로 찰스 브레이(Charles Bray, 1811-84)와 그의 아내 캐롤라인 등 브레이 집안(Bray family) 사람들을 알게 된다. 또한 그들의 친척이자 자유주의 사상을 지닌 헨넬 집안(the Hennells) 같은 코벤트리의 지성인과 사귀게 된다. 당시 찰스 브레이는 리본 제조업자였으나 자신의 생업보다 지적 탐구에 더 관심이 있었으며, 그의 집은 저명인사들이 모이던 중심지였다. 그녀는 캐롤라인의 오빠 찰스 헨넬(Charls Hennell, 1809-50)의 저서인 『기독교의 기원에 관한 연구』(*An Inquiry into the Origins of Christianity*, 1838)를 읽기 시작했다. 이 책에서는 예수의 부활이 사도들의 상상 속에서 일어난 것일 뿐, 예수의 중요성은 그가 비범한 용기와 통찰력의 소유자라는 사실에 있다고 주장했다. 또한 예수가 하나님의 아들이라는 사도들의 신앙 덕분에 이전에 없던 고귀한 도덕적 비전을 얻게 되었다고 주장한다. 헨넬의 이론 때문에 엘리엇은 기독교 신앙을 상실하게 된다. 이 이론은 그녀의 인간과 사회에 대한 태도에도 큰 영향을 미쳐 그녀는 결국 복음주의(Evangelicalism)를 포기하고 보편적인 인간성(common humanity)에 입각한 비국교 교리를 택하게 된다.

교회출석 거부

1842년 1월 2일 일요일부터 그녀는 아버지와 함께 교회에 출석하기를 거부했다. 이에 격분한 아버지가 집을 나가라고 야단치자, 그녀는 삼주간 오빠네 집에 피신하기도 했다. 5월 중순경 그녀는 오빠의 중재로 교회 출석을 약속함으로써 아버지와 극적 충돌을 피하고 일단 화해하긴 했지만, 이때 정통 기독교에 대한 신앙을 포기하게 된다. 1844년 그녀는 몇 가지 성서학파를 이성적으로 점검한 데이비드 프리드리히 스트라우스(David Friedrich Strauss, 1808-74)의 독어판 『예수의 생애』(*The Life of Jesus*, 1846)를 영어로 번역하기 시작했다. 이 책은 1846년에 급진적인 출판업자인 존 채프만(John Chapman, 1821-94)에 의해 『비평적으로 점검한 예수의 생애』(*The Life of Jesus, Critically Examined*)라는 제목으로 익명으로 출판되었다. 이 책의 출판으로 그녀는 널리 지식인으로 인정받게 되었다. 이 책에서는 신약성서의 예수 신성에 대해 초기 기독교인들이 쓴 신화로 보는 것이 가장 옳다는 결론을 내렸다. 그녀는 1849년에 아버지가 돌아가실 때까지 친구인 찰스 브레이가 편집하는 잡지에 기사와 서평을 기고했으며, 같은 해에는 스피노자(Spinoza)의 『신학적 · 정치적 소책자』(*Tractatus Theologico-Politicus*)를 번역하기 시작했다.

런던생활

그녀는 1849년 아버지가 돌아가시자, 한동안 유럽을 여행하며 스위스에 몇 달간 머물기도 했다. 1850년 런던으로 돌아온 엘리엇은 존 채프먼의 집에 거주하면서 그가 운영하던 『웨스트민스터 리뷰』(*Westminster Review*)라는 당시 영향력 있는 급진적 잡지의 부편집인으로서(1852.1- 1854.7) 많은 에세이를 발표했다. 이런 에세이에서 그녀는 당시 소설에 대한 서평 뿐 아니라 이성주의와 철학의 역사, 지질학과 자연과학 등 빅토리아조 중기의 지적 관심사를 광범위하게 다루었다. 한편 허버트 스펜서(Herbert Spencer)와 존 스튜어트 밀(John Stuart Mill), 해리엇 마르티

조지 헨리 루이스

노(Harriet Martineau), 조지 헨리 루이스(George Henry Lewes, 1817-78) 등 당대의 대표적인 지식인들과도 가까이 교류하였다.

1854년 7월 엘리엇은 포이얼바하(Ludwig Feuerbach, 1804-72)의 『기독교의 본질』(*The Essence of Christianity*)의 번역본을 매리앤 에반스(Marian Evans)라는 이름으로 출판했다. 포이얼바하는 기독교란 동료 인간과 도덕적 관계를 상징적으로 표현하기 위해 인간이 만들어낸 허구라고 주장했다. 이 책의 중심 주장은 신의 속성을 있는 그대로 분석해 인간의 속성을 보이자는 것이다. 이런 포이얼바하의 무신론은 19세기의 부정적 무신론과는 다른 "종교적 무신론"으로서, 독단적인 종교에서 제외시킨 인간적 · 사회적· 물질적 생활로 돌아가자는 일종의 휴머니즘이라 할 수 있다. 이 책에 크게 감명 받은 그녀는 종교를 좀 더 광범한 인간성 속에 포함시키게 된다.

루이스와의 동거

1854년 7월 그녀는 급진적인 자유사상가인 조지 헨리 루이스와 독일로 여행을 갔다가 동거하기 시작했는데, 그녀는 이 동거로 인해 런던 사회에 큰 물의를 일으키게 된다. 『리더』(*The Leader*)라는 잡지의 편집자, 소설가이자 비평가, 번역가, 저널리스트, 사상가, 배우였던 루이스는 이미 애그니스 저비스(*Agnes Jerbis*)와 결혼한 유부남이었지만, 아내와는 별거 중이었다. 그의 아내는 자유연애주의자인 귀족으로서 루이스와의 사이에 세 명의 아들이 있었지만, 후에 남편의 친구이자 『리더』라는 잡지의 공동 창시자인 손톤 헌트(Thornton Hunt)와의 사이에 네 명의 아이를 두게 된다. 이와 같이 애그니스는 이미 다른 남자와 동거 중이었기 때문에 명목상의 아내였지만, 이혼을 금지하는 당시 영국 법 때문에 그는 아내와 이혼할 수 없었던 것이다. 따라서 엘리엇과 루이스는 합법적인 결혼을 할 수 없었다. 이 동거로 인해 엘리엇은 영국 역사상 도덕적으로 가장 엄격했던 빅토리아 사회의 인습과 도덕에 도전했다는 사회적 지탄을 받고 오빠 아이작을 비롯한 가족 및 친지와 인연을 끊게 된다.

엘리엇은 이 루이스와의 동거 때문에 오빠인 아이작과의 관계도 단절되었지만, 동거를 시작한 1854년부터 루이스가 죽은 1878년까지 행복하게 살았다. 그녀는 또한 루이스와 같이 사는 동안 그의 전처 소생 자녀들을 물심양면으로 잘 양육했다.

엘리엇은 1855년에서 1856년 사이에 "독일 생활의 자연사"(The Natural History of German Life), "여성 작가의 어리석은 소설"(Silly Novels by Lady Novelists) 등 역사와 문학에 관해 신랄한 글들을 썼다. 또한 "빌헬름 마이스터의 도덕성"(The Morality of Wilhelm Meister, July. 1855)이라는 에세이에서 엘리엇은 현실에 충실하기 때문에 권선징악을 거부하고 도덕을 직접 언급하지 않은 괴테를 높이 평가했다.

작가로서의 엘리엇

엘리엇은 루이스를 통해 사랑을 알게 되었으며, 루이스의 격려에 힘입어 37세라는 늦은 나이에 소설을 쓰기 시작하였다. 그러므로 루이스는 엘리엇의 인생에 있어서 사랑과 소설 작가라는 두 가지 전환점을 가져온 인물이라 하겠다. 처녀작인 중편 『목사생활의 단면들』(*Scenes of Clerical Life*)은 1857년에 처음으로 『블랙우드 매거진』(*Blackwood's Magazine*)에 출판되었다. 이 책에는 「에모스 바튼 목사의 슬픈 운명」("The Sad Fortunes of the Reverend Amos Barton")과 「길필 씨의 연애담」("Mr. Gilfil's Love-story"), 그리고 「자넷의 참회」("Janet's Repentance")라는 세 가지 이야기가 수록되어 있다. 이때부터 그녀는 자신의 본명 대신 루이스의 세례명인 "조지"(George)와 "엘리엇"(Eliot)이라는 필명을 사용하기 시작했다. 첫 장편 소설인 『애덤 비드』(*Adam Bede*, 1859)가 출판되어 첫해에 13,000부 이상 팔리며 대성공

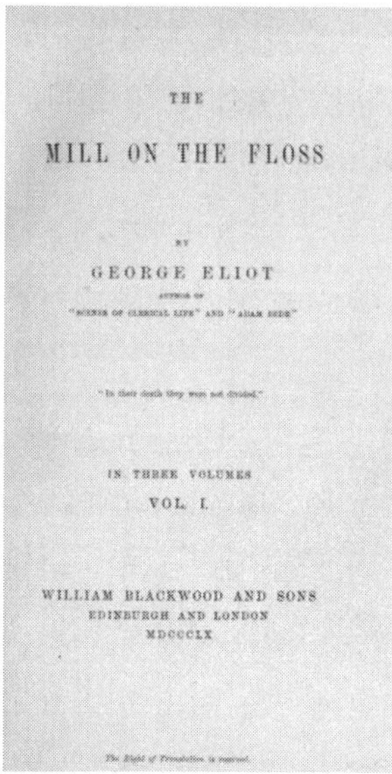
THE

MILL ON THE FLOSS

BY

GEORGE ELIOT

AUTHOR OF

"SCENES OF CLERICAL LIFE" AND "ADAM BEDE"

"In their death they were not divided."

IN THREE VOLUMES

VOL. I.

WILLIAM BLACKWOOD AND SONS

EDINBURGH AND LONDON

MDCCCLX

The Right of Translation is reserved.

『플로스강의 물방앗간』 1860년 초판 속표지

을 거두자, 독자들은 조지 엘리엇이 도대체 어떤 인물인지 궁금해 했다. 1859년에는 『블랙우드 매거진』에 단편 「들춰진 베일」("The Lifted Veil")이 출판되었다. 『로몰라』(*Romola*)를 제외한 엘리엇의 전 작품이 『블랙우드 매거진』 출판사에서 출판되었다. 1859년 11월에는 찰스 다윈(Charles Darwin, 1809-82)의 『종의 기원』(*The Origin of Species*)이 출판되었다. 1860년에 『플로스강의 물방앗간』이 출판될 때까지, 극소수의 런던 지식인과 친구들만이 매리앤 에반스가 엘리엇일 거라고 짐작했을 따름이었다. 이후 엘리엇은 루이스와 이태리 여행을 떠났다. 1861년에 『사일러스 마아너』(*Silas Marner*)가 출판되었고, 15세기 플로렌스에 배경을 둔 『로몰라』가 콘힐 매거진(*Cornhill Magazine*)에서 1863년에 출판되었다. 엘리엇은 이 소설들을 출판해 번 돈으로 런던의 Regent's Park에 있는 '프라이어리(Priory)'라는 저택을 구입했고, 이 집에서 약 15년간 살았다. 그녀는 『급진주의자 필릭스 홀트』(*Felix Holt, the Radical*, 1866)라는 작품으로 다시 가까운 영국 시골의 과거로 돌아왔다. 이후 사회와 신념의 진화를 신봉하는 오거스트 콩뜨(Auguste Comte)의 실증주의 철학에 영향을 받은 시집인 『스페인 집시』(*The Spanish Gypsy*, 1868)가 출판되었다. 1869년 이들 부부가 이태리를 여행하던 중 로마에서 존 월터 크로스(John Walter Cross, 1840-1924)를 처음으로 만났으며, 이후 크로스는 이들의 절친한 친구가 되었다. 1871년과 1872년 사이에 엘리엇 최대의 걸작으로 간주되는 『미들마치』(*Middlemarch*, 1871-72)가 출판되었다. 이로써 엘리엇은 당대 사회에서 가장 위대한 작가가 되어 마침내 상류사회에서도 받아들여지게 된다.

1874년에 『주발의 전설과 다른 시들』(*The Legend of Jubal and Other Poems*)이라는 시집이 출판되었다. 이 시집에는 『플로스강의 물방앗간』에 묘사된 남매관계와 유사한 "남매"(Brother and Sister)라는 1869년에 쓰인 연작 소설이 들어있다. 또한 마지막 장편인 『대니얼 데론다』(Daniel Deronda, 1876)가 출판되었다. 1878년에는 도덕적 · 철학적 견해와 일화를 모아 수록한 『티오프라스터스 서치의 인상』(*Impressions of Theophrastus Such*)이 출판되었다. 이와 같이 엘리엇은 약 20년 동안 모두 여덟 편의 장편소설을 남겼다.

엘리엇의 이런 작품 활동은 1878년 암으로 인해 루이스가 죽자 끝나버린다. 매리앤 에반즈를 소설가 조지 엘리엇으로 만든 루이스는 엘리엇이 자기 불신과 고독 때문에 우울증에 빠지면 자신감을 회복하도록 격려해 주던 존재였기 때문이다. 미처 루이스의 병을 알지 못했던 엘리엇은 그의 죽음에 큰 충격을 받았고, 따라서 그를 잃은 슬픔에서 끝내 헤어나지 못했다. 두문불출하던 그녀는 루이스의 장례식에도 참석하지 못했다. 다음해 2월 말에 가서야 존 크로스의 방문이 허락되었다. 엘리엇은 1869년 4월 18일 로마에서 크로스를 처음 만났고, 당시 크로스는 29세의 키가 큰 미남이었다. 엘리엇은 『미들마치』의 성공으로 수입이 증가하여 1873년에는 약 5,000파운드의 돈을 갖게 되었는데, 크로스가 이 재산을 관리하고 있었다. 엘리엇은 루이스가 전담해오던 재정 관리에 문제가 생기자, 크로스를 자주 불러 의논하게 되었다. 루이스를 잃은 엘리엇과 어머니를 잃은 크로스는 함께 단테를 읽으며 문학을 토론하다가 서로 사랑하는 연인 사이로 발전하게 되었다. 1880년 5월 5일 엘리엇은 20년 연하이자 조니(Johnny)라는 애칭으로 불렸던 크로스와 정식으로 결혼하였다. 엘리엇은 이 결혼을 통해 사회적 인정을 받고 싶어 했지만, 이 결혼은 다시 한 번 주변사람을 놀라게 만들었다. 어쨌거나 그녀는 이 결혼을 통해 30년간의 공백을 깨고 오빠 아이작과 화해하게 된다.

신혼 여행지 이태리에서 돌아온 엘리엇과 크로스는 12월 런던에 새

하이게이트에 위치한 엘리엇의 묘지
(출처: www.victorianweb.org, photo by Jacqueline Banerjee)

살림집을 마련했다. 그러나 엘리엇은 그해 12월 22일 목의 통증이 악화되어 세상을 떠나 12월 29일 런던 교외에 있는 하이게이트(Highgate) 묘지에 루이스와 나란히 묻혔다. 이로써 영국 중부지방 출신의 지적이며 진보적인 작가 조지 엘리엇은 그 생을 마감하게 된다.

심리적 리얼리즘과 인간적 연민의 확대

엘리엇은 사실적인 소설 기법과 도덕적 감성, 탁월한 심리 묘사와 지적 상상력 등으로 영문학 사상 확고한 자리를 차지하고 있다. 20세기 후반에 이르면 『물방앗간』이 엘리엇의 원숙기 최대 걸작으로 꼽히는 『미들마치』보다 더 각광을 받게 된다. 그 이유는 동시대 다른 소설들과는 달리, 스토리 위주가 아니라 탁월하게 내면 심리를 묘사한 근대 리얼리즘의 소설 기법 때문이다.

따라서 엘리엇이 문학에 가장 기여한 바는 리얼리즘이라고 할 수 있다. 만화 같은 찰스 디킨스(Charles Dickens)의 소설에서 벗어나 엘리엇은 후일 미국 소설가 헨리 제임스(Henry James)의 후기작에 큰 영향을 미친 심리적 리얼리즘(psychological realism)을 완성했다. 또한 인간의 동기를 분석하는데 있어서는 제인 오스틴(Jane Austen)을 능가한다고 하겠다. 아울러 엘리엇은 문학과 예술의 궁극적 목적이 평범하고 비영웅적인 인물을 리얼리즘 수법으로 표현하여 인간에 대한 연민(human sympathy)을 확대하는 것이라고 생각했다. 가령 "독일 생활의 자연사"(The Natural History of German Life, July 1856)라는 에세이에서 영국 시골을 그린 자신의 초기 소설의 문학적 모델이었던 월터 스콧(Sir Walter Scott)과 윌리엄 워즈워스(William Wordsworth)를 예로 들면서 예술이란 "우리의 공감을 확대"시키는 것이라고 주장했다. 이런 엘리엇의 문학적 신념은 사회 철학자 콩트와 철학자이자 역사가인 포이얼바하가 주장한 "인본적인 종교"(religion of humanity)와 조화를 이루게 된다.

B. 작품의 역사적 배경

조지 엘리엇의 창작활동 시기는 영국 사회의 격변기였다. 영국 정치사에서 획기적인 혁명이라 할 수 있는 선거법 개정안(Reform Bill)이 1832년 의회에서 통과되었으며, "최대 다수의 최대행복"(the greatest happiness of the greatest numbers)을 주장하는 공리주의(Utilitarianism)와 복음주의(Evangelicalism) 운동, 프랑스의 오거스트 콩트(Auguste Comte, 1798-1857)가 주도한 실증주의(Positivism)에 기초한 휴머니즘 등이 이 시기에 도입되었다. 또한 1838-41년에 인민헌장(People's Charter)의 통과를 주장한 급진적 정치운동(Chartism), 1833-41년에 옥스퍼드 대학을 중심으로 일어난 가톨릭교도의 부흥운동인 옥스퍼드 운동(Oxford Movement), 기독교 사회주의(Christian Socialism) 운동 등도 이 시기에 일어났다. 찰스 다윈의 『종의 기원』과 『인간의 유전』(*The Decent of Man and Selection in the Relation to Sex*, 1871) 등은 기존의 우주관과 인간관에 큰 충격을 주어, 개인과 사회에 큰 혼란을 가져오게 된다. 『물방앗간』을 마무리하는 동안에 발표된 『종의 기원』은 엘리엇과 루이스가 독서와 자연과학의 연구에서 익히 알고 있던 자연 법칙에 따른 점진적 발전론을 대변한다. 이런 연유로 『물방앗간』에는 항상 변하는 환경에 개인이 적응하기 마련이라는 진화론적 언급이 곳곳에 나오게 된다.

엘리엇의 소설에는 개인이 다른 사람이나 사회와 맺는 상호 관계에 지대한 관심이 표명되어 있다. 『물방앗간』은 여러 세대에 걸친 도슨가와 털리버가의 적응 단계 및 점진적인 사회 변화를 분석한 "자연사"라 할 수 있으며, 다윈처럼 엘리엇도 "자연 도태"와 "생존 투쟁"을 낙관적으로만은 보지 않았다. 적자생존은 최고가 살아남는 게 아니기 때문에 우울한 법칙이다. 가령 『물방앗간』은 매기의 개인적 비극을 "앞으로 발전하려는 인간의 성향"이라는 전체 맥락 속에 위치시킴으로써, 19세기 중반의 가장 중요한 철학과 과학 이론을 보여준다.

이와 같은 동요와 의심의 시대에 엘리엇은 소설을 통한 안정의 모색을 중심 과제로 했다. 18세기에는 합리주의적 관점에서 인생을 해석했으나, 19세기 과학자들은 이 자연계 뿐 아니라 인간과 자연의 관계, 인간과 인간의 관계에도 일정한 자연법칙이 지배한다는 콩트의 실증주의를 믿었다. 엘리엇도 자연계를 지배하는 자연 법칙이 인간 생활에 그대로 적용되어 인간은 이 법칙을 조정하되 바꿀 수는 없다는 콩트의 이론을 믿었다. 사회개선주의자(Meliorist)로서 엘리엇의 신념도 "질서와 진보"(order and progress)라는 콩트의 슬로건에 영향을 받은 것이다. 따라서 엘리엇의 인물은 환경에 방해를 받지만, 스스로 결정하여 행동하며 따라서 그 결과에 대해 책임을 진다. 그 결과 엘리엇의 모든 작품에는 인물의 운명이 이전의 과거 행위에 좌우된다는 인과응보(Nemesis)가 들어 있다.

엘리엇은 그녀의 작품에서 당시 국가와 시골을 대변하는 관점보다 도시적·진보적·지적으로 회의적이며 세계주의적 관점을 대변했다. 특히 『물방앗간』에서 과거의 전통적인 시골 생활을 넓은 관용과 아이러니가 뒤섞인 어조로 분석한 것은 작가의 진보적 학문에 과거에 대한 향수가 더해진 탓이다.

The Mill on the Floss

작품 소개와 비평 개관

A. 작품소개

엘리엇은 자기가 글을 쓰는 목적이 인류의 도덕적 발전, 즉 인간 상호간의 신뢰와 공감을 중시하기 때문이라고 밝힌 바 있다. 그녀는 "예술이 인간의 공감을 확대하지 않는다면, 도덕적으로 아무 소용이 없다"면서 예술의 사회적·윤리적 사명을 강조하였다. 다시 말해 예술가의 역할이란 우리 경험을 확대시키고 동료 인간과의 접촉을 확대시켜 인간사회에서 공감대를 형성하는 것이라고 주장했다는 것이다. 이런 연유로 그녀는 『물방앗간』에서 성인으로 성장하는 어린이에게 느끼는 자연스런 연민을 통해 이런 목표를 달성하려 했다. 그녀는 워즈워스처럼 자신의 어린 시절 경험을 직접 묘사하여 우리로 하여금 과거를 추억하게 했다. 함께 낚시질하고 사소한 일로 싸우는가 하면 어른들이 금지한 구역에 들어가는 매기와 톰의 어린 시절은 그들만의 특별한 경험이기도 하지만, 동시에 모든 사람이 공통적으로 겪은 경험이기도 하다. 또한 작가는 호감을 가질 수 없는 인물에게도 공감을 표명함으로써 연민의 확대라는 목표를 달성했다. 가령 도슨가와 털리버가라는 두 집안을 묘사하면서 독자로 하여금 그들의 유머러스한 측면을 즐거이 바라보면서, 동시에 이 "밉살스러운" 도슨 집안의 이기심을 비난하게 만든다. 따라서 독자는 호감을 주는 인물이나 호감을 주지 못하는 인물에게 다 같이 연민을 갖게 된다.

이 소설은 엘리엇의 전기 작품에 속하며, 시골 생활을 묘사하던 초기작에서 스케일이 큰 『미들마치』 같은 후기 소설로 나아가기 직전의 소설이다. 1858년 엘리엇은 『애덤 비드』를 출판한 뒤, 블랙우드로부터 새 소설을 써달라는 재촉을 받고 이 소설을 쓰기 시작했다. 이 소설은 1859년 1월부터 쓰기 시작하여 1860년 3월 21일에야 완성되었다. 엘리엇은 이 소설이『애덤 비드』처럼 시골 생활을 그렸다고 하였고, 루이스는 새롭고 유쾌한 자극적인 이야기(Haight, *Letters*, III, 41)라고 하였다.

『애덤 비드』와『물방앗간』은 둘 다 엘리엇이 어린 시절부터 잘 아는 19세기 초 영국 중부의 워릭셔(Warwickshire) 지방을 배경으로 했지만,『물방앗간』의 경우에는 배경보다 심리가 강조되었다. 하지만『물방앗간』의 초점은 개인보다 사회에 있다. 엘리엇은 이 책의 제목을 "매기 누이"(Sister Maggie)로 했다가, "털리버의 집, 혹은 플로스강의 생활"(*The House of Tulliver*; or *Life on the Floss*)로, 또는 "털리버 가족, 혹은 플로스강의 생활"(*The Tulliver Family*; or *Life on the Floss*) 중에서 어느 것으로 할까 고심하다가 결국 사회를 강조하여 블랙우드가 제안한『플로스강의 물방앗간』(*The Mill on the Floss*)으로 정했다. 이 소설의 제목인 플로스강은 사실적인 효과를 주기 위해 만들어낸 중심 상징으로서 실제 지도에는 존재하지 않는 강이다. 끊임없이 흐르는 이 플로스강은 주로 예측할 수 없는 매기의 감정이나 운명을 나타낸다.

1860년 3월 21일 책이 완성되자 G. H. 루이스와 함께 로마 여행을 떠났던 그녀는 비평가들의 우호적인 반응을 매우 흡족하게 여겼다. 엘리엇은 어린 시절 느끼던 두려움과 소원한 감정을 생생히 묘사한 덕분에 『타임』지의 E. S. 댈러스(Dallas)나『스펙테이터』의 비평가에게 칭찬을 받았다. 가령 모든 영국 소설의 유년시절 묘사 중에서 가장 진실하고 감동적이라는 헨리 제임스의 찬사가 그 대표적인 예다.

이 소설은 총판매부수에 있어『애덤 비드』에는 못 미쳤지만 처음 출판한지 4일 만에 4,000부 이상이 팔리는 등 매우 빠른 속도로 팔렸다. 이 작품은 엘리엇의 최대 걸작인『미들마치』보다 완성도가 떨어지며 처녀작인『애덤 비드』보다 참신하지 못하지만, 그녀의 첫 번째 위대한 소설로서 자전적인 사실과 아이러니컬한 유머, 재미있는 플롯, 비극적인 결말 등이 특이하게 어우러진 작품으로 주목을 받았다. 매기와 엘리엇의 삶이 정확히 일치하는 것은 아니나, 이 소설에는 엘리엇의 자전적 요소가 많이 들어있다. 가령 두 사람의 성격이 비슷하지만, 매기보다 작가가 더 지적이며 민감하다는 게 다른 점이라고 하겠다. 특히 매기의 초기 종교적 관점과 아빠에 대한 특별한 애정, 그리고 톰과 친오빠 아이작의 유사성은 대표적인 자전적 요소라 할 수 있다.

이 소설에 대한 반응은 칭찬 일변도였던『애덤 비드』보다 다양했으며, 엘리엇 자신은『애덤 비드』가 "훨씬 균형"은 잡혔지만 이 소설에 "더 많은 사상"이 들어 있다고 생각했다. 그녀는 역사가이자 과학적인 분석가로서 영국 시골의 "자연사"를 서술하였다. 화자는 작가의 대변자로서 개인과 사회의 점진적 발전을 관찰하고, 로마 시대와 고대 전설까지 거슬러 올라가 세인트 오그스(St. Ogg's)의 역사를 살펴본다.

이 작품의 시간적 배경은 1829년에서 시작하여 약 8년 간의 기간을 다루고 있으며, 공간적 배경은 워릭셔 지방의 세인트 오그스 마을에 있는 플로스강가 돌코트(Dorlcote) 물방앗간과 그 주변이다. 털리버(Tulliver) 집안을 중심으로 친척과 이웃, 친구들의 생활 양상이 주변 자연 환경을 배경으로 펼쳐진다. 전통적인 관습과 인습에 따라 편협하고 안이하게 사는 사람들과 변화에 발빠르게 대처하는 사람들이 충돌하면서 필연적으로 비극이 생긴다는 주제가 전개된다. 작가도 스스로 이 소설의 목표가"더 고상한 문화를 지닌 젊은 세대가 구식 세대와 충돌할 때면 어디서나 일어날 수 있는 갈등을 보여주려는 것"이라고 밝힌 바 있다.

첫 문장에서는 이 소설의 중심 상징인 플로스강이 넓어지면서 빠른 속도로 바닷물과 합쳐진다는 사실이 묘사된다.

드넓은 들판을 따라 점점 넓어지는 플로스강은 그 푸른 강둑 사이로 재우치며

> 바다로 흘러가고, 정겹게 치는 파도는 그 강을 마중하러 달려와서는 격렬하게 포옹하며 길을 막는다. (『플로스강의 물방앗간 1』, 한애경 · 이봉지 역, 민음사, 11쪽, -이후는 쪽수만 표기함-)

이 소설에서 가장 핵심적인 문제는 1) 앞부분(1권에서 5권)과 뒷부분(6, 7권)의 일관성 없는 구조와 2) 임의로 마무리한 결말, 그리고 3) 매기의 스티븐 거부라고 하겠다. 이 세 가지 문제와 페미니즘 비평에 관해서는 VI에서 상세히 다루어질 것이다. 대체로 독자와 평자들은 이 소설의 전반부 2/3에 대해서는 열광하지만, 매기가 필립과 스티븐 사이에서 방황하다가 홍수 속에서 오빠 톰과 화해하고 죽는 마지막 부분에 대해서는 불만이 많다. 엘리엇의 작품 중 유일한 비극이라 할 이 작품의 결말이 제기하는 문제는 1) 전체적으로 소설의 구조와 균형, 2) 결말의 도덕성과 개연성(probability), 3) 비극적 결말의 비현실성이라는 세 가지 문제로 압축될 수 있을 것이다.

페미니즘

엘리엇은 여권주의자로서 활발한 활동을 하지는 않았으나, 여권운동에 깊은 관심을 갖고 있었다. 당대 유명한 여권 운동가 해리엇 마티노(Harriet Martineau)가 "시범 소주택"을 건축하는 현장을 방문해 격려하기도 했고, 1856년에는 기혼 여성의 수입에 대한 법적 권리를 요구하는 탄원서에 서명을 하기도 했다. 1867년에는 여자 대학을 설립 중인 에밀리 데이비스(Emliy Davies)를 자기 집에 초대하기도 했다. 그녀는 여성교육을 통해 여성의 자기계발을 고무하고자 여성의 고등 교육기관인 거튼 대학(Girton College)에 100파운드를 기부하고 바바라 보디촌(Barbara Bodichon)을 비롯한 베시 레이너-팍스(Bessie Rayner-Parkes), 콘월리스 부인(Mrs. Cornwallis) 등 당대의 유명한 여권 운동가들과 친밀한 관계를 유지했다. 이런 몇 가지 전기적 사실은 1850년대에서 1870년대에 걸친 여권운동에 대한 그녀의 관심을 입증한다. 그러나 다른 한편으로 그녀는 당대 여성에게 주어진 한계를 자상히 그리면서도 그 한계를 쉽게 극복하는 인물을 제시하지 않음으로써 여성 문제에 대해 매우 애매한 입장을 취하고 있다. 이런 애매한 입장은 루이스와 동거했던 그녀의 특별한 사회적 입장과 관련하여 생각해 보아야 할 것이다.

1980년대 이후 페미니즘 비평에서는 조지 엘리엇의 최대 걸작이라 평가되는『미들마치』보다『플로스강의 물방앗간』에 더 주목하여 이 작품의 여주인공인 매기 털리버(Maggie Tulliver)가 여성의 성취를 허용하지 않는 사회에 대해 느끼는 격렬한 분노를 높이 평가했다. 이 작품의 주제가 "편협하고 압제적인 사회에 사는 영리한 젊은 여성의 이루어지지 않은 동경"(Showalter 125)에 대한 공감적 이해라는 지적이 그 단적인 예다. 이런 페미니즘 비평에서는 19세기 당시 이상적 여성을 요구하는 성 이데올로기에 저항하던 매기가 결국 이 성이데올로기에 희생되었는지, 아니면 계속 도전하는 것인지에 대해 의견이 분분하다.

엘리엇의 작품은 바바라 하디(Barbara Hardy)의 지적처럼,『사일러스 마너』만 제외한다면 여주인공 중심의 소설로서 페미니즘의 관점에서 쓰였다고 할 수 있다. 결혼이 여성의 행복과 불행을 평가하는 유일한 기준이 되는 사회에서 지적인 여주인공들은 자신의 이상실현을 억압하는 사회에 저항한다. 그러나 여성의 이상은 사회구조와 충돌하므로, 기존의 가부장제를 타도하기보다 그 제도 속에서 의미 있는 자신의 자리를 만들어 이상을 실현하려 한다. 즉 가부장적 사회에서 매기는 이상의 실현을 추구하나 성취하지 못한다는 것이다. 사회의 남성 중심적인 권력 구조 때문에 권력의 문화적 매개인과 여성의 도덕적 요구는 상충하게 마련인데, 이 충돌 과정에서 여성들은 자신이 지닌 도덕적 힘을 깨닫고 내면적으로 변화한다는 것이다.

매기는 충동적이고 열정적이며 모든 것에 호기심이 강하고 아름다움과 지식 등을 동경하지만, 이런 동경은 가정과 사회에서 끊임없이 좌절된다. 따라서 매기의 "사랑받고 싶은 욕구"와 "마음의 갈증"은 그녀가 여성이기 때문에 더욱 문제가 된다. 이 작품은 이렇게 지성과 감성이 풍부하며 높은 이상을 동경하는 매기가 가족과 사회에 반항하는 이야기다. 높은 이상을 추구하는 매기의 동경은 주변 환경에 억압된 나머지, 이상한 행동으로 분출된다. 매기는 아끼는 인형에 못을 박거나 인형을 벽에 부딪치며, 루시를 진흙 구덩이에 떠밀어 넘어지게 하며, 집시 마을로 가출하기도 한다. 여성에게 적대적인 환경에서 고군분투하던 매기는 자기부정만이 고통에서 해방되는 길이라는 결론에 도달한다. 또한 예민한 감수성과 지성, 그리고 예술 감각을 지닌 필립 웨이컴(Philip Wakem)과의 사랑에서 자신의 이상을 실현하려 하지만, 오빠인 톰에게 제지당한다. 이후 루시의 비공식적 약혼자인 스티븐 게스트(Stephen Guest)에게 끌리지만, 그의 청혼을 거절한다. 19세기 독자들은 스티븐과의 사건 후 매기가 죽자 안도감을 느꼈겠지만, 21세기 독자들은 매기와 스티븐의 도피에 내포된 도덕적 문제가 왜 그리 문제가 되는지 이해하기 어렵다.

여성의 능력보다 가문을 중시하는 사회에서 매기는 자기 이상을 실현하기 위해 순종적 여성을 원하는 사회의 요구를 거부하지만, 아버지가 파산하고 병들자 매기는 이런 열정적인 반항을 포기한다. 가령 톰의 학교를 방문한 매기는 라틴어와 기하학에 흥미를 느끼며 오빠보다 잘 이해하지만, 스털링 선생님에게 무시나 당한다. 특히 스티븐과 결혼하지 않고 돌아온 뒤 매기는 톰과 사회에서 버림받는다. 톰은 가문의 명예를 더럽혔다고 매기를 집에서 쫓아낸다.

> "난 너 같은 동생 둔 적 없어. 넌 우리 얼굴에 먹칠을 했어. 아버지 이름을 더럽혔어. 제일 친한 친구들을 욕보였어. 비열한 거짓말쟁이. 아무것도 널 못 막아. 난 네게 손

씻었어. 이제 우린 남남이야." (『플로스강의 물방앗간 2』, 365쪽.)

세인트 오그스 사회도 톰만큼 잔인하고 인습적이다. 어린 시절부터 사회의 기대에 부응하려고 자신의 열망을 억제하며 희생을 감수한 매기에게 돌아온 것은 사회의 비난과 추방뿐이다.

> 그 여자[매기]가 여기를 떠나서 미국 같은 데로 멀리 떠나면 좋겠어, 그녀 때문에 오염된 세인트오그스의 공기를 정화하게 말이야! 이 곳 딸들에게는 정말 위험한 본보기야. (『플로스강의 물방앗간 2』, 365쪽..)
>
> It was to be hoped that she would to out of the neighbourhood—to American, of anywhere—so as to purify the air of St. Ogg's from the taint of her presence—extremely dangerous to daughters there! (621)

매기가 겪는 이런 곤경은 현대 독자들, 특히 여성 독자들에게 강한 인상을 남겼다. 과거에는 주로 매기와 톰의 어린 시절에 대한 생생한 묘사 때문에 주목을 받아왔지만, 1980년대에 이르면 어린 매기가 이렇다할만한 교육을 받지 못하고 그녀의 재능이나 포부에 걸맞은 직업에서 배제되는 등 매기의 남다른 성취욕이 세인트 오그스 사회에서 좌절되는 과정이나 그녀의 격렬한 분노 때문에 페미니즘 비평에서 높은 평가를 받게 된다.

현재에 미치는 과거의 요구

이 소설에서 인물과 장소는 여러 세대에 걸쳐 형성된 것으로 그려진다. 가령 세인트 오그스 읍은 수 백 년의 역사를 지니고 있으며, 매기와 톰은 털리버가와 도슨가라는 경쟁적 가문의 부모 밑에서 태어났다. 그러므로 이 소설에서 과거는 인물들에게 큰 영향을 미친다. 첫째, 매기와 톰의 어린 시절에 대한 초반부의 상세한 묘사가 후반부에 가면 과거가 된다. 매기의 소중한 어린 시절은 장차 그녀에게 큰 영향을 미치게 된다. 이와 같이 과거는 매기나 매기 아버지의 성격을 형성하며, 이들은 과거에 충실하고자 한다.

반면에 스티븐은 과거를 무시하는 위험한 인물로 제시된다. 이 소설에서 도덕적 기준이라 할 켄 목사는 과거를 무시하는 새로운 시대 경향에 대해 불만을 토로한다. 사람의 성격을 형성하는 과거를 모르면, 사람들은 변덕과 극단적 감정에 치우치게 된다는 것이다.

다윈의 진화론과의 관계

1859년 1월에 엘리엇이 쓰기 시작한, 이 소설을 거의 끝낼 무렵인 1859년 11월에는 다윈의 『종의 기원』이 출판되었다. 이처럼 다윈의 책이 출판되기 이전 이미 이 책 앞부분에서는 자연과학의 용어가 많이 사용된다. 엘리엇은 광범위한 독서 및 과학에 관심이 많은 루이스의 영향으로 이미 자연과학의 논의를 잘 알고 있었으므로, 다윈이 엘리엇에게 영향을 미쳤다고는 말할 수 없다.

어쨌거나 이 소설에서는 다윈의 진화론이 종종 언급된다. 가령 "가장 사소한 미물과 가장 위대한 것을 연결시켜 애써 통일을 얻으려는 게 최고 투쟁이라고 과학에서는 말하지 않던가?"(363) 같은 언급이 그 대표적인 예다. 그렇다고 이 작품을 픽션으로 쓰인 진화론으로 읽는다면 너무 편협한 독서가 될 것이며, 그저 당시 유행하던 진보적 사상을 자유롭게 그렸다고 보면 될 것이다.

이런 진화론의 언어는 그리스 비극과도 관련된다. 엘리엇의 인간관에서는 성격만이 아니라 자연 환경과 사회 환경도 인간 존재를 결정한다. 가령 파산한 털리버의 운명이 나아지려는 순간에 그는 도덕적·육체적으로 몰락하는데, 이는 그리스 비극의 아이러니와 매우 유사하다. 톰의 노력으로 웨이컴에게 진 빚을 모두 청산한 날, 웨이컴을 만나자마자 때려눕힌 털리버는 그 충격 때문에 쓰러져 죽게 된다. 이와 같이 털리버는 성급하고 어리석은 성격 탓에 파산하지만, 작가는 "그의 의지가 약해서가 아니라, 외부 사실이 더 강한" 것으로 그린다. 이처럼 작가는 털리버의 몰락에 그의 책임은 일부라고 변호한다. 다시 말해 그리스 비극에서는 개인의 결함 때문에 비극이 초래되지만, 털리버의 경우에는 그의 성격과 환경이 함께 비극을 초래했다는 것이다.

엘리엇은 얼핏 결정주의적 세계관을 가진 것처럼 보이지만, 결정주의적 세계관에서는 도덕적 선택의 여지가 전혀 없다. 하지만 엘리엇의 세계관은 결정주의적 세계관과 다르다. 왜냐하면 인간은 자연법칙을 따르지만, 자기 선택의 결과가 무엇인지 알기 위해 노력해야 하기 때문이다.

엘리엇의 결정론적 세계관에서는 하나의 크고 복잡한 우주에서 모든 부분이 상호 연관되어 과거와 미래가 현재 속에 포함되어 있다. 그러므로 인간은 자신이 성장한 사회와 친구, 친척, 자신의 과거와 유대를 끊을 수 없다. 이 소설에서 남편과 아내, 남매, 물방앗간 주인과 변호사는 의도하지는 않지만 서로 좌절시키며, 몇몇 인물은 생존투쟁에서 살아남지 못한다. 이를 통해 인생이 비극이라는 작가의 비극적인 세계관이 암시된다.

자연계에서는 적자생존이 도덕적으로 중립적인 이론인데 반해, 인간사회에서 생존하는 적자가 늘 도덕적으로 살아남을 만한 가치가 있는 존재가 아니다. 여기서 비극이 초래된다. 이 소설의 주인공들은 고통을 당하다가 죽기 때문에, 이 작품은 엘리엇의 작품 중에서 유일한 비극이라 하겠다. 그러나 무엇이 비극인지, 누가 비극의 주인공인지 분명치 않다. 매기가 여주인공이라는 사실은 분명하지만, 스티븐과 톰 중에서 누가 비극의 남자 주인공인지에 대해서는 이견이 있다. 스티븐과의 갈등 때문에 도덕적 위기가 빚어지지만, 매기는 스티븐 대신 톰과 함께 죽기 때문이다. 그러므로 이 소설에는 주요 플롯과 이차 플롯이 있다. 이차 플롯에서 매기는 스티븐과 결혼해 마을 사람들에게 인정을 받는다 해도 자신의 이전 의무를 저버릴 수는 없으므로, 결국 도덕적 고통보다 사랑을 포기하는 쪽을 택한다.

연민의 중요성

이 소설에서는 연민을 통한 다른 사람과의 공감이 강조된다. 세인트 오그스 전설에서 아무 것도 묻지 않고 아기를 안은 여인을 배로 건네주어 이 여인에게 연민을 베푼 뱃사공은 후하게 보상받는다. 또한 결말의 홍수 장면에서 매기는 톰에게 깊은 연민을 보이기 때문에 옹호된다.

이런 연민의 반대는 이기주의다. 톰은 매기에게 공감을 보이기 않으며, 급부상하는 이기적인 기업가 윤리를 따른다. 스티븐도 매기를 사랑하긴 하지만, 타인보다는 자신의 필요를 앞세운다. 후반부에서 매기와 필립, 루시는 서로 배려하고 생각해주는데, 이런 상호 연민이야말로 이 작품의 비극을 뛰어넘는 도덕적 승리라 할 것이다.

B. 비평적 개관(critical survey)

조지 엘리엇은 사실적인 소설기법과 도덕적 감성, 탁월한 심리 묘사와 지적 상상력 등으로 19세기뿐 아니라 현대에 이르기까지 영문학 사상 확고한 자리를 차지하고 있다. 그런데 엘리엇에 관한 기존의 비평을 살펴보면 그 평가 기준이 시대에 따라 바뀌었음을 알 수 있다. 이 평가들의 공통점은 엘리엇을 "남성처럼 생각하는… 여자 셰익스피어(Shakespeare)"

(Haight, *George Eliot: A Biography* 468)라는 칭찬에 암시되듯, 그녀를 여성작가라기보다 당대의 어느 남성작가에 견주어도 뒤지지 않는 작가로 평가했을 뿐 아니라 그녀의 지적·도덕적 자질을 강조했다는 점이다. 우선 엘리엇을 여성의 감성을 뛰어넘어 탁월하게 지적인 작가로 대접하는 경향이 주목된다. U. C. 내플마커(Knoepflmacher), 닐 로버츠(Neil Roberts), 윌리엄 마이어즈(William Myers) 등의 평자들은 포이어바하(Feuerbach)의 기독교 이론과 스펜서(Spencer)의 진화론, 콩트(Comte)의 실증주의 철학 등과 관련하여 엘리엇 작품을 조명한다. 또한 조앤 베넷(Joan Bennett)과 존 할로웨이(John Holloway), 조지 레빈(George Levine), 월터 앨런(Walter Allen)과 R. T. 존스(Jones) 등의 평자들은 도덕적 교화에 지대한 관심을 지닌 도덕적 현자 내지 교사로서의 면모를 강조한다.

한편 바바라 하디(Barbara Hardy)와 W. J. 하비(Harvey) 등의 평자들은 엘리엇이 내용의 지성적 깊이에서는 뛰어나지만 형식면에서는 다소 뒤떨어진다는 헨리 제임스 이래의 평가에 반기를 들고, 이미지나 상징, 언어의 구사 등 형식면에서도 뛰어난 작가라고 주장한다.

이런 전통적인 비평들에서는 엘리엇의 소설을 뛰어난 형식이나 작가의 도덕적·지적 배경과 관련하여 파악한다. 다시 말해 엘리엇은 인간 내면의 가장 큰 동력인 이기심을 극복하는 윤리적 문제에 관심을 갖고 있으며, 당대의 유수한 사상가의 영향을 받은 지적인 작가라는 것이다. 이런 논의에서는 엘리엇이 여성의 한계를 초월하여 뛰어난 지적 성취를 이룬 점이 강조된다.

F. R. 리비스(Leavis)와 유물론적 입장의 아놀드 케틀(Arnold Kettle), 레이먼드 윌리엄스(Raymond Williams), 테리 이글톤(Terry Eagleton), 대니엘 코틈(Daniel Cottom) 등의 평자들은 엘리엇의 작품에 담긴 사회적 함의를 읽어낸다. 엘리엇의 사회적 관심을 규명하려는 근본 의도에 있어서 유사한 이들 평자들은 윌리엄스는 리비스를, 이글톤은 윌리엄스를 비판하는 입장

에서 출발하기 때문에 각자 강조하는 초점이 조금씩 다르긴 하지만, 엘리엇의 작품에 표현된 남녀 주인공들의 도덕문제가 당대 사회의 현실과 서로 관련된 문제이며 이 도덕적 관심이 사회적 관심의 한 표현이기도 하다는 점을 지적함으로써 리얼리스트로서 엘리엇의 장점을 밝혀준다.

이 작품에 대한 비평에서 이런 접근을 다 찾아볼 수 있다. 첫째로, 탁월한 지식인 작가로서의 면모는 뱃사공 세인트 오그나 세인트 오그스 사회 분석, 도슨 가와 털리버 가에 대한 분석 등에서 진화론적 사고와 당대의 종교적·사상적 논쟁에 대한 깊은 이해를 엿볼 수 있다. 둘째로, 개인과 사회의 관계에 대한 엘리엇의 깊은 관심도 이 작품에서 찾아볼 수 있다. 가령 이 작품에는 털리버와 매기의 두 가지 비극이 있는데, 이 비극은 개인과 사회의 결함이 상호작용하여 초래된 것이다. 털리버는 성급하고 화를 잘 내는 개인의 결함 외에 전통적 사회에서 산업 사회로 급변하는 사회변화에 민첩히 대응하지 못할 뿐 아니라 소송에 휘말려서도 법적으로 잘 대처하기보다 옛날과 옛날 방식을 그리워함으로써, 정신적·경제적 파국을 초래한다. 또한 매기 역시 다정하지만 성급하고 충동적이며 비현실적인 털리버가의 사람이다. 이런 면모는 집안이 파산한 책임을 아버지에게 돌려 비난하는 이모들에게 강력히 반발하는 일화에서 볼 수 있다. 그녀의 비극에는 이런 성격 외에 여성의 성취에 냉혹한 사회의 탓도 크다.

페미니즘 비평이 본격적으로 등장하기 이전에도 엘리엇의 작품 속에서 여주인공들이 차지한 중요한 위치와 여성작가로서 엘리엇이 겪은 고뇌를 지적함으로써 빅토리아조 당대에 처음이자 유일하게 엘리엇의 페미니즘 입장을 짚어낸 버지니아 울프(Virginia Woolf)가 있었다. 페미니즘 비평의 등장 이후 페미니즘 평자들은 본격적인 페미니즘 입장에서 그녀를 재평가하려 시도한다.

버지니아 울프

그런데 엘리엇에 대한 페미니즘 비평은 여러 면에서 심각한 의견의 대립을 보였다. 이 상반된 반응의 원인은 엘리엇 자신이 여성문제에 관해 때로 보수적인 입장을 보일 뿐 아니라 작품의 평가기준인 페미니즘 비평 자체가 관심의 초점을 달리 하면서 전개되었기 때문이다. 페미니즘 비평은 대체로 남녀의 이원적 대립을 강조하던 1960, 70년대의 초기 단계에서 여성문제를 전체 사회와 관련하여 여성이 겪는 문제에 대한 충실한 묘사 자체를 중시하는 방향으로 전개된다. 그 결과 페미니즘 평자들은 1960년대 페미니즘의 초기에는 주로 매기 털리버가 보여주는 강력한 분노에 주목하지만, 70년대 후반과 80년대에 이르면 강렬한 분노를 보여주지 않는 도로시아(Dorothea)나 긍정적인 열망만은 아닌 그웬들런(Gwendolen)을 비롯한 다른 여주인공에게도 주목하게 된다.

먼저 급진적인 영미 페미니즘 비평의 선구자라 할 수 있는 케이트 밀레트(Kate Millett)는 1969년에 나온 『성의 정치학』(*Sexual Politics*)에서 양성 간의 관계, 특히 남녀의 지배와 종속관계만을 강조함으로써 가부장제를 공격한다. 밀레트는 엘리엇이 당대의 관습에서 보면 상당히 "혁명적인 삶"을 살았지만 그런 삶을 소설 속에 기록하지는 않았다고 불만을 토로한다(196-97). 이런 불만은 조지 헨리 루이스와 동거하는 등 당대의 인습적인 도덕에 과감하게 도전하고 작가로서도 탁월한 업적을 이룬 엘리엇의 선구적인 생애에 비해 만족스러운 성취를 보이지 않는 여주인공들에게 실망한 반응으로서 엘리엇에 대한 1970년대 초기 페미니즘 비평에서 핵심적 비판이었다. 이밖에 1970년대 후반에 나온 엘런 모이어즈(Ellen Moers)의 『여성 작가들』(*Literary Women*, 1976), 길버트(Gilbert)와 구바(Gubar)의 『다락방의 미친 여자』(*The Madwoman in the Attic*, 1979)는 주로 남녀의 대립구조에 초점을 맞춘다. 모이어즈는 18세기 후반부터 19세기라는 기간을 자신이 "heroinism"이라 명명한 여성문학의 영웅 시대(epic age)로 분류하고 엘리엇의 『플로스강의 물방앗간』을 여주인공의 지적 성취 문제를 다룬 스타엘 부인(Madame Stael)의 『코린느』(*Corinne*)와 연관시키고 엘리엇을 스타엘에서 시작된 여성문학 전통에 포함시킨다(Moers *Literary Women*). 또한 길버트와 구바는 엘리엇의 경우 여주인공이 가부장적인 남성에게 분노를 느끼면서도 직접 저항하지는 않지만, 여주인공 대신 작가가 "파괴의 천사(the angel of destruction)"로 남성을 벌주고 보복한다고 본다. 이런 관점은 여주인공들이 남성에게 느끼는 분노와 도덕적인 테두리를 건드리지 않고 남성에게 일어나는 보복을 잘 설명해준다. 그러나 그들의 해석은 다른 사회적·역사적 맥락을 간과한 채 가부장제와 남성에 대한 여성의 분노와 반항이 격렬할수록 페미니즘 성취가 돋보이는 작품으로 평가할 우려가 있다(Gilbert and Gubar *The Female Imagination and the Modernist Aesthetic* 1). 밀레트와 모이어즈, 길버트와 구바는 이러한 여성의 분노에 몰두한 나머지, 작가와 여주인공을 거의 동일한 존재로 파악하는 잘못을 공통적으로 보인다.

다음으로 일레인 쇼월터(Elaine Showalter), 프랑스와즈 바슈(Francoise Basch)와 메린 윌리엄스(Merryn Williams) 등의 평자들은 엘리엇의 소설을 빅토리아 사회의 현실 및 성 이데올로기(gender ideology)와 관련하여 여성문제를 바라보는 하나의 틀을 제공함으로써, 앞의 페미니즘 평자들보다 사회적 관심도에 있어 진일보하게 된다. 슈왈터와 바슈, 윌리엄즈는 여성억압이 초역사적인 억압이 아니고 특정 시대·특정 사회의 현실과 관련된 현상이란 점에서 인식을 같이 했음에도 불구하고, 작품과 사회현실과의 관련을 구체적으로 밝혀내는 작품 분석을 보여주지는 못한다.

80년대에 들어서면 마르크스주의적 시각과 급진적 페미니즘을 결합시켜 여성 집단 내부의 성, 계급, 인종 등의 다양한 차이에 주목하는 사회주의 페미니즘 비평(socialist-feminist criticism)이 등장한다. 사회주의 페미니즘 비평 역시 현재까지 복잡한 갈래를 이루며 전개되고 있다. 가령 자코버스(Jacobus)나 데이비드(David), 부멜라(Boumelha) 등의 평자들은 넓게 사회주의 페미니즘 비평의 범주에 들어가지만, 자코버스는 라캉(Lacan)의 정신분석학과 언어학 이론을 도입하여 심리학이나 언어에, 부멜라는 탈구조주의적 관심에 각기 치중한다. 부멜라는 유물론적 입장과 탈구조주의적 관심을 결합시킨 경우로서, 그녀의 탈구조주의적 관심은 1980년대에 이르러 페미니즘에 탈구조주의적 관심을 결합시켜 페미니즘에서 주된 흐름을 형성한 체이스(Chase), 길리언 비어(Gillian Beer), 벨지(Belsey), 분(Boone) 등의 평자에서 찾아볼 수 있다. 그들은 『물방앗간』의 결말처리처럼, 리얼리즘에서 벗어난 환상적인 기법이 페미니즘을 보다 깊이 있게 제시했는지 아니면 이 문제를 모호하게 회피했는지 이러한 처리가 페미니즘에서 갖는 의미를 연구하기보다 이 현대적 기법의 활용 자체에 의미를 부여하는 것처럼 보인다.

이와는 달리 여성문제를 성의 문제이자 19세기 사회의 변화와 관련된 계급 및 인종의 문제로 파악하는 뉴톤(Newton)과 로젠펠트(Rosenfelt), 로빈슨(Robinson), 카플란(Kaplan) 등의 평자들은 사회주의 페미니즘의 입장을 좀 더 전형적으로 보여준다. 이를테면 로빈슨은 페미니즘을 성과 계급, 인종(race), 민족(ethnicity)의 네 가지로 나누어 성적 편견을 역사적 관점에서 자리매김하려 하며, 계급문제를 성차별보다 우선적으로 고려한다. 카플란은 사회주의 페미니즘을 발전시키기 위해 예컨대 자코버스

(Jacobus)식의 심리적 분석과 뉴톤 식의 사회적 분석과의 결합을 제안한 바 있다. 뉴톤과 로젠펠트는 자신들의 비평이 성의 문제뿐 아니라 경제적 문제, 그리고 사상·언어·문화의 중요성에도 관심을 기울이기 때문에, 그들의 비평을 급진적 페미니즘 및 맑스주의 비평과 구분하여 사회주의 페미니즘비평보다 더 포괄적인 유물론적 페미니즘비평(materialist-feminist criticism)이라 부른다. 그 중 뉴톤은 남녀 간의 불평등이 경제적 불평등에서 연유함을 환기시키고 여성문제를 자본주의 경제하에서의 중산계급 현실과 관련시킴으로써 여성문제에 있어 계급의 문제를 부각시키지만, 『물방앗간』의 분석이 보여주듯 여성문제의 계급적 범주를 중간계급에 축소시키는 약점을 드러낸다. 이렇게 사회주의 페미니즘은 평자마다 강조점이 다르므로 작품분석에 일률적으로 적용하기 어렵지만 여성문제를 특정 시대의 사회와 관련하여 바라보는 유물론적 페미니즘은 그 문제의식에 있어서 근본적으로 타당하다고 하겠다.

George Eliot

The Mill on the Floss

II. 작품의 플롯과 해설

II. 작품의 플롯과 해설

전체 작품 개요

이 소설은 19세기 초반 영국의 세인트 오그스라는 작은 마을에서 돌코트 물방앗간(Dolcote Mill)을 운영하는 털리버(Tulliver) 가족을 중심으로 전개된다. 매기 털리버는 이 물방앗간 주인인 털리버의 막내딸로서, 유난히 검은 피부와 충동적인 성격과 영리함 때문에 엄마의 걱정거리다. 매기 아버지는 가끔 매기의 편을 들지만, 그녀는 누구보다 오빠 톰에게 감정적으로 의존한다. 매기의 최대 관심사는 톰의 애정과 인정을 받는 것이기 때문에, 오빠의 비난은 그녀에게 가장 절망적인 일이다.

털리버 씨는 아들이 자기보다 출세하기를 원하기 때문에 지금 다니는 학교에서 다른 학교로 옮기려고 라일리씨의 충고를 구한다. 라일리는 사실 교육에 관해 아무 것도 모르지만, 사업상 아는 사람의 사위인 스털링 목사를 톰의 가정교사로 추천한다.

매기는 톰의 귀환을 목 빠지게 기다린다. 톰은 그녀에게 줄 선물을 갖고 도착하지만, 자기가 없는 동안 돌봐주라고 신신당부한 토끼들이 매기의 태만으로 죽은 것을 알자 매기를 비난한다. 상심한 매기는 다락에 숨지만, 아버지의 강요로 톰은 매기를 데려온다.

톰의 교육문제를 의논하기 위해 글레그와 딘, 풀리트 부부 등 여러 이모 내외분이 털리버의 집에 오지만, 털리버는 이미 마음을 정한 상태다. 물방앗간 운영에 필요한 이상으로 톰을 교육시키려는 이런 결심 때문에, 털리버 씨와 도슨 집안 간에 분쟁이 일어난다. 털리버는 처형인 글레그 부인을 주축으로 한 도슨가의 반대에 부딪치자, 영향력을 약화시키고자 글레그 부인에게 꿨던 500 파운드의 빚을 갚기로 한다. 이 돈을 갚기 위해 여동생인 모스 부부에게 꿔준 300 파운드의 돈을 받으러 갔다가, 가난한 여동생의 모습에 마음이 약해진 그는 결국 그 돈을 받지 않기로 한다.

한편 딘 부인과 털리버 부인은 톰과 매기, 그리고 사촌인 루시를 데리고 풀리트 씨 집을 방문한다. 톰은 과일주를 쏟게 한 매기에게 화가 나서 루시만 데리고 연못으로 간다. 매기는 루시를 진흙탕에 밀쳐 간접적으로 오빠에게 복수한다. 톰이 하녀 케지아에게 매기의 이런 황당한 복수를 일렀을 즈음, 매기는 집시 여왕이 되려고 집시 마을로 도망간다. 그녀는 몇 명의 집시를 만나지만 예상과 다른 모습에 실망하며, 집에 돌아올 때까지 두려움과 공포에 떤다.

글레그 부부는 털리버에게 돈을 돌려받을지 말지 생각 중이다. 그 돈을 그대로 빌려주기로 마음먹은 글레그 부인 덕분에, 이 일을 중재하려던 풀리트 부인은 자신이 나설 필요가 없음을 알게 된다. 그러나 털리버는 풀리트 부인이 자기를 위해 글레그 부인에게 중재하러 갔다는 부인의 말에 화가 나서 곧 돈을 갚겠노라고 글레그 부인에게 편지를 쓴다. 이 빚을 갚기 위해 그는 할 수 없이 웨이컴의 고객에게 500 파운드의 돈을 빌리게 된다.

톰은 스털링(Mr. Sterling) 목사의 유일한 학생이다. 그는 라틴어 문법과 기하 등 원하지도, 이해할 수도 없는 교육을 받는다. 크리스마스에 집을 방문한 톰은 아버지가 웨이컴의 고객이자 새로운 이웃인 피바트와 용수권 때문에 법적 소송을 벌리려 하며, 휴가가 끝나면 필립 웨이컴이 그의 학교에 올 것임을 알게 된다. 학교에 돌아온 그는 필립이 자신의 불구에 대해 지나치게 예민한 절름발이이자 곱사등이라고 생각한다. 그러나 그는 필립이 그려주는 그림과 전쟁 영웅 이야기를 좋아한다. 그 학기에 매기가 오빠 학교를 몇 번 방문해, 스털링 씨의 다른 학생이자 아버지의 적인 웨이컴 변호사의 아들인 필립과도 친하게 지낸다. 톰이 다리를 다쳐 더 오래 머물게 된 매기 덕분에 톰과 필립은 잠시 친해진다. 그러나 매기가 떠나자, 둘은 다시 서먹한 관계가 된다.

한편 사촌인 루시와 함께 퍼니스 양의 학교에 보내졌던 매기는 2년 뒤인 열세 살이 되던 해에 아버지가 웨이컴 변호사와 벌인 플로스강의 용수권 소송에 지자, 집으로 돌아온다. 매기는 아버지가 피바트와의 소송에 져서 파산하고 병이 들었다는 소식을 톰에게 알리고 함께 집에 돌아온다. 털리버는 그의 재산에 대한 저당권이 웨이컴에게 넘어갔음을 알자, 그 충격으로 혼수상태에 빠진다. 털리버 부인이 아끼던 살림을 포함해 그의 전 재산이 경매로 팔린다. 친척들은 털리버 집안에 필요한 몇 가지 살림을 사준다. 딘의 회사에서는 물방앗간을 구입해 털리버가 계속 운영하게 해주려 계획 중이었다. 털리버 부인은 이 계획을 확실히 해두려고 웨이컴을 찾아간다. 그러나 웨이컴은 오히려 부인의 말에 힌트를 얻어 물방앗간이 경매에 나오자 이 물방앗간을 사서 털리버가 자기 밑에서 일하게 한다. 톰은 딘 이모부에게 부탁해 게스트 회사에 일자리를 얻는다. 털리버는 톰으로 하여금, 집안 대대로 내려오는 성경에 손을 얹고 장차 웨이컴에게 복수할 것을 맹세하게 한다.

털리버가 회복된 뒤에도, 집안 분위기는 우울하다. 매기는 집안이 파산한 뒤, 집안일과 바느질을 하게 된다. 어느 날 톰의 어린 시절 친구로서 이제는 보부상이 된 밥 제이킨(Bob Jakin)이 찾아와 매기에게 책을 선물한다. 그 중에서도 토마스 아 켐피스의 『그리스도의 모방』은 그녀가 여러 달 동안 세상 즐거움을 포기하고 자기부정을 생활화하게 만든다. 어느 날 집 주위 숲 속을 산책하던 매기는 우연히 필립을 만난다. 필립은 욕망을 포기하지 말고 순교자 같은 생활을 그만 두라고 매기를 설득하면서 자기를 친구이자 교사처럼 생각하라고 말한다.

매기가 내면의 갈등을 겪는 동안, 톰은 사업 중이다. 그는 아버지 빚을 갚으려고 돈을 저축하고, 밥의 도움으로 자기 돈을 선박에 투자한다.

그가 빚을 청산할 만큼 돈을 모았을 때, 매기가 필립과 남몰래 일 년이나 만났으며 서로 사랑을 맹세했음을 알게 된다. 그는 필립을 비난하는 동시에 아버지에게 알리겠다고 협박해 매기로 하여금 필립과 강제로 헤어지게 만든다.

톰은 밥 제이킨과 동업하여 아버지 빚을 갚을 돈을 모아 온 가족을 기쁘게 한다. 공식적으로 빚을 청산하고 집으로 돌아오는 도중 물방앗간에서 웨이컴을 만난 털리버는 그를 공격하다가 말에서 떨어져 그 여파로 이튿날 세상을 떠난다.

몇 년 뒤 이제 매력적인 여성으로 훌쩍 커버린 매기는 다른 마을에서 교사로 재직하다가 사촌 루시네 살림을 해주는 어머니를 방문하러 세인트 오그스 읍에 돌아온다. 루시에게는 스티븐 게스트(Stephen Guest)라는 부유한 미남 구혼자가 있다. 루시가 스티븐의 친구인 필립을 집으로 초대했기 때문에, 매기가 필립을 만나려면 톰의 허락을 받아야 한다. 톰은 매기의 간청에 마지못해 필립과의 만남을 허락해준다. 필립과 우정을 재개한 매기는 아버지가 허락한다면 그와 결혼할 생각이다.

한편 톰은 게스트 회사에서 일을 잘 해서 칭찬받자, 그 회사에서 물방앗간을 구입해 자기가 운영하게 해 달라고 제안한다. 돌코트 물방앗간을 되찾고 싶어 하는 톰의 소원을 알게 된 루시는 필립에게 아버지를 설득해 물방앗간을 게스트 회사에 팔아 매기와의 결혼을 허락받으라고 일러준다. 필립은 아버지에게 게스트 회사에 물방앗간을 팔라고 부탁하면서 자신이 매기를 사랑하고 있다는 사실을 밝힌다. 결국 웨이컴은 물방앗간을 게스트 회사에 팔고 매기와의 결혼을 허락함으로써, 아들의 두 가지 부탁을 다 들어준다.

한편 스티븐과 매기는 서로 이끌리지만, 이 이끌림에 넘어가지 않으려고 무진장 애쓴다. 필립은 이런 이끌림을 재빨리 눈치 채지만, 믿고 싶지 않다. 한편 이런 관계를 전혀 눈치 채지 못한 루시는 필립과 매기를 다시 맺어주려 애쓴다. 루시는 필립의 중재로 톰이 물방앗간을 되찾으면 너무나 기쁜 나머지 매기와 필립의 결혼을 허락해줄 거라 믿고 있지만, 톰은 절대로 이 결혼을 허락할 생각이 없다.

스티븐이 무도회에서 무의식중에 매기의 팔에 키스하자, 매기는 매우 화를 내고 고모 집으로 떠난다. 그녀는 이제 두 사람의 관계가 끝났다고 생각하지만, 스티븐은 고모 집까지 매기를 찾아와 용서를 구한다. 그들은 서로에 대한 사랑을 확인하지만, 각기 루시와 필립을 생각해서 헤어지기로 한다. 매기는 곧 세인트 오그스를 떠나 다른 곳에서 가정교사 자리를 얻을 것이므로, 스티븐에 대한 사랑을 무시하려 한다. 어느 날 보트를 저어주기로 했던 필립은 스티븐에 대한 질투로 밤새 잠을 못 이룬 나머지 스티븐을 대신 보낸다. 루시는 필립과 매기가 단 둘이 시간을 갖도록 강 아래 읍내로 먼저 가버렸기 때문에, 매기는 스티븐과 단 둘이 보트를 타게 된다. 스티븐이 루시와 만나기로 했던 장소를 지나쳐버리는 바람에, 해지기 전에는 집에 돌아갈 수 없게 된다. 상황이 이렇게 되자, 스티븐은 매기에게 멀리 다른 나라로 도망가 결혼하자고 설득한다. 날씨가 변해 그들은 강 아래로 내려오며, 스티븐과 머드포트(Mudport)로 가는 큰 배를 타자 안심한 매기는 배 갑판에서 잠이 든다. 머드포트에 도착해 사태를 파악한 매기는 스티븐과 헤어져 세인트 오그스 읍으로 출발한다.

마을을 떠난 지 오일 만에 세인트 오그스 읍에 돌아온 매기는 타락한 여자로 취급받는다. 이제 웨이컴의 돌코트 물방앗간을 되찾은 톰이 매기를 자기 집에 받아들이길 거부하자, 집에서 쫓겨난 매기는 어머니와 함께 밥 제이킨의 집으로 간다. 매기는 켄 목사 집의 가정교사 자리를 구하지만, 켄 목사가 매기와 결혼하려 한다는 소문 때문에 그 집의 가정교사도 할 수 없다. 매기에게 아무 죄가 없다는 스티븐의 편지가 공개되지만, 밥의 가족과 켄(Dr. Kenn) 목사 외에 아무도 이 편지를 믿지 않는다. 이 사건으로 충격을 받았던 루시는 건강을 회복하자, 몰래 매기를 방문해 모든 일을 용서한다고 말한다. 필립도 매기를 용서했으며 여전히 신뢰한다는 편지를 보내온다.

매기는 자신의 고통을 하소연하며 다시 결혼하자는 편지를 받고 스티븐의 청혼을 받아들이고 싶은 유혹을 느끼지만, 다른 사람이 겪을 고통을 생각하고 마을을 떠나기로 결심한다. 그러나 너무 힘들고 지친 그녀는 이 시련을 더 견디게 도와 달라고 울면서 기도한다. 바로 이 때, 홍수로 범람한 플로스강이 밥의 집으로 들어온다. 매기는 밥의 가족을 깨우고 사력을 다해 강 아래 돌코트 물방앗간으로 노를 저어가서 집에 갇혀 있던 톰을 구하고, 다시 루시를 구하러 간다. 그들이 루시의 집에 도착하기도 전에 보트가 강에 떠다니던 쓰레기 조각에 부딪쳐 전복되고 만다. 매기와 톰은 서로 팔을 꼭 잡은 채 익사한다. 그 후 몇 년의 세월이 흐른 뒤에도 필립과 스티븐, 루시는 톰과 매기의 무덤을 여전히 방문하고 있다.

제1권 소년과 소녀

| 1장-4장 |

줄거리

1장 돌코트 물방앗간 밖

세인트 오그스 마을과 플로스강가의 묘사로 소설이 시작된다. 비인칭 서술이 화자의 서술로 바뀌며, 이 이야기는 미지의 화자가 회상하는 형식임이 밝혀진다. 화자는 돌코트 물방앗간 근처 플로스강 다리에 서서 물방앗간을 지나는 마차와 플로스강이 범람했던 예전 홍수를 회고한 뒤, 물방앗간의 수차 바퀴를 바라보는 어린 소녀와 강가에서 노는 소녀의 흰 잡종 개에 주목하고 나서 어린 소녀의 집안에서 빛나는 난로 불빛을 바라본다.

이런 묘사 덕분에 화자는 돌코트 물방앗간의 의자에 앉아 약 30년 전의 과거, 즉 1829년 이월의 어느 날을 회상한다. 화자는 그날 오후 난로 가에서 털리버 씨 부부가 두런두런 이야기를 나누는 장면으로부터 이 소설을 시작한다.

2장 돌코트 물방앗간 주인 털리버 씨가 톰에 관한 결심을 밝히다

2장에서 털리버 씨는 아들 톰을 다른 학교로 보내 훌륭한 교육을 받게 할 계획이라고 부인에게 말한다. 털리버는 아들이 사업이나 복잡한 법률 소송을 할 때 그를 도울 수 있는 훌륭한 사람이 되길 바란다. 즉 그는 아들이 물방앗간 주인인 자신보다 사회적 지위가 높은 경매업자처럼, 돈도 잘 벌고 학식도 많기를 바란다. 반면 털리버 부인의 유일한 관심사는 세탁과 음식 등 아들의 건강문제다. 부인은 아들의 교육 문제를 의논하기 위해 언니들을 저녁 식사에 초대하기로 한다.

털리버 씨는 처형들의 충고를 달가워하지 않는다. 그는 아들이 다닐 만한 좋은 학교를 정하려고 지방 경매인인 라일리 씨(Mr. Riley)에게 조언을 구할 계획이다. 털리버의 유일한 근심은 톰이 어리석은 아내 베시를 닮아 머리가 별로 좋지 않다는 점이다. 그들 부부는 아홉 살짜리 딸 매기에 관해 이야기를 나눈다. 매기는 똑똑하지만 외모에 신경 쓰지 않으며 뭐든 잘 잊어버린다. 또한 강둑을 뛰어다니는 습관 때문에 털리버 부인은 매기가 언젠가 강에 빠질까봐 걱정이다. 부인은 매기가 피부가 검은 데다 사촌인 금발머리 루시 딘(Lucy Dean)처럼 단정하거나 예쁘지도, 얌전하지도 않아 걱정이며, 매기의 검은 머리를 구불구불하게 만들고 싶어 한다. 부인은 의자에 앉혀놓으면 한 시간 동안이나 꼼짝없이 앉아 있을 만큼 순종적인 성격과 예쁜 곱슬머리 금발을 지닌 매기의 사촌 루시를 매기보다 더 귀여워한다. 털리버는 자기 집안을 닮은 매기가 아들보다 똑똑하며 글을 잘 읽는다는 사실을 자랑스러워한다. 이 점은 그가 입버릇처럼 매기를 "귀여운 꼬마(My little wench)!"라고 부르는 데서도 입증된다. 그럼에도 불구하고, 부부는 둘 다 아들보다 딸이 똑똑하다는 사실을 유감스러워하며 이런 연유로 딸의 장래를 걱정한다. 바로 이 순간 머리가 헝클어진 매기가 차 마시는 시간보다 늦게 들어온다. 매기는 보닛 모자를 집어 던지고 글레그 이모에게 드릴 퀼트를 만들라는 엄마의 지시를 듣자, 헝겊을 여러 조각으로 잘랐다가 다시 꿰매는 것은 바보 같은 짓이라고 반발한다. 그러나 털리버는 매기를 야단치기는커녕 이 솔직함에 유쾌하게 웃음을 터뜨린다.

3장 톰이 다닐 학교에 대해 라일리 씨가 충고하다

털리버 씨와 라일리는 댐의 중재와 웨이컴처럼 말썽 많은 법률가 얘기를 나눈다. 이윽고 털리버는 톰에게 어떤 교육을 시키면 좋겠냐고 라일리에게 묻는다. 털리버 씨가 톰이 제대로 교육받지 못해 물방앗간이나 물려받으려고 아버지가 죽을 날만 기다리며 자기를 집에서 쫓아내지 않을까 걱정하자, 근처에서 책을 읽던 매기는 아버지가 오빠를 나쁘게 생각한다면서 변호한다.

매기가 읽다가 떨어뜨린 『악마의 역사』라는 책을 본 라일리는 깜짝 놀란다. 그러자 털리버는 그 책 커버 때문에 샀을 뿐 어떤 책인지 몰랐다고 말하면서 라일리 씨에게 딸의 영리함을 자랑하는 한편, 매기를 달랜다. 매기는 라일리 씨에게 자신의 영리함을 과시할 기회가 온 것을 기뻐하지만, 라일리 씨는 대니얼 디포우(Daniel Defoe)의 『악마의 역사』에 나오는 마녀 이야기를 설명해주는 매기의 영리함을 칭찬하기는커녕 여자애는 그런 책을 읽으면 안 된다고 야단친다. 매기가 그 책에 대해 설명하자, 털리버는 딸이 알고 있는 지식에 당황한 나머지 엄마에게 가라고 하면서 매기를 방에서 쫓아낸다.

라일리 씨는 아무 것도 모르지만 자기처럼 딸부자인 스털링의 장인에게 평소 동정을 느끼던 터에, 자기 의견을 묻는 털리버를 도와 주려고 사업상 아는 사람의 사위이자 옥스퍼드 대학 출신인 스털링 목사(Reverend Sterling)를 톰의 가정교사로 추천한다. 털리버 부인이 톰이 그곳에서 잘 먹을 수 있을지 걱정하자, 라일리는 스털링 부인이 살림꾼이라 걱정 없을 거라고 한다. 톰이 실질적인 교육을 받을 수 있을지 확신치 못하는 털리버에게 라일리는 스털링 목사는 뭐든 잘 가르칠 거라 자신한다.

4장 톰을 기다리다

매기는 아버지와 함께 톰의 학교로 따라가지 못해 못내 아쉽다. 그녀는 새로 빗질한 머리를 대야에 담가 엄마가 자기 머리를 구불구불하게 하지 못하도록 하고 나서, 자기만의 비밀 장소이자 피난처인 다락으로 도망친다. 그녀는 다락에서 낡은 나무 인형을 못으로 찌르고 때리는 벌을 주면서, 만나기만 하면 자기를 야단치는 글레그 이모에게 복수하는 상상으로 마음을 달랜다.

구름 사이로 햇빛이 비쳐 날씨가 좋아지자, 한결 기분이 좋아진 매기는 밖으로 나간다. 그녀는 빙빙 돌고 노래를 하면서 집에서 기르는 얍(Yap)이라는 개에게 톰 오빠가 집에 올 거라는 사실을 알린다. 매기는 아버지의 물방앗간 일꾼인 루크(Luke)에게 자기 지식을 과시하려 하지만, 루크는 자기 같은 일꾼이 너무 많이 알면 좋을 게 없다면서 별다른 관심을 보이지 않는다. 매기는 톰이 학교로 가면서 돌봐주라고 신신당부했던 토끼가 깜박 잊고 먹이를 안 준 자기 탓에 죽었다는 이야기를 루크에게 들은 뒤, 오빠에게 혼날까봐 공포에 떤다.

이 일 때문에 불행해진 매기는 자기 집에 놀러 가자는 루크의 제안에 금방 톰을 잊고 명랑해진다. 매기는 루크의 집에서 본 여러 장의 그림 중에서 돌아온 탕자의 그림을 보고 이 마음 약한 청년에게 각별히 동정심을 느낀다. 그녀는 탕자가 아버지에게 돌아와 다행이라고 말하지만, 이후 그 탕자가 훌륭한 인물이 못 되었을 거라는 루크의 말을 듣고 애석해한다.

▒ 해설

이 작품은 화자가 돌코트 물방앗간의 의자에 앉아 약 30년 전의 과거인 1829년을 회상하는 형식으로 서술된다. 먼저 시작 부분에서 화자가 소개되는데, 이 화자는 털리버 집안 시대에 세인트 오그스 읍에 살았으며 약 30년 뒤에도 그 집안을 기억하는 목격자로 제시된다. 또한 화자는 털리버 부부의 대화뿐 아니라 그들의 내면까지 간파하고 있는 전지전능한 화자다. 첫째, 이 화자는 비인칭 전지전능한 화자로서 세인트 오그스 읍의 사회적·역사적 사건을 서술하며, 둘째, 독자에게 직접 얘기하거나 어떤 등장인물에게는 연민을 보이는 등 두 가지 화법으로 서술하고 있다. 과거에 있었던 홍수에 대한 언급을 통해 홍수 속 남매의 익사라는 결말이 준비된다. 또한 어린 시절의 추억과 과거의 관계에 대한 회상이 이 소설의 또 다른 축을 형성한다.

이 소설에서 매기는 자주 얍이라는 개와 함께 등장하므로, 1장에 등장하는 작은 소녀와 개는 앞으로 전개될 이야기를 상징한다. 2장에서 법률가를 "악마"에 연관시키는 털리버의 언급은 이후 웨이컴과 벌이는 소송과 관련하여 중요한 암시다.

2장에서 털리버 부부는 강한 사투리를 쓰지만, 매기는 사투리를 쓰지 않는다는 사실에 주목해야 한다. 털리버 부부의 대화에서 털리버 씨는 칙하고 실질적이며, 부인은 어리석은 인물임이 밝혀진다.

매기는 외가를 닮지 않았으며, 그녀와 아버지는 둘 다 고집이 세고 자기 마음대로 하는 경향이 있다. 이런 연유로 아버지는 딸의 영리함을 자랑스러워하면서도 "여자애 치고 너무 똑똑"해서 걱정이다. 어머니는 매기를 길들여지지 않은 "야생동물"이나 광기와 관련시킨다. 마침내 매기는 3장에서 "악마의 역사"에 대한 지식 및 검은 머리와 검은 피부, 검은 눈을 통해 악마와 관련된다. 동시에 그녀의 영리함과 오빠에 대한 사랑이 강조되지만, 그녀의 영리함은 여러 사람에게 근심과 우려의 대상일 뿐이다. 또한 변호사를 "악당"이라 부르는 털리버의 언급은 나중에 중요한 의미를 갖게 된다.

반면에 털리버 부인은 이 두 사람과는 대조적이다. 부인은 "건강한 금발에 좀 모자라고 통통한 여성, 즉 아름답고 사랑스러운 가족의 꽃"이라 묘사된다. 털리버 부인 집안의 특징은 그녀의 언행에 드러난다. 그녀는 집안 살림과 살림을 제대로 하는데 대해 지대한 관심과 자부심을 갖고 있다. "올바름"(correctness)을 편함보다 가치 있게 여겨, 심지어 죽는

데도 이런 태도를 적용한다. 가령 가장 좋은 시트는 살아생전보다 장례식에 쓰도록 간수해야 한다. 털리버 부인은 음식, 식기, 열쇠, 창고 등과 관련되며, 이 중에서도 열쇠는 부인의 자매들과 밀접히 관련된다.

3장에서 매기의 영리함과 오빠 톰을 좋아하는 매기의 애정이 강조된다. 그러나 다른 사람들은 매기의 영리함을 걱정한다. 라일리는 이 장면에서만 등장하지만, 그를 통해 매기가 간접적으로 묘사된다. 그는 잘 모르면서도, 옥스퍼드와 캠브리지 졸업생은 수학을 잘 한다는 이유로 스털링 목사를 톰의 가정교사로 추천한다.

털리버 부인이 알뜰한 주부라는 사실과 더불어 그녀의 어리석음이 거듭 강조된다. 털리버는 좀 모자라 보였기 때문에 베시를 아내로 택했다고 말한다. 가령 부인은 톰이 누구나 다시 보고 싶어 하는 멋진 피부를 가졌기 때문에 어떤 선생님도 톰을 싫어할 수 없을 거라 말하는데, 이 말은 부인의 어리석음을 입증해준다. 이처럼 털리버 부인은 매사를 외모로 판단한다. 털리버 부인이 아들을 편애하는 것처럼, 털리버는 영리하고 다정한 딸인 매기를 편애한다.

3장 끝에서 라일리가 스털링 목사를 추천하는 장면은 작가의 심리적 리얼리즘을 보여준다. 그가 스털링 목사를 추천하는 이유는 이기심과 자신을 이롭게 하려는 동기다. 그러나 작가는 라일리를 도덕적인 이유로 비난하는 대신, 그에게 딸이 많기 때문에 스털링의 장인에게 연민을 갖는 것으로 그의 행동 배후의 심리까지 추적한다. 앞 세 장에서 매기는 주로 부모를 통해 소개된다.

4장에서 매기는 활발한 상상력과 책에 대한 지식 때문에 고통과 행복을 동시에 느낀다. 또한 이 장에서는 매기의 충동적인 성격과 톰에 대한 사랑, 그리고 매기를 적절히 다루지 못하는 어머니 등 앞에서 묘사된 내용이 다시 강조된다. 동시에 톰이 신신당부했던 토끼를 깜박 잊고 돌보지 못하는 데서 매기가 좋아하는 사람의 부탁도 깜빡 잘 잊어버린다는 사실이 암시된다.

매기의 어머니는 자주 딸에게 자신을 투사하는 경향이 있다. 가령 그녀는 자신이 나쁜 짓을 했기 때문에 매기 같은 딸을 두었다고 사람들이 욕할까봐 두려워하는데, 이는 매기의 행동이 자신에게 미칠 영향 때문에 후일 톰이 동생을 냉대하는 것과 같은 맥락의 태도다.

"돌아온 탕자"라는 그림에 대한 매기의 반응은 그녀의 다정한 마음씨를 보여주며, 동시에 아무리 뉘우쳐도 매기를 용납하지 않는 톰의 이후 행동을 예기케 한다. 이 장은 대부분 매기의 관점에서 그려지므로, 독자는 매기의 모든 행동에 호의적 반응을 보인다.

주해와 중요어구

<1장>

- cute: 영리한, 똑똑한(acute, clever)
- Bedlam creatur: 미친 사람(베들레헴, Bedlam은 18세기 영국 런던의 정신병원이었다.)
- gell: girl
- franzy: 심술궂은, 시무룩한, 격앙된 (frenzied, cross)
- Shetland pony: 셰틀랜드(스코틀랜드 북쪽의 군도. Shetland Islands 산)의 조랑말.
- patchwork: 다른 색깔의 조각천으로 만든 헝겊 잇기.
- Raphael: 1483-1520까지 살았던 유명한 이태리 화가

셰틀랜드 포니

<2장>

라파엘

- eddication: 교육(education)
- be a bread: "생계를 벌다"라는 뜻(earn a living)
- Ladyday: 성수태고지일인 3월 25일
- Midsummer: 하지 무렵, 6월 21일
- bit o' birch: 신체적인 벌
- raskill: 악당(a rascal)
- vallyer: 평가자, 가격 사정인 (a valuer)
- sanguinary rhetoric: (새 죽이는 데 관한) 잔인한 얘기(bloody talk)
- spoke i' the wheel: 간섭하다.
- Holland sheets: 네덜란드제 리넨으로 만든 것
- mangled: 다리미질한, 압축한(pressed)
- calkilate: 계산하다(calculate)

<3장>

- bonhommie: (불어) 친절(kindness)
- people of the old schrol: 구식 사람들(old fashioned people)
- Old Harry: 악마(the devil)를 가리킴
- weevils: 장수벌레(wood-boring beetles)
- Manichaesism: 악마(Satan)가 신과 같이 영원하다고 본 초기 종파
- Hotspur: 셰익스피어의 『헨리 4세』(*Henry IV*, Part 1)에 나오는 성격이 급하고 불같은 인물인 Harry Hotspur를 가리킨다.
- oracular: 현명한
- Skye: 스코틀랜드(Scottish island)
- quarter: 한 학기, 석 달
- latter end: 죽음
- I shan't be... my teeth: 살아있는 동안 힘을 잃지 않을 것이다 (I won't

lose power while still active)

- akimbo: 손을 허리에 대고 팔꿈치는 옆으로 벌려
- *The Pilgrim's Progress*: 존 버니언(John Bunyan, 1628-1688)이 쓴 『천로역정』
- MA(Master of Arts): 문학 석사
- curacy: 목사보, 부목사.
- feather out! the best bed: 매트리스에서

존 버니언

- Ay, ay, Bessy, never, brew... poor tap: never make bad beer wherever it is brewed.
- a tincture: 조금(a little)

<4장>

- pinafore: 앞치마(an apron)
- fetish: 주물, 물신(야만인이 숭배하는 나뭇조각, 동물 등). 맹목적인 숭배의 대상
- trunk: 몸통(body)
- 야엘(Jael)... 시스라(Sisera): 구약성서 「사사기」 4장 1 22 참조.

앞치마

- pythoness: 마녀, 무당, 여자 점쟁이
- auricula: (노란 꽃이 피는) 앵초의 일종
- au naturel: (불어) 벌거숭이(naked)
- shrill pitch... mill-society: 소음 때문에
- whipcord: 채찍 끈(thin, strong cord)
- offal: 거절하다

"탕자의 귀환" (by Pompeo Batoni, 1773)

- gripe: 고통
- nash: 약한, 무력한(weak)
- Prodigal Son: 성경 <누가복음> 15장 11절-32절에 나오는 둘째 아들 탕자.
- Sir Charles Grandison: 사무엘 리차드슨(Samuel Richardson 1689-1761)의 소설에 나오는 인물

| 5장-7장 |

줄거리

5장 톰이 집으로 돌아오다

마침내 톰이 집에 돌아오자, 털리버 부인과 매기는 몹시 기뻐한다. 매기와 톰의 대조적인 용모가 소개된다. 톰은 평범한 외모 안에 엄격함을 감춘 반면, 매기는 감정을 잘 드러내며 반항적이지만 실은 순종적인 성격을 갖고 있다.

톰이 한 학기 동안 아낀 돈으로 산 낚시줄을 선물하면서 내일 라운드 연못에 가서 함께 낚시하자고 하자, 매기는 매우 기뻐한다. 매기는 사자가 달려들면 사자와 싸울 거냐고 묻자, 톰은 그런 바보 같은 얘기는 그만 두라고 구박한다. 드디어 톰은 매기의 태만으로 토끼가 죽었다는 사실을 알게 된다. 그는 그 벌로 내일 낚시에 데려가지 않겠다고 하며,

매기가 울어도 꿈쩍 하지 않는다.

매기는 다시 비참한 기분이 되어 다락방에 숨는다. 매기는 오빠가 돌아오면 아주 기쁠 거라 기대했지만 그녀의 실수를 용납해주지 않는 오빠 때문에 매우 비참해진다. 그녀는 다락방에 숨어 있다가 굶어 죽기로 결심한다. 차 마실 시간이 되어도 매기가 나타나지 않자, 그제야 매기가 사라졌다는 사실을 알게 된 아버지는 어서 찾아오라고 톰을 야단친다. 톰은 별로 내키지 않아 하면서도 어슬렁어슬렁 매기를 찾아 나선다. 벌 받을 만한 행동을 했다면 누구든지 벌을 받아야 한다는 게 톰의 지론이다. 매기는 톰이 자기를 찾으러 오자, 오빠의 사랑과 용서를 받으려는 욕망에 져서 오빠와 화해한다. 남매는 두 마리 조랑말처럼 톰이 가져온 케이크를 사이좋게 나눠 먹는다.

다음날 아침 톰과 매기는 라운드 연못으로 낚시를 간다. 매기는 지렁이와 맹꽁이, 새 등 야외놀이에 박식한 톰의 지식을 매우 존경한다. 주변에서 오빠만이 자신의 영리함에 놀라지 않는 유일한 인물이기 때문이다. 우연히 큰 고기를 잡은 매기는 오빠와 한껏 기뻐한다. 남매는 그들의 앞날이 늘 이 아침처럼 행복할 거라 상상하지만, 그들의 앞에는 어둠이 드리워져 있다. 그러나 화자는 숲을 거닐면서, 그들의 삶이 변하겠지만 야외에서 보낸 어린 시절의 추억은 항상 그들의 일부가 되어 평생 자연을 사랑하게 될 거라고 언급한다.

6장 이모 내외분들의 방문소식

남편이 톰의 교육문제를 의논하려고 처형들을 초대하기로 함에 따라, 털리버 부인은 가족 모임을 준비한다. 실은 털리버는 처형들의 의견에 별 관심이 없으며, 그들이 톰과 매기에게 남겨줄 유산에 대해서도 별로 관심이 없다. 털리버 부인은 이모들 마음에 들게 행동하지 않는 남매 때문에 안절부절못하며 매기가 사촌인 루시 — 털리버 부인이 딸처럼 예뻐하는 딘 부인의 딸 — 처럼 얌전히 행동하기를 바란다. 도슨(Dodson)가의 특이한 습관과 관습이 묘사된다. 도슨가의 특별한 살림 방식 때문에 그들은 자기 집안이 존경받을 만한 가문이라고 자부한다. 그 집안에서 가장 처지는 털리버 부인조차 자신이 도슨가 문중이며, 톰이 외가쪽의 외모와 안색을 닮았다는 사실에 대해 자부심을 느낀다.

슈크림을 나눠먹던 매기가 큰 슈크림을 택하자, 톰은 매기에게 "욕심이 많다"고 화를 내면서 나가버린다. 그는 먼저 슈크림을 고르게 해준 자신의 공평함에 대해 매기가 큰 슈크림을 양보하는 것으로 자신에게 보상해 주길 바랐던 것이다. 이 슈크림 일화에서 톰이 얼마나 자기중심적인 존재인지 알 수 있다. 톰이 밥 제이킨(Bob Jakin)과 놀러 나가자, 매기는 다시 혼자 남는다. 톰은 자기보다 쥐잡기나 나무 올라타기 등 바깥놀이를 잘 아는 밥과 놀기를 좋아하기 때문에, 방학 때마다 매기는 슬픈 나날을 보내야 했던 것이다.

밥과 동전(half-penny)의 안팎 맞추기 놀이를 하던 톰은 밥이 속임수를 쓰자 화를 내며, 둘은 반 페니 때문에 격렬하게 싸운다. 마침내 밥이 반 페니를 돌려주지만, 톰은 이 동전을 받지 않고 더 이상 사기꾼과는 놀지 않겠다며 돌아서 가버린다. 이에 화가 난 밥도 톰이 선물로 준 주머니칼을 톰에게 던지지만, 톰이 사라지자 곧 다시 호주머니에 주워 넣는다.

매기는 톰이 예상보다 일찍 돌아와 기쁘지만, 물방앗간 둑에 서서 말없이 자갈을 던지는 톰에게 감히 말을 걸지 못한다. 톰은 밥과 하려던 쥐 사냥을 포기한 게 몹시 아쉽지만, 다시 과거로 돌아가도 마찬가지일 거라고 자신의 행동을 정당화한다. 반면 매기는 항상 자기가 달리 행동했었더라면 하고 후회하는 버릇이 있다.

7장 이모 내외분들의 등장

털리버 부인 집에 가장 먼저 도착한 글레그 부인은 식사 전에 간식을 먹지 않는다는 원칙 때문에 치즈 케익을 먹지 않지만, 털리버 부인에게 저녁을 더 일찍 먹자고 권하면서 음식을 너무 많이 차렸다고 야단친다. 이렇듯 그녀는 곰팡이 냄새가 나는 옷부터 입고, 새 옷이나 좋은 가발은 옷장에 넣어두는 구두쇠다. 다음으로 멋지게 차려 입고 사륜마차를 타고 온 풀리트 부인이 울면서 들어온다. 영문을 모르던 글레그 부인은 풀리트 부인이 친척도 아닌 그저 좀 아는 사람이 죽었다고 울었다는 사실에 어이가 없어 한다. 또한 그녀는 풀리트 부인과 털리버 부인이 살림할 때 낭비하는 경향이 있으며 매기가 도슨가보다 모스 고모를 닮았다는 사실도 이울러 비난한다. 풀리트 부인은 털리버 부인에게 새 모자를 보여주려고 이층으로 올라간다. 마지막으로 딘 부인이 루시를 데리고 도착하자, 매기와 톰은 루시를 보러 들어온다. 도슨가 자매들은 옷과 모자, 수종증에 걸려 죽은 이웃의 서튼 노파 등에 관해 풀리트 언니와 이야기한 뒤 가족회의를 시작한다.

이모들은 딘 부인의 딸인 루시가 얌전하고 예쁘다고 칭찬하지만, 매기의 까만 피부와 뻣뻣한 머리카락을 비난한다. 이에 화가 난 매기는 이층으로 올라가 어머니의 근심거리인 까만 머리카락을 제멋대로 잘라 버린다. 하지만 매기는 무엇보다도 바보 같아 보인다는 톰의 놀림에 크게 상처받는다. 이모들과 매기의 엄마는 머리카락을 자른 매기의 성급함에 대경실색해 모두 한마디씩 비난한다. 아버지만이 딸의 편을 들자, 글레그 부인은 털리버가 딸을 망친다고 또 비난한다.

한편 아이들을 밖으로 내보낸 털리버가 톰을 스털링 목사에게 보내 교육시킬 계획이라고 밝히자, 모두 놀라지만 특히 글레그 부인이 반대한다. 글레그 부인은 톰을 분수 이상 가르쳐 무슨 유익이 있냐고 비웃는다. 따라서 톰의 교육을 의논하기 위한 가족회의는 털리버에게 돈을 빌려준 글레그 부인과 털리버의 싸움으로 끝나버린다. 마침내 화가 난 글레그 부인은 남편과 함께 가버린다. 부인들이 애들을 돌보러 나가자, 털리버 씨와 딘 씨, 풀리트 씨는 웰링턴 공작 등 정치와 사업 이야기를 나눈다.

▒ 해설

"소년과 소녀"라는 1권 제목에 암시되듯, 이 장에서는 매기와 톰의 어린 시절 남매관계가 그려진다. 매기가 톰에게 매우 의존하며 톰을 껴안는 행동에서 홍수 속의 마지막 사건이 암시된다.

1권의 남매관계에서 용서와 정의라는 중요한 주제가 암시된다. 5장에 처음 등장하는 톰의 성격은 이미 분석된 바 있다. 붉은 뺨의 외모 안에는 공정함을 주장하면서 남을 판단하는 고집 센 성격이 감춰져 있다. 그는 누이를 사랑하지만 아버지처럼 매기의 영리함이나 상상력을 칭찬하는 대신 늘 올바른 행동을 요구한다. 그는 용돈을 아껴 매기에게 줄 선물을 사오지만, 토끼를 제대로 돌보지 못한 누이의 잘못을 용서하지 않는다. 즉 그는 매기와 언제나 같이 살겠지만, 매기가 잘못을 저지르면 즉시 벌을 주고 항상 매기를 지배할 것이다. 이게 바로 그가 도슨 집안에서 물려받은 "바른 행동"이다.

반면 매기의 가장 큰 욕망은 사랑과 인정을 받고 싶은 마음이며, 다른 특징은 상상력이다. 매기는 사자가 공격하면 용감한 오빠가 자기를 구해줄 거라 상상하지만, 톰은 사자가 올 일은 없다고 그녀의 상상을 간단히 무시해 버린다.

이 부분에서 강 이미지에 주목해야 한다. 매기는 다리가 없는 강, 즉 죽음에 대해 읽을 때 플로스강을 생각한다. 털리버 부인은 종종 매기가 익사할까봐 걱정하는데, 이는 어머니로서 당연한 걱정이지만 후일의 홍수 속 익사를 예고하기도 한다.

6장에서 도슨 집안의 전통이 장황하게 묘사된다. 도슨 가문에서는 모든 행사가 있을 때 감정보다 예의바른 행동을 중시하는 전통이 있다. 가령 도슨 집안에서는 장례식을 항상 격식에 맞게 치른다. 6장의 슈크림 일화처럼 톰은 슈크림을 공정하게 나누면서도 매기가 자기 몫을 다 먹자 화를 냄으로써, 매기를 당황하게 만든다. 여기서 톰이 위선자는 아니지만, 자기중심적인 인물임이 밝혀진다. 반면 늘 다른 사람을 배려하는 매기는 비난을 받으면 자기 행동의 잘잘못보다 자신이 사랑받지 못한다는 생각에 서글퍼진다. 매기는 다른 사람은 잘 용서하지만 정작 자신은 잘 용서하지 못한다. 늘 자기가 옳다는 신념 때문에 자기 행동에 만족하는 톰과는 대조적으로, 감정적인 매기는 항상 자기가 달리 처신했더라면 하고 후회하는 경향이 있다.

한편 밥의 등장에는 두 가지 목적이 있다. 즉 톰이 얼마나 자기 기준에 맞춰 행동하는 인물인지 밥과 대조시키는 한편, 밥이 얼마나 자기 이익만 추구하는 인물인지 보여준다. 아울러 홍수로 인한 파멸이 다시 암시된다.

이 소설 앞부분에서는 톰과 매기가 동물과 관련되어 묘사된다. 그들은 보통 조랑말이나 개, 오리 등의 동물과 관련되어, 그들의 사랑하는 능력이나 사회적 관습에 매이지 않는 특성이 암시된다. 가령 1권 4장에서 남매가 화해할 때 둘은 "어린 동물"같으며, 5장에서는 두 마리 조랑말처럼 다정하게 케이크를 나눠 먹는다.

7장에서 글레그 부인은 도슨가에서 성격이 가장 강한 인물이지만, 그녀의 특성은 도슨가의 규범에 대한 엄격한 집착으로 규정된다. 그녀에게는 "바른 예절"(correctness)이 전부이며, 모든 친척에게 이를 기대한다. 가령 그녀는 풀리트 부인과는 달리, 일가친척이 아닌 사람이 죽으면

울지 않는다. 글레그는 타인에 대한 아내의 냉혹한 판단을 무마시키는 반면, 풀리트는 편협한 인물로 제시된다. 부자인 딘 가족은 다른 가족으로부터 적당한 거리감을 유지하기 위해 주로 다른 인물들의 말을 통해서만 제시된다. 적절한 상속이 이들의 중심 화제이며, 그들에게는 사후 친척에게 재산을 제대로 상속하는 것이 매우 중요한 문제다. 즉 기대하던 것보다 더 많이 남기면, 장례식에서 큰 존경과 애도를 받는다는 것이다. 7장 끝에서 털리버와 글레그 부인 간의 갈등이 나온다. 이 갈등에는 바른 처신을 원하는 부인과 성급한 털리버의 갈등 외에도, 금전적인 문제가 있다. 글레그 부인이 털리버에게 꿔줬던 500파운드에 대한 논쟁은 1권 나머지에서도 계속된다. 이 많지 않은 돈이 털리버의 파산을 초래하는 첫 번째 요인이 된다.

딸에 대한 아버지의 편애 및 그녀의 충동적인 행동에서 매기가 아버지를 닮았다는 사실이 강조된다. 가령 머리카락을 자른 매기의 행동은 결과를 생각지 않고 행동한 뒤 뒤늦게 후회하는 특성을 보여주는 전형적인 예가 된다.

▒ 주해와 중요 어구

<5장>

- soverigns: (옛 영국의) 1파운드 금화(sovereign)
- gig-wheels: 말 한 필이 끄는 이륜마차.
- bowling: 데굴데굴 움직이다, 술술 나아가다, 굴러가다(바퀴의 움직임)
- generic: 계급에 속한, 속(genus)의, 속이 공통으로 갖는
- phiz: physiognomy의 축약형
- putting-up: 치우기(putting away)
- Samson: 삼손 (성경 「사사기」 "Judges" 13장-16장에 나오는 힘이 아주 센

인물)

- lozenge-box: 작은 상자
- whittling: 베다(cutting)

<6장>

- Easter week: 예수의 부활을 기념하는 부활 주일 뒤
- lief: 오히려, 차라리 (rather)
- raving: 욕심 많은, 톰욕스러운(greedy)
- allays: 항상(always)
- beholding: 감사하는 (obliged)
- leggicy: 유산(legacy)
- butter-money: 자기가 만든 버터를 팔아 주부가 번 돈.
- hervies: 조카들(nephews)
- leaves i' the table: 손님이 올 때 식탁을 더 크게 만들려고 덧대는 것
- dry: 버터 바르지 않은
- small-beer: 도수 약한 맥주, 싱거운 맥주
- impedimenta: 방해(물), 장애(encumbrances)
- dubitative: 의심스러운(doubtful)
- bandy: (옛날의) 하키
- pudden: 푸딩(pudding)
- rickyard: 건초더미를 포함한 울타리
- Sut Oggs: St. Ogg's
- rot-catcher: 쥐 잡이(rat-catcher)
- yeads: 머리(heads)
- Rhadamanthine: 그리스 신화의 라다만투스(Rhadamanthus, Zeus와 Europa의 아들, 사후에 명부의 재판관이 되었음)에서 나옴. 엄격한 재판관.

<7장>

- fronts: 가발(false hair)

"에이작스의 죽음" (by Serrur, 1820)

- chevaux-de-frise: (불어)(군) 방마책, 녹채(기병의 침입을 막음)
- smack: 작은 배, 소형 어선
- Hottentot: 남아프리카 원주민, (남아프리카의) 호텐토트 사람.
- asthmy: 천식(asthma)
- hare-skin: 토끼 가죽 (병의 치료제로 쓰임)
- boluses: 큰 알약(bolus)
- leghorn: 이태리의 레그혼(Leghorn) 지방산의 모자 제작용 밀짚.
- tête-a-tête: (불어) 남몰래, 은밀히, 단 둘이서
- natly: 단정한(neat)
- Ajax: 그리스 신화에 나오는 트로이 (Troy) 전쟁의 영웅.
- "half": 반 년
- Lawks: 아아!, 오오!(놀라움을 나타내는 감탄사, Lord)
- niver: 결코 - 않다(never).
- spooney: 어리석은, 바보 같은.
- wench: 계집아이 (girl)
- burning-glass: 돋보기, 볼록 렌즈.
- Lord chancellor: 대법관.
- yeoman: 자작농, 소지주, 중류 농민.
- broadcloth: 폭이 넓고 질 좋은 천
- he knows... to deal with: (계략 따위)를 깨닫고(알아채고), -잘 알고(up to every trick)
- bond: (채무)증서, 계약서, 차용증서, 채권
- craped: (모자, 팔 따위에 두르는) 상장(black cloth).
- Duke of Wellington: 워털루 전투(1815)에서 승리한 유명한 장군 정치가이

자 당시 수상인 Arthur Wellesley (1769-1852)

- Catholic Question: 가톨릭교도들이 선거권을 가질 권리가 있는지에 관한 가톨릭교도의 질문
- Blücher: 워털루 전투에 참전했던 프러시아인 (1742-1819).
- spelter: 아연.
- Radicals: 자유당의 개혁파

| 8장-11장 |

줄거리

8장 털리버 씨가 약한 마음을 보이다

털리버는 글레그 부인이 자기에게 빌려준 500파운드를 금방 갚으라고 할 것만 같아 다음 날 모스(Moss) 부부에게 빌려 준 삼백 파운드를 받으려고 배싯에 있는 여동생 집으로 간다. 털리버는 가난하고 황량한 배싯으로 말을 타고 가면서, 돈 한 푼 없는 모스와 결혼해 어렵게 사는 여동생 때문에 제부가 더욱 얄미워진다. 그는 여동생을 보면 마음이 약해질까봐 여동생 집에 가서도 말에서 내리지 않겠다고 굳게 다짐한다.

그러나 여덟 명의 아이를 데리고 어렵게 사는 여동생 그리티(Gritty)의 모습에 매기의 모습이 겹치자 그의 마음이 약해진다. 그는 톰이 매기에게 나중에 잘 해 주었으면 좋겠다는 여동생의 얘기에, 톰과 매기의 관계를 자기와 누이동생의 관계에 견주어본다.

모스를 불러 꾼 돈을 갚으라고 얘기하고 집으로 출발했던 그는 말머리를 돌려 다시 여동생 집으로 돌아가서 돈을 안 갚아도 된다고 자기 말을 번복한다. 이에 모스 부인은 매기에게 물들인 달걀을 갖다 주라고 한다. 그가 이렇게 자신의 말을 번복한 것은 자기가 누이에게 냉정하게 굴면, 먼 훗날 톰이 매기에게 매정하게 굴지도 모른다는 생각이 들었기

때문이다. 털리버는 매기를 생각해서 누이동생에게 이렇게 너그러이 행동했던 것이다.

9장 가룸 퍼스(Garum Firs)로

다음 날 남편이 여동생 집을 방문하는 동안, 털리버 부인은 톰과 매기, 루시를 데리고 풀리트 부인이 사는 가룸 퍼스를 방문할 채비를 서두른다. 카드놀이를 하던 매기가 실수로 톰이 카드로 쌓은 집을 부순다. 화가 난 톰이 루시하고만 놀고 매기를 따돌리자, 매기는 또다시 매우 비참한 심정이 된다.

가룸 퍼스에 도착하자 풀리트 이모는 신발을 닦으라고 좋은 매트 대신 낡은 매트를 내주며, 집안에 들어서자 닳을까봐 계단 카펫을 말아두었기 때문에 잘 닦은 계단이 아주 미끄럽다. 이곳의 여러 가지 동물이 묘사된다. 풀리트 부인은 털리버 부인에게 남편이 사준 새 모자를 보여주는데, 이 모자는 제일 좋은 방에 놓인 가구 안쪽의 흰 천속에 여러 겹의 종이로 싸여있다.

한편 풀리트 이모부의 맞은편에 앉아 있던 톰은 아무리 부자라도 다리가 가늘고 여자 같은 이모부는 바보 같다고 생각한다. 여자들이 돌아오자, 풀리트 이모부는 케이크를 준다. 풀리트 이모부가 준 케이크를 잘못 떨어뜨려 뭉개버린 매기는 이모부의 담뱃갑에서 울려 나오는 음악소리를 못 듣게 될까봐 노심초사하다가 루시를 시켜 대신 부탁한다. 루시의 부탁을 받은 풀리트 씨가 뮤직 박스를 연주하자, 매기는 그 음악에 도취되어 톰을 껴안으려다 실수로 오빠가 들고 있던 과일주 잔을 떨어뜨리며, 이에 톰은 다시 화를 낸다. 털리버 부인은 더 실수할까봐 아이들을 밖으로 내보낸다.

털리버 부인은 500파운드를 당장 갚지 않게 풀리트 언니에게 남편과 글레그 언니의 중재를 부탁한다. 풀리트 언니가 털리버와 남매를 비난하자, 털리버 부인은 앞으로 불행한 일이 닥치면 자기 탓을 할까봐 자신은 최선을 다해 살림하고 있다고 변명한다. 그래도 자매 중에서 베시를 가장 귀여워하는 풀리트 부인은 내일 글레그 부인에게 가서 중재해 보겠노라 약속한다. 털리버 부인은 남편이 그 빚을 갚기로 결심했다는 사실을 아직 까맣게 모른다.

이 장면 뒤에 아주 놀라운 광경이 벌어진다. 풀리트 이모부는 이 장면에 너무나 놀란 나머지, 물고 있던 사탕을 꿀꺽 삼켜버린다. 이런 일은 그의 평생 다섯 번째 일어난 일이다.

10장 기대에 못 미친 매기의 행동

이 놀라운 광경을 설명하려면 루시의 온몸이 진흙투성이가 된 9장의 사건으로 돌아가야 한다. 매기가 과일주를 쏟게 한 일 때문에 화가 난 톰이 루시에게만 두꺼비를 보여주고 함께 연못에 가자, 매기는 루시 때문에 톰과 사이가 나빠졌다고 생각하고 루시를 진흙탕 속에 밀어 넣었던 것이다. 톰은 매기에게 벌을 주려고 하녀에게 루시를 진흙탕에 밀어 넣은 것은 바로 매기라고 이르지만, 왜 가지 말라는 연못에 갔느냐는 하녀의 질문에 그제야 비로소 자기도 야단을 맞아야 한다는 사실을 깨닫는다.

진흙투성이인 루시를 씻기는 동안 털리버 부인은 톰에게 매기를 찾아오라고 이르지만 매기를 찾지 못하자, 곧 매기가 연못에 빠진 게 아닌가 공포에 질린다. 털리버 부인은 매기가 집에 갔을지도 모른다는 톰의 의견에 빨리 마차를 타고 집에 돌아가기로 한다. 풀리트 이모는 모두 집으로 돌려보내 가장 단시간에 집안을 정리할 수 있는 이 방법을 기꺼이 받아들인다.

11장 매기가 자기 그림자로부터 도망치려고 시도하다

매기는 평소에 집시 같다거나 "거칠다"는 말 때문에 마음이 괴로우면 집시에게 도망가는 상상을 해왔기 때문에, 집으로 돌아가는 대신 집시에게 도망가기로 결심한다. 그녀는 탁월한 지식 때문에 집시들이 자기를 환영하고 존경할 거라 생각한다. 그녀는 길에서 만난 낯선 두 남자 중 한 명이 돈을 구걸하자, 글레그 이모부가 주신 6펜스를 준다. 그러나 그 남자는 예상과 달리 별로 감사하지 않는다. 그녀는 결국 집시들이 사는 던로우 공지에 도착한다. 그곳에는 두 명의 여자와 몇몇 아이가 있으며 텐트가 하나 쳐져 있다. 그러나 집시들은 그녀를 별로 환영하지 않는다. 그들과 살러 왔다는 매기의 말에 두 여자가 매기의 가족과 집에 대해 물어볼 따름이다. 심지어 아기를 안은 여자는 매기의 모자를 벗기고 매기의 호주머니에 들어 있는 소지품을 뒤진다. 매기가 배고프다며 차를 달라고 하자 노파는 마른 빵과 다 식어 빠진 베이컨을 준다. 매기가 이 맛없는 음식을 먹지 않자, 노파는 짜증을 낸다. 몇몇 여자 집시의 거친 행동과 더러움, 배고픔, 그리고 이상한 말에 덜컥 겁이 난 매기는 집에 가고 싶어진다. 매기는 집시란 자신의 가르침을 잘 따르는 아주 괜찮은 친구일 거라고 상상해 왔지만, 자기 생각이 틀렸다는 사실을 비로소 깨닫는다. 마침내 아까 길에서 만났던 두 남자가 숙소로 돌아오자, 매기는 한층 두렵고 외로워진다. 그 중 한 남자가 매기를 당나귀에 태워 집으로 데려다 주겠다고 하자, 매기는 그가 자기를 죽이려는 게 아닌가 겁에 질린다. 이들 일행은 모스네 집에 갔다가 집으로 되돌아오는 털리버 씨를 길에서 우연히 만나게 되며, 털리버는 그 집시에게 5실링을 주며 후히 사례한다. 매기는 아버지에게 이제 다시는 집에서 나가지 않겠노라 다짐한다. 절대로 야단치지 말라는 털리버 씨의 엄명 덕분에, 매기는 엄마와 톰에게 한 마디 야단도 맞지 않는다.

▒ 해설

이 부분에서는 털리버와 글레그 부인간의 신경전과 글레그 부인이 털리버에게 빌려준 500파운드의 회수문제에 있어 털리버 부부의 생각이 얼마나 다른지 명쾌하게 보여준다. 부부의 이런 차이 때문에 털리버의 경제적 몰락이 가속화된다.

글레그 부인과 털리버의 대조적인 재정 성태에도 주목해야 한다. 즉 부인이 세상의 기대보다 알부자인 반면, 털리버는 밖에 알려진 것보다 재정상태가 좋지 못하다. 또한 이 마을에서는 가난을 죄악시하며, 미덕의 부족으로 불행이 초래된다고 믿고 있다. 가령 털리버는 나중에 자신도 파산하지만, 가난한 모스를 매우 못마땅해 한다. 하지만 모스 부인은 돈 없는 남편을 부끄러워 하지만 매기처럼 사랑을 중시하는 유일한 인물이다. 그러므로 그녀는 신중하게 다뤄져야 한다. 그녀는 감정보다 예의와 관습만 중시하는 도슨가 자매들과 매우 대조되는 인물이다.

"소유"에 대한 도슨가의 생각이 드러난다. 가룸 퍼즈에서 모든 소유물은 열쇠로 잠겨있고 좋은 물건은 아끼기만 할뿐 사용하지 않는다. 이들의 삶은 매우 편협하지만, 돈은 모든 결함을 덮어주는 듯하다. 일례로 어리석은 농부지만 풀리트 씨는 뮤직 박스를 갖고 있기 때문에 상당히 괜찮은 사람으로 보인다. 털리버 부인과 풀리트 부인이 부엌살림에 집착하는 것은 1830년대와 40년대 영국 중산계급의 물질주의를 암시한다.

9장 전체에서 얌전하고 예쁘며, 금발머리에 피부가 하얀 루시가 매기와 계속 대조를 이룬다. 단정하고 조용한 루시는 항상 사람들이 원하는 대로 행동하지만, 매기는 충동적이며 풍부한 상상력 때문에 음악에 몰입해 톰이 든 잔을 떨어뜨려 오빠를 화나게 만든다. 루시를 괴롭히는 매기의 행동에서 작가가 매기에게 둔 거리감이 감지된다.

10장에서 매기의 상상력과 톰의 현실성이 다시 대조된다. 그러나 현실성에도 불구하고, 톰은 자기 행동에서 아무 잘못도 보지 못하는데 이런 톰의 잘못은 위선이라기보다 이기주의의 발로라 할 수 있다. 이 톰의 이기주의는 만사를 자신에게 미치는 영향에 비추어 생각하는 털리버 부인의 이기주의와 비교된다. 가령 그녀는 사람들이 자기의 잘못 때문에 애들이 잘못 되었다고 생각할까봐 늘 두려워한다.

10장까지 루시가 순진하고 예쁜 인물로 묘사된다. 후반부에서는 그녀가 더 복잡한 성격의 소유자로 묘사되지만, 10장에서는 주로 매기와 대조되는 인물로 제시된다. 한마디로 그녀는 "가련한 작은 분홍빛 루시"로 표현된다. 매기가 안 보이자 바로 익사한 게 아닌가 걱정하는 털리버 부인의 두려움은 홍수 속 남매의 익사라는 결말을 준비시킨다.

11장에서도 매기의 상상력과 톰의 현실적 성격이 대조된다. 집시에 대해 낭만적 생각을 갖고 있는 매기에 비해, 집시란 도적이자 먹을 게 없어 굶주린 사람들이라는 톰의 생각은 매우 현실적이다. 이처럼 톰은 매기보다 현실에 대처할 준비가 잘 되어 있다.

집시에게 도망갈 때 매기는 자기 영리함 때문에 칭찬받고 싶어 하며 실제로 아는 게 많다고 생각했지만, 실제로 세상과 집시들이 자기를 어떻게 받아들여줄지 잘 몰랐던 것이다. 이 작품에서는 그녀만이 유일하게 자기 잘못을 인정하며, 자기 잘못을 깨닫고 필요 이상으로 후회한다.

주해와 중요 어구

<8장>

- plethora: 과다, 과잉, 다혈질, 적혈구 과다증.
- murrain: 가축의 (특히 소의) 전염병
- father of lawyers: 악마를 가리키는 말.
- Markis o' Granby: Marquis of Granby (술집 이름)

- guttered: 녹다, 누그러지다, (용기, 결심 따위가) 약해지다.
- Whitsuntide: 성신 강림절, 부활절 이후 제 7일요일
- Alsatia: 런던의 한 지구 (채무자, 범죄자가 도망쳐 피했던 곳), 즉 은신처, 피난처
- fortin: 운, 운명(fortune)

<9장>

- musical box: 틀면 음악이 나오는 뮤직 박스
- tuckers: 17-18세기 여성 복장의 깃 장식
- card-houses: 카드놀이를 해서 집을 짓는 어린이들의 게임
- guinea-fowls: 뿔 닭, 집에서 기르는 닭.
- brindled: 얼룩진, 얼룩 배기의
- chef-d'oeuvre: (불어) 걸작.
- Mollycoddle: 아테네의 철학자 (Aristotle, 384-322 B.C)
- nincompoop: 바보, 멍청이
- lozenges: 마름모꼴 과자.
- Ulysses & Nausicaa: 호머의 『오디세이』*Odyssey*에 두 사람의 만남이 나온다.
- horse-block: 승마용 발 돋음.
- lawing: 기소(going to law)
- scouring time: 청소 시간(cleaning-time)

<10장>

- Medusa: 머리에 뱀이 달린 그리스 신화에 나오는 괴물로써, 사람들이 보면 돌이 된다고 한다. 메두사는 매기를 암시하는 중요한 상징이다.
- pike: 꼬치
- TL MέγEθos: (그리스어) 위대함
- Lors ha' massy: 맙소사 (Lord have

"메두사" (by Caravaggio, 1595)

『천로역정』에 묘사된 아폴리온의 모습

mercy.)

- corpus delicti: (라틴어) 범죄의 주체, 피살자의 시체, 법을 위반한 물적 증거.
- spud: 나무껍질을 벗기는 칼.

<11장>

- commons: 울타리 없는 마을의 공유지,
- sleeves: 다른 곳에서 뗄 수 있는 소매 덮개
- Apollyon: 악마, 무저갱의 사자. 「요한 계시록」 IX:11
- sphinxes: (이집트 사막의 Giza 부근의) 스핑크스
- Columbus: 1492년에 미국을 발견한 이태리 선원 콜럼버스(1466-1506)
- Catechism of Geography: 문답식 교과서(문답집)
- Robin Hood: 부자에게 돈을 훔쳐 가난한 사람들에게 나눠준 영국의 전설상의 의적 로빈 후드
- Jack the Giantkiller: 영국 동화에 나오는 인물.
- Mr. Greatheart: 존 번연(John Bunyan)의 『천로역정』(*The Pilgrim's Progress*)에 나오는 인물
- St. George: 영국의 수호성인
- Leonore: Bürger의 발라드 *Leonore*(1774)에 나오는 인물

| 12장-13장 |

줄거리

12장 집안에서의 글레그 씨 부부

이 장에서는 세인트 오그스 읍의 역사가 묘사된다. 잠시 로마 시대와 색슨족, 그리고 노르만족의 시대까지 거슬러 올라가 이 읍의 수호성인인 세인트 오그가 서술된다. 오그는 플로스강의 뱃사공으로서 비 오는 어느 밤에 아무도 건네주지 않는 아기 안은 여인을 배로 건네준다. 강 언덕에 발을 디디자 그녀는 성모 마리아로 밝혀진다. 오그의 연민과 신속한 행동을 목격한 그녀는 그와 그의 배를 축복해준다. 이 축복 덕분에 나중에 홍수가 닥쳤을 때 그는 많은 생명을 구하게 된다. 오그가 죽자 그의 배는 바다로 떠내려간다. 이후에도 홍수가 닥치면, 뱃머리에 앉은 성모 마리아와 오그의 모습 때문에 많은 사람이 용기를 얻어 다시 노를 젓게 되었다는 전설이 전해진다.

이제 세인트 오그스 읍에서는 옛 시절이 잊혀졌다. 청교도와 왕당파(Loyalists)의 내란이나 반가톨릭의 감정이 홍수보다 심했지만, 이 이야기가 서술되는 시점에 세인트 오그스 읍 사람들은 이 읍의 역사나 정치, 신앙에는 관심이 없다.

바로 이곳에 글레그 부부가 살며, 집안에서의 글레그 부부 모습이 묘사된다. 글레그 부인은 훌륭한 저택의 앞뒤로 달린 거실에서 마을 여자들을 유심히 관찰한다. 한편 글레그 씨는 양모 중개 사업에서 은퇴한 뒤 여성의 복잡한 성격에 관한 명상이나 정원일로 소일한다. 이 복잡한 성격의 대변자는 바로 그의 아내다. 그는 기분 전환으로 정원 가꾸기를 시작했지만, 이제는 익숙지 않은 중노동에 빠져 정원사 두 사람 몫의 일을 한 뒤에야 휴식을 취하곤 한다. 글레그 부부는 둘 다 구두쇠다.

글레그 씨는 도슨가의 딸 중에서 아름답고도 가장 검소한 여성과 결혼했던 것이다. 남의 돈도 자기 돈처럼 아끼는 글레그 씨의 절약정신이 소개되며, 그는 아내보다 더 "사랑스러운 구두쇠"이다.

털리버와 싸운 어제 일로 속이 상한 글레그 부인은 남편에게 시비를 걸 꼬투리를 찾다가 찾지 못하자, 먼저 시비를 건다. 이에 글레그 씨는 화가 나서 다른 투자처가 나타날 때까지 털리버에게 꿔준 오백 파운드를 그냥 두고 이자나 받는 게 유리하며 자기가 죽으면 아내가 기대하던 것보다 넉넉한 유산을 남기겠다고 평소 하지 않던 말을 해버린다.

글레그 부인은 책 한 권을 들고 이층 자기 방으로 올라가지만, 남편의 충고와 넉넉한 유산상속의 암시에 마음이 풀어져서 털리버에게 500파운드의 돈을 계속 빌려 줄 생각이다. 글레그 부인은 다음에 털리버를 만나면, 자기가 꿔준 오백 파운드를 서둘러 갚을 필요가 없다고 말할 작정이다.

13장 털리버 씨가 더욱 난처해지다

다음 날 털리버 씨와 화해시키려고 글레그 부인의 집을 방문한 풀리트 부인은 털리버에게 돈을 계속 빌려주기로 마음을 바꾼 글레그 부인 덕분에 자신이 중재할 필요가 없음을 깨닫는다. 글레그 부인은 어제 풀리트 부인의 집에서 일어난 사건을 듣고 나서 톰과 매기의 장래를 걱정하지만, 자신은 모든 점에서 좋은 본보기가 될 생각이다. 풀리트 부인은 매기를 기숙학교에 보내면 피부는 더 까매지겠지만, 몇 가지 나쁜 버릇은 없앨 테니 그 비용을 대줄 생각이라고 말한다.

그러나 바로 그 날, 한 달 안에 꼰 돈을 갚겠다는 털리버 씨의 편지가 도착한다. 그는 자기 부인이 처형인 글레그 부인에게 꿨던 돈의 반환을 연기하려고 풀리트 부인을 보냈다는 사실을 알자마자, 이렇게 급히 편지를 보냈던 것이다. 극도로 기분이 상한 글레그 부인은 톰이 팔월 초 학교로 떠날 때까지 털리버 집에 발길을 끊었다. 털리버 씨는 500 파운드를 빌릴 사람을 찾지만, 불행히도 두 주 뒤 웨이컴의 고객에게 돈을 꾸게 된다.

해설

12장의 시작 부분에서 이 소설의 역사적 · 지리적 배경인 세인트 오그스 읍의 장구한 역사가 묘사된다. 뱃사공 오그에 대한 전설 및 연민의 중요성이라는 이 소설의 주요 주제가 전달된다. 특히 성모 마리아 및 죽은 영혼이 떠날 때 강 아래로 흘러가는 보트의 이미지에 주목해야 한다. 또한 작가는 과거에 일어났던 홍수와 홍수로 인한 파멸을 기록하는데, 이는 홍수로 끝나는 결말을 암시하는 전주곡이 된다.

글레그 부인은 매우 예의 바르고 돈을 중시하는 이기적인 인물이지만, 그럼에도 불구하고 나름 괜찮은 인물이다. 글레그 씨도 구두쇠지만, 아내만큼은 엄격하지 않은 "사랑스러운 구두쇠"로 묘사된다. 12장에서 글레그 부부 묘사는 1권의 도슨가 여성 묘사와 관련된다. 도슨가 여성들의 공통점은 죽음을 존중한다는 점이다. 풀리트 부인의 병과 장례에 대한 관심, 털리버 부인의 수의에 대한 관심, 그리고 글레그 부인의 사후에 대한 관심이 바로 그것이다. 특히 글레그 부인은 살아생전 맺은 관계보다 유산과 관련된 의무를 더 중시한다. 이런 이유로 글레그 부인은 털리버를 못마땅해 하지만, 그렇다고 톰과 매기에게 물려줄 상속분을 자기 유서에서 빼지는 않는다.

이런 세인트 오그스 읍의 묘사는 전통 대 변화라는 이 작품의 주제, 즉 물질의 새로운 힘에 직면한 전통적인 시골의 몰락을 암시한다. 12장에 묘사된 대로, 전통이라면 뭐든 존중하는 글레그 집안은 세인트 오그스 사회에 잘 적응하지만, 불가피한 역사적 변화가 일부 암시된다. 가령 13장 끝에서 털리버가 웨이컴 고객에게 500파운드를 빌리는 것이 바로 그런 예다. 여기서 웨이컴은 새로운 세력을 대변하며, 털리버는 그들에게 굴복해야 하는 전통적인 세력을 대변한다. 1장 끝에서 이런 상황은 시골과 물질적 자본주의라는 주제뿐 아니라 1권에서 털리버의 행동에 포함된 중요한 의미를 나타낸다. 아울러 작가는 13장 끝 문단에서 털리버가 빚을 갚기 위해 빌린 돈의 출처를 얼핏 언급하는데, 이는 나중 일어날 사건의 복선이다.

13장에서 매기의 흉을 보는 글레그 이모와 풀리트 이모의 대화에서 매기에 대한 주변의 압력이 짐작되는 바이다. 그녀는 검은 머리와 까만 피부, 단정치 못한 머리 등의 외모와 행동, 영리함을 못마땅해 하는 주위 사람들에게 계속 시달리며, 오직 아버지만이 그녀에게 무조건적인 사랑을 베풀어준다.

주해와 중요 어구

<12장>

존 웨슬리

- Saxon, Dane: 색슨 사람 (독일 북부 Elbe 강 하구에 살고 있던 게르만족으로, 그 일부는 5-6세기에 영국을 정복했음)
- Gothic: 고딕 양식 (12세기와 15세기 사이의 유럽 건축 뾰족한 지붕과 아치를 특색으로 하는 중세 후기의 양식)
- trefoil: 세 잎 모양
- hagiographer: 성인들의 삶을 기록하는 사람, 성인전의 작가
- John Wesley: 1703-91. 감리교 (Methodism)

의 창시자, 유명한 설교가이자 찬송가 작사가.

- Dissenting: 영국 국교인 성공회에 반대하여 나간 사람을 가리킴
- wool-stapler: 양모 상인, 양털 중매상인
- out of a man's rib: 「창세기」 2:21-22 참조
- Harpagons: 몰리에르(Molière)의 『수전노』(*The Miser,* 1668)에 나오는 인물.
- equils: 대등한 사람. 동등한 것 (equals)
- praeterite: past

<13장>

- Oedipus: 외디푸스 (스핑크스의 수수께끼를 풀고, 모르고 자기 아버지를 죽이고 어머니를 아내로 삼은 테베의 왕). 그리스 신화의 비극적 인물. 아테네 작가인 소포클레스(Sophocles, 495-406 B.C)의 비극.

제2권 학창 시절

| 1-3장 |

줄거리

1장 톰이 보낸 "첫 학기"

톰은 킹즈 로튼에서 월터 스털링 목사의 유일한 학생으로서, 첫 학기를 힘겹게 보내는 중이다. 그 곳에 간지 두 주도 안 되어, 톰은 라틴어 문법과 새로운 영어 발음 기준 때문에 괴롭다. 스털링 씨는 교사나 설교가로 출세하려는 야심만만한 목사이다. 그는 인상적인 외모에 언변은 훌륭하지만 학자나 설교가로서는 그만큼 훌륭하지 못하며, 수입에 비해 사치스런 생활을 한다. 털리버 부부는 스털링 목사 부부에게 톰을 맡긴 게 아주 잘한 일이라고 자못 흐뭇해하며 집으로 돌아간다.

스털링 목사는 톰의 학습능력을 단기간에 향상시키면 자신이 출세하는데 큰 도움이 될 거라 생각하고, 톰에게 당시 신사교육에 필요한 라틴어 문법과 기하를 가르친다. 사실 그에게는 그것만이 유일한 교육 방법이었다. 스털링 목사는 유일한 학생인 톰의 학업에 큰 진전이 없자, 그를 바보 취급하며 그의 노력 부족과 게으름을 야단친다. 야단맞은 톰은 상처 입은 자존심과 엄격한 교육 때문에 그 어느 때보다 소심한 여자아이 같아졌다. 라틴어와 기하를 잘하게 해달라고 며칠 기도하던 그는 이 기도에 효험이 없자, 기도를 집어치운다.

그는 물방앗간과 강, 자기 집에서 기르던 개 등 고향집을 그리워한다. 그는 또한 스털링 부인이 둘째 아이를 출산하자, 뭔가 실질적으로 도움이 되려고 큰 아이 로라를 돌봐주지만 같이 놀 친구가 없어 매기를 그리워한다. 외로운 톰은 그 쓸쓸한 학기가 다 가기 전 시월에 이주 동안 매기가 방문하자 매우 기뻐한다. 기하는 잘 모르지만 라틴어를 좀 알기 때문에 자신의 지적 능력이 탁월하다고 자신했던 매기는, 여자애들은 "피상적으로만 영리"하며 지적인 문제에 깊이 들어갈 수 없다는 스털링 목사의 말에 매우 실망한다.

매기가 집으로 돌아가자, 톰은 다시 외로워진다. 반년이 지나 크리스마스 무렵이 되자 지겨운 한 학기가 끝난다. 방학까지 삼 주 가량 남았을 때 그는 정원에 스물 한 개의 말뚝을 박아놓고 매일 한 개씩 던져 버리면서 집에 갈 날만 손꼽아 기다린다.

화자는 어린 시절의 추억을 상기시킨다는 이유만으로, 새롭고 멋진 가구보다 어린 시절의 낡은 가구에 더 애착을 느끼는 마음을 묘사한다.

2장 크리스마스 휴가

크리스마스 휴가를 맞아 집으로 돌아온 톰에게는 만사가 예전 같지 않다. 법적 소송에 휘말린 아버지 때문에 이번 크리스마스는 예전처럼 즐겁지가 않았던 것이다. 털리버 씨는 자신의 용수권(water supply)을 차지하려는 새로운 이웃 지주인 피바트(Mr. Pivart)의 배후에 웨이컴 변호사가 있다고 의심하기 때문에 웨이컴 이야기만 나오면 흥분한다. 게다가 털리버는 처형에게 꾼 돈을 갚기 위해 웨이컴의 사무실에서 돈을 빌려야 한다는 사실에 더욱 화가 난다. 그즈음 모스 씨만 빼고 아무도 털리버와 이야기하려 하지 않는다. 여동생인 모스 부인조차 오빠가 너무나 자주 화를 내서 걱정이다. 소송만은 하지 말라는 부인의 당부에 털리버는 오히려 소송을 서두른다. 털리버가의 남자 한 명이 도슨가의 여자 네 명을 상대하고도 남는다는 사실을 도슨 집안에 보여주자는 게 그의 고집이었기 때문이다. 이처럼 부인의 당부는 그에게 오히려 역효과를 냈던 것이다.

휴가가 거의 끝나가는 어느 날 저녁, 톰은 다음 학기에 웨이컴의 아들이 스털링 목사에게 교육받으러 올 거라고 아버지에게 말씀드린다. 털리버는 자기 아들이 웨이컴의 아들과 같이 교육받는다는 사실이 내심 자랑스럽다. 털리버는 웨이컴이 싫지만, 그의 곱사등이 아들을 너무 적대적으로 대하지는 말라고 아들에게 충고한다. 그러나 톰은 웨이컴의 아들이 불구이기 때문에 몸싸움을 할 수 없을 거라는 생각에 마음이 편치 않다.

3장 새로운 학교 친구

춥고 비 내리는 어느 1월, 다음 학기가 시작되어 학교에 돌아온 톰은 아버지가 원수처럼 여기는 웨이컴 변호사의 아들 필립이 새로운 학생으로 와 있음을 알게 된다. 필립은 독서를 좋아하며 그림을 잘 그리는, 감수성이 예민하고 내성적인 소년이다. 스털링 목사는 두 사람을 소개한 뒤 일부러 둘만 남긴 채 자리를 피한다. 톰은 혐오감 때문에, 필립은 자존심과 수줍은 성격 탓에 서로 한 동안 침묵을 지킨다. 이윽고 필립이 그린 그림에 감탄한 톰은, 당나귀와 개 등 필립이 그린 그림을 화제로 이야기를 시작한다. 톰은 독학으로 그림을 배웠으며 라틴어를 좋아한다는 필립의 말에 놀란다. 그 뒤로 톰과 필립은 순조롭지는 않지만, 다른 학생이 아무도 없기 때문에 아쉬운 대로 친구처럼 지낸다. 종종 필립이 해주는 재미있는 그리스 전쟁 얘기 때문에 둘은 친해진다. 그러나 톰은 이전에 제이콥스 학교에 다닐 때 친구들을 모두 때려눕혔으며, 하키와 등산, 낚시 등을 아주 잘한다고 자랑하면서 한 살 손위인 필립에게 우월감을 느낀다. 그는 가끔 필립에게 그의 불구를 상기시켜 필립이 그리스 전쟁 이야기를 좀 안다고 자기 같은 진짜 싸움의 영웅과 맞먹을까봐 경계한다. 여기서 성격상 톰과 필립의 갈등이 암시된다.

▒ 해설

1권의 대부분에서 매기가 다루어졌다면, 2권에서는 주로 스털링 목사 집에서 보내는 톰의 학창시절이 그려진다. 어린 시절 매기가 맞지 않는 환경 때문에 괴로워하듯, 톰은 익숙지 않은 고등 교육을 받느라 괴롭다. 톰은 그의 부모처럼 광범한 지식도 없고 비교 능력도 없기 때문에 스털링 목사의 능력을 간파하지 못한다. 스털링 목사는 톰을 어리석다고 생각하지만, 톰은 현실적인 성격 탓에 라틴어와 기하에 흥미가 없을 따름이며, 그의 사업 수완은 이후 후반부에서 입증된다. 그가 받는 교육은 단순하고 현실적인 그에게 재미없으며, 오히려 상상력이 풍부한 매기에게 이런 교육이 더 적합했을 것이다.

스털링 목사는 선생으로서 유능하다고 할 수 없으며, 야심에 비해서는 능력이 부족하다. 그는 여자애들을 무시한 자기 말이 매기에게 얼마나 큰 상처를 주었는지 모른다. 톰에게 잘 맞지 않는 스털링의 교육을 통해 작가는 그 시대 교육이 얼마나 부적합하며 부적절한 것인지 장황하게 설명한다.

2장에서 "흘러 끊이지 않는 슬픔처럼 신음하는" 강 이미지에 주목해야 한다. 이 이미지는 이후 무심히 즐거워하는 사랑의 이미지가 될 것이다. 또한 매기에게 큰 영향을 미치는 음악에도 주목해야 한다. 피바트에 대한 털리버의 분노 및 웨이컴이 피바트의 변호사라는 사실은 이후 털리버가 소송에 패배하리란 사실을 암시한다. 털리버는 정직하지만 고집이 세며, 웨이컴을 비롯하여 모든 변호사에게 강한 반감을 갖고 있다.

톰에게는 불구인 필립이 그림이나 라틴어를 좋아하며 자기 아버지를 사랑한다는 사실이 약간 충격적이다. 지적이며 예민한 필립에게는 매기와 비슷한 면이 있다.

낡고 촌스런 털리버 집안의 생활 방식과 새로운 물질주의 (스털링이나 피바트로 대변되는)간의 갈등이 1장 후반부에서 새롭고 멋진 가구를 구입하려는 충동과 어린 시절의 낡은 가구를 좋아하는 감정에 암시된다. 이를 통해 화자는 무분별한 물질주의에 내재한 위험과 전통에 대한 애착을 언급한다.

주해와 중요 어구

<1장>

- "my name is Norval": 존 홈(John Home)의 연극 『더글러스』(*Douglas*, 1756)에 나오는 말.
- Gospel: 예수의 생애를 기록한 복음서
- Epistle: 예수의 제자들이 쓴 서신
- Collect: 득별한 날이니 특별한 기회에 하는 짧은 기도
- percussion-caps: 격발 뇌관(작은 폭발을 일으키는 기구)
- Massillon, Bourdaloue: 마시용은 1663-1742까지, 부르달루는 1632-1704까지 살았던 프랑스 설교가
- evangelicalism: 복음주의(감정에 호소하는 청교도의 형태)
- Eton Grammar: 원래 Eton College에서 쓰이던 표준 라틴어 교재 300 B. C. 경 가르친 알렉산드리아 출신의 수학자. 그의 *Euclid: Elements*는 아직도 기하학 교재로서 사용된다.
- 'mapping', 'summing': 지도 그리기와 셈하기
- pointer, setter: 개의 종류
- Delectus: (특히 그리스, 라틴 글의) 발췌서. 교과서용 초본
- nodus: (라틴어) 난점. 어려운 일. 갈등.
- peccavi: (라틴어) "나는 죄인이요" (I have sinned)라는 죄의 고백
- "first ideas": 철학 용어

<2장>

- Puritans: 크리스마스 장식 등 일체의 장식을 인정하지 않는 청교도.
- Old Harry: 악마
- egg him on: 격려하다

<3장>

- 'Speaker': 크게 말하기를 연습하는 책.
- David and Goliath: 다윗과 골리앗의 싸움은 성경, 「사무엘」 1장 17절에 묘사된다.
- Richard Coeur-de-Lion: 영국의 왕이자 노르망디 공작이며 앙주 백작(Count of Anjou)은 강력한 개혁을 했던 것으로 유명하다.

| 4장-7장 |

▒ 줄거리

4장 "아이들의 생각"

톰과 필립이 처음 이야기를 나누면서 엇갈린 감정은 여러 주가 지나 친구가 된 뒤에도 지속된다. 톰은 필립의 재미있는 전쟁 이야기와 탁월한 그림 실력에는 감탄하지만, 필립이 자기 적이라는 감정과 그의 불구에 대한 혐오감에서 완전히 벗어나지 못한다. 톰은 한번 받은 인상에 강하게 집착하는 인물이었던 것이다. 필립은 톰의 라틴어 공부를 도와주고 가끔 전쟁 얘기도 해주지만, 가끔은 불구 때문에 까다롭게 군다. 톰은 필립의 도움으로 학업이 향상되지만, 늘 서로 티격태격한다.

이 소설이 쓰인 당시에 훌륭한 교육을 찾아보기 어렵다는 사실이 언급된다. 따라서 톰이 받는 교육이 특별히 운이 나쁜 편이라고 말할 수는 없다. 그는 스털링 목사의 집에서 잘 먹고, 단편적인 지식도 얻었다. 톰의 태도는 훈련교관이자 퇴역군인인 풀터 씨(Mr. Poulter)의 훈련을 통해 크게 좋아졌다. 능력 부족인 톰을 채근하던 스털링은 공부를 워낙 잘하는 필립 덕분에 인정받고 명성도 날리게 되자, 톰에게 관대해져서 톰을 위해 풀터를 교관으로 고용했던 것이다.

어느 날 풀터는 창을 가져와 창 연습 시범을 보여준다. 톰은 이런 풀터의 모습을 보여주려고 필립을 데리러 가지만, 혼자 피아노를 치며 노래하던 필립은 음악 감상을 방해받았다고 도리어 화를 낸다. 톰은 너무나 화가 난 나머지 필립의 불구를 언급하면서 너희 아버지는 악당이라고 비난한다. 톰이 나간 뒤, 필립은 울음을 터뜨린다. 놀란 스털링 부인이 달려와 위로하자 필립은 두통 때문이라고 둘러댄다. 창을 한 주만 빌려달라는 톰의 간청을 계속 거절하던 풀터 선생님은 결국 5실링을 받고 주말에 창을 빌려준다. 톰은 이 창을 자기 방에 숨긴 뒤 매기가 오면 놀라게 해줄 심산이다.

5장 매기의 두 번째 방문

톰은 여느 때처럼 필립과 쉽사리 화해할 수 없는데, 그 이유를 깨닫지 못 한다. 그러나 두 번째로 톰의 학교를 방문했을 때, 매기는 불구에 대한 동정심으로 필립에게 관심을 갖는다. 매기는 필립의 영리함을 간파하고, 필립도 자기를 영리하다고 생각해 주기 바란다.

톰은 매기를 이층으로 데려가 장군 같은 모습으로 나타난다. 무섭게 보이려던 그는 매기가 웃자, 무거운 창을 꺼내려다 떨어뜨리는 바람에 다리를 다친다. 톰이 의식을 잃고 쓰러지자, 매기의 비명에 놀란 스털링 목사가 이층으로 달려온다. 오빠가 죽었다고 생각한 매기는 그의 몸을 흔든다. 기절했던 톰이 눈을 뜨자, 매기는 너무나 기뻐 엉엉 운다.

6장 사랑의 장면

침대에 누워 치료를 받게 된 톰은 고통을 영웅적으로 잘 참지만, 이러다가 다리병신이 되는 게 아닌지 남몰래 고민이다. 겁이 나서 차마 묻지도 못하는 톰의 걱정을 눈치 챈 필립은 스털링 선생님에게 톰이 영영 불구가 될 것인지 물어본다. 필립이 일시적 부상일 뿐이라는 기쁜 소식을 톰에게 알려주자, 둘은 다시 극적으로 화해한다. 필립은 톰에게 여러 가지 이야기를 해주며, 그 중에서도 톰이 제일 좋아하는 이야기는 극심한 다리 부상을 당한 남자의 이야기다.

어느 날 서재에 같이 있게 되자, 자기가 오빠라면 좋아해주겠냐는 필립의 질문에 매기는 그럴 거라고 대답한다. 매기는 붉어진 필립의 얼굴을 보고 자기 실수를 깨닫는다. 매기는 필립에 대한 동정심 때문에, 필립은 자기에게도 매기 같이 예쁜 여동생이 있었으면 하는 바람에서 서로 친해진다. 매기는 자기 눈이 예쁘다고 칭찬해준 필립에게 뽀뽀를 해주면서 다음에 만나도 뽀뽀해주겠다고 약속한다.

매기를 데리러 온 털리버는 필립에게 잘해 주되 너무 친하게 지내지는 말라고 톰에게 경고한다. 매기가 떠나고 톰의 다리가 회복되자, 톰과 필립은 아버지의 경고가 아니더라도 워낙 성격이 다른 탓에 다시 멀어진다.

7장 황금 문은 지나갔다

매기는 루시와 함께 퍼니스 양(Miss Firness)의 기숙학교에 다니게 된다. 매기는 길에서 필립을 한번 만나지만, 너무나 커버려서 예전 약속대로 뽀뽀를 해줄 수가 없다. 웨이컴과 아버지의 소송이 시작되자, 매기는 필립과 자연히 멀어진다. 열여섯 살이 된 톰은 킹즈 로튼의 스털링 학교에서 오 년 동안 다섯 번째 학기를 지내고 있다. 이제 톰은 키가 큰 청년이 되어, 어른스런 몸가짐을 지니게 되었고 말을 할 때 어색해하거나 수줍어하지도 않는다. 톰은 학교에서 새 책을 가져오며, 이제 막연하나마 학문의 개념을 갖게 된다.

마지막 학기가 끝나가는 십일월의 어느 날, 매기는 톰을 찾아와 아버지가 웨이컴과의 소송에 져서 파산했으며 그 충격으로 말에서 떨어져 의식을 잃었다는 놀라운 소식을 전한다. 아버지의 소송이 패소할 거라고 전혀 예상하지 못했던 톰은 큰 충격을 받고, 스털링 목사에게 말씀드린 뒤 매기와 함께 집으로 출발한다. 그들은 어린 시절을 뒤로 한 채 어렵고 험난한 시기로 들어선다. 유년의 황금기, 즉 어린 시절의 황금문이 영원히 그들 뒤에서 닫혀 버렸다.

해설

2권의 초점은 서로 관심을 보이는 매기와 필립의 관계보다 톰과 매기의 남매관계다. 따라서 필립 웨이컴의 등장으로 이 소설의 주요 갈등이 시작된다. 매기와 필립은 서로 좋아하지만, 웨이컴의 배후조정을 받는 피바트와 소송 중인 털리버 집안에서 필립이라는 이름은 환영받지 못한다.

4장에서 예술 감각이 결여된 톰과 필립이 대조된다. 한편 이런 특징 때문에 후일 톰은 사업상 성공하게 된다. 스털링 부인은 중요 인물은 아니지만, 사랑하는 능력의 부족이라는 측면에서 눈여겨볼 필요가 있다.

2권에 등장하는 매기의 모습은 종종 동물에 비유된다. 가령 그녀가 머리를 뒤로 넘긴 모습은 "셰틀랜드 조랑말"에 비유되며(1권 2장), 5장에서 매기의 눈은 필립에게 "동물로 변한 공주"를 상기시킨다. 이런 비유를 통해 관습을 잘 따르지 않는 매기의 특징이 암시된다. 5장에서 톰은 다른 사람에게 무엇이 중요한지 잘 모른다. 가령 그는 필립에게 그의 아버지를 모욕하고도, 왜 전처럼 필립과 쉽게 화해할 수 없는지 그 이유를 모른다. 하지만 매기는 톰과 달리 불구에 대해 동정심을 갖고 있다.

이 동정심이 이후 필립과의 관계를 지속하는 주동인이며, 필립은 이 동정심이 매기의 전부일까 봐 늘 전전긍긍한다. 그럼에도 불구하고 이 동정심은 진정한 사랑의 토대가 되며, 매기는 이 사랑할 수 있는 능력 때문에 스털링 부인과 대조된다.

6장에서 필립은 자신의 경험으로 불구에 대한 톰의 두려움을 간파한다. 이런 연유로 필립이 톰에게 해준 필로클레테스(Philoctetes) 이야기에 주목할 필요가 있다. 또한 필립에 대한 매기의 동정심이 강조된다. 매기는 병에 걸려 죽은 강아지 얍을 돌봐주듯이 필립을 돌보지만, 필립이 자기를 돌봐주는 데 대해 감사한다. 그들은 서로 상대방의 애정을 존중한다.

2권 후반부인 6장과 7장 사이에서 많은 세월이 흘렀다는 사실은 톰과 매기의 변화를 통해 그려진다. 새 책을 집에 가져오고 뭔가 좀 알게 되었으며 면도를 하기 시작한 톰과, 키가 훌쩍 커버린 매기의 성장을 통해 소설은 새로운 국면에 접어든다. 아버지의 소송 패배가 톰에게는 매우 중요한 사건이다. 항상 멋진 신사가 되었을 자기 모습을 상상해 왔던 그는, 이제 생각을 바꿔야 한다. 즉 그는 실제보다 재산이 더 많은 체 하던 아버지로부터 겉으로 보이는 것보다 재산이 더 많아야 한다는 외가 쪽으로 바뀐다. 2권 끝에서 어른이 되어 순진함을 잃고 금전적으로 몰락한 남매의 모습은 에덴동산에서 쫓겨난 아담과 이브에 비유된다. 이 낙원의 이미지는 뒤에 스티븐과 루시의 사랑을 언급할 때 다시 등장하므로, 여기서 주목해두어야 한다.

▮주해와 중요 어구

<4장>

- Bannockburn: 1314년 스코틀랜드와 영국 사이에 유명한 전투가 벌어졌던 장소.
- Fortune: 로마 여신, 행운의 여신

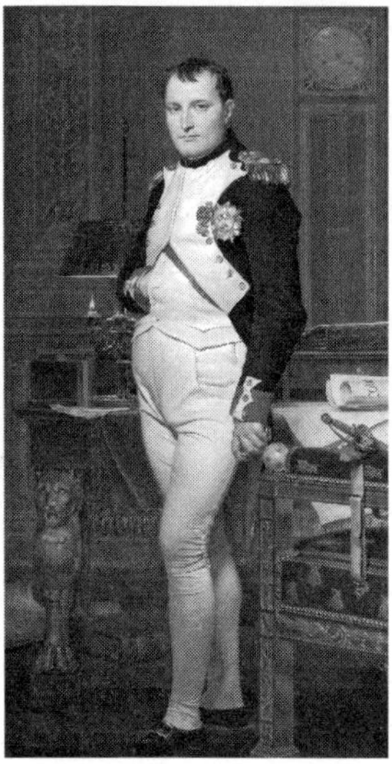

나폴레옹 (by Jacques-Louis David, 1812)

- impromptu-phonetic: 단어의 소리
- divinae particulum aurae: (라틴어) 호라스(Horace)의 『풍자』(*Satires*) 5장 ii, 79행. "성스런 영혼의 파편" (fragment of the divine spirit)
- Peninsular: 1808-14년 스페인과 포르투갈에서 벌어진 전투
- Iliad: 호머의 고대 그리스 서사시 『일리어드』
- Bony: 프랑스 황제인 나폴레옹 보나파르트(Napoleon Bonaparte, 1769-1821).
- General Wolfe: 1759년에 영국을 위해 프랑스로부터 캐나다를 구한 영국 장군(1727-59).
- haction: 행동(action)
- Jupiter, Semele: 그리스 신화에서 Semele은 벼락으로 변장한 쥬피터에게 그의 본 모습을 보여 달라고 했다가 결국 죽게 된다.

<5장>

- paternosters: (특히 라틴어의) 주기도문.
- Bluebeard: 민중 신화에 나오는 푸른 수염의 사나이. 6명의 아내를 차례로 죽여 버린 잔혹한 남자.

<6장>

- Philoctetes: 그리스 신화에 나오는 트로이의 함락을 도운 인물

"상처입은 필록테테스" (by Jean Germain Drouais 1763-1788)

<7장>

- Eden: 낙원
- "fail": 파산

제3권 몰락

| 1장-3장 |

줄거리

1장 집에서 일어난 일

집에 돌아온 톰은 그 사이 집안에서 일어난 사건을 자세히 알게 된다. 털리버 씨는 소송의 패배를 현실로 받아들이지 못하고 있다. 아직도 누군가 물방앗간을 구입해 자신을 임차인으로 고용해 온 가족이 물방앗간에서 살 수 있을 거라 착각하고 있다. 자신의 탁월함을 믿는 사람들이 자신이 비참한 존재로 전락했다는 사실을 인정하지 못 하는 것처럼, 자신을 아직 탁월한 존재라 여기는 털리버의 모습이 묘사된다.

잠시 의식을 되찾은 털리버는 가장 먼저 매기를 찾는다. 털리버는 고어 변호사를 시켜 펄리로 하여금 물방앗간을 구입해 자신을 주인으로 계속 운영하려 하지만, 펄리가 이미 물방앗간의 저당권을 웨이컴에게 넘겼다는 소식에 충격을 받은 나머지 집으로 돌아오는 도중 말에서 떨어져 의식을 잃는다.

학교를 떠난 매기가 집에 도착했을 무렵, 의식을 잠시 회복한 털리버는 매기를 알아보나 다시 의식을 잃는다. 털리버 부인은 매기에게 톰을 데려오라고 한다. 톰은 마차를 타고 집에 돌아오면서 아버지를 파멸시킨 웨이컴에게 반드시 복수하고야 말겠다고 맹세한다.

2장 털리버 부인의 가신상 또는 집안의 보물

이 장에서는 매기와 톰이 집에 도착한 과거 장면으로 다시 돌아간다. 매기가 톰을 데리러 간지 다섯 시간 만에 다시 집에 돌아온다. 거실에서

담배 피우는 사람을 보고 어리둥절하며 의아해하는 매기와는 달리, 톰은 즉시 그가 집달리라는 사실을 눈치 챈다.

매기는 아버지가 조용히 누워있음을 알게 된다. 매기는 아끼던 집안의 보물이 다 팔려야 하는 걸 슬퍼하면서 이 물건들을 앞에 늘어놓고 멍하니 앉아있는 엄마를 창고에서 찾아낸다. 이모들이 살림을 사줄 거라는 톰의 위로에, 털리버 부인은 생필품만 사주겠다는 언니들의 말을 전한다. 털리버 부인은 톰이 아버지로부터 유산을 한 푼도 물려받지 못하게 되었으며, 이 모든 불행은 자기 탓이 아니라 남편 탓이라고 말한다. 이에 톰은 처음으로 아버지를 원망한다. 톰이 일자리를 얻어 어머니를 돕겠다고 하자, 감동한 모자는 서로 부둥켜안는다. 매기는 이런 어머니와 오빠에게 소외감을 느끼는 동시에, 그간 일어난 불행을 아버지 탓으로만 돌리는 어머니는 물론 어머니의 비난에 동조하는 오빠에게 분노를 느끼며 아버지 편을 든다.

한편 톰은 감히 어머니와 자기를 가르치려 드는 매기에게 화가 나지만, 아버지 침대 곁에 있는 매기를 보자 마음이 누그러진다. 남매는 아버지가 누워 계신 불행 앞에서 다른 것은 다 잊어버린다.

3장 가족회의

다음날 아침 11시에 털리버 가를 도울 대책을 의논하기 위해 가족회의가 소집된다. 딘 부인과 글레그 부부, 풀리트 부부가 차례로 도착한다. 풀리트 부인은 털리버의 병세에 관심이 많지만, 글레그 부인은 가족이 모인 목적을 상기시킨다. 딘 부인과 풀리트 부인이 몇 가지 필수품을 사주었지만, 털리버 부인이 아끼던 그릇과 리넨은 사주지 않는다. 글레그 부부는 은제품과 그릇 등의 사치품보다 의자나 담요, 침대 같은 필수품을 사야 한다고 털리버 부인에게 충고한다.

아이들도 자기네 상황이 어떻게 되었는지, 무슨 일이 닥쳤는지 알아야 한다는 글레그 이모의 주장에 따라, 친척들이 모인 회의 자리에 톰과 매기가 불려온다. 톰이 나중에 자기에게 유산을 물려주는 대신 어머니가 원하는 물건들을 구입해 달라고 간청하자, 글레그 이모부는 이 제안에 감탄하지만 글레그 이모는 유서를 고칠 수 없다고 반대한다. 반면 매기는 친척들이 자기네를 돕지도 않으면서 아버지만 나무란다고 이모와 이모부들에게 분노를 터뜨린다. 또한 매기는 반대로 이모들이 곤경에 처했다면 아버지는 분명 도와줬을 거라고 말한다. 매기의 이런 강력한 항의에 어머니는 물론 이모들도 놀라움을 금치 못한다. 톰은 이제 그런 말을 해봐야 소용없다고 매기에게 화를 낸다.

뒤늦게 오빠의 파산 소식을 알게 된 모스 부인이 와서 오빠에게 삼백 파운드의 빚을 졌다고 밝히자, 매기의 이모들은 그 삼백 파운드의 빚을 갚으라고 주장한다. 그러나 톰은 아버지가 편찮아지시기 전에 고모에게 그 빚을 받지 말라고 말씀하셨다면서 고모가 진 빚을 받지 않는 게 아버지의 뜻일 거라고 말한다. 이에 글레그 이모부는 그렇게 하려면 꾼 돈에 대한 보증서를 찾아 파기해야 한다고 말한다. 모스 부인은 톰에게 감사하며 그 돈을 꼭 갚겠다고 말한다. 톰과 글레그 씨, 그리고 모스 부인은 그 증서를 찾으러 이층으로 올라간다.

▌해설

3권에는 털리버 씨가 웨이컴과의 소송에 져서 집안이 파산하는 사건이 그려지는데, 이 3권부터 사건이 신속하게 진행된다. 앞 두 권은 너무 느린 진행으로 비난받았지만, 앞 두 권에서 매기와 톰의 성격 형성과정이 자세히 묘사됨으로써 성장한 남매가 같은 문제에 직면했을 때 어떻게 달리 반응하는지 그 다른 반응의 토대가 마련된다. 3권의 전반부

세 장에서는 아무 것도 모르는 어머니와 병든 아버지, 가족의 불행에 직면한 매기와 톰의 모습이 그려진다. 이제 화자의 장황한 의견이나 역사적 정보는 사라지고 대화와 짧은 문단이 주를 이룬다.

3권의 제목인 "몰락"에서 보잘 것 없는 물방앗간 주인과 그 가족의 파산이라는 비서사적 주제에 대한 화자의 생각이 드러난다. 화자는 1장 앞에서 이 지루한 얘기에 서사적 감정이 들어 있다고 언급한다. 가령 아무 생각 없이 그릇과 리넨 천에만 집착하는 털리버 부인의 모습에서 이 가족의 비극에 내포된 서사적 요소가 줄어들지만, 동시에 부인을 더욱 동정하게 만드는 효과가 있다.

1장은 시간상 과거로 돌아가는 플래시백의 수법으로 되어 있다. 즉 1장 끝은 앞장 끝으로 돌아가게 한다. 털리버는 성급한 성격과 너그러운 마음 때문에 파산을 맞이하게 된다. 그는 모스에게 돈을 빌려주었을 뿐 아니라 라일리의 빚도 갚아주었던 것이다. 그는 성급한 성격 때문에 주변사람에게 관용을 베풀기도 하지만, 웨이컴이 자기 재산에 대한 저당권을 가졌다는 소식에 큰 충격을 받고 쓰러져 마비되기도 한다. 나중에 알게 되겠지만 웨이컴은 그에게 별다른 원한이 없기 때문에, 털러버는 혼자 상상한 가상의 적 때문에 쓰러진 것이다. 성급하게 감정이나 관용을 보이지 않는 도슨가는 이 쓰러짐을 털리버에게 내려진 심판으로 받아들인다.

2장에서 도슨가의 특성과 결함이 잘 묘사된다. 2장 제목인 초기 셈족의 가신상 드라빔처럼 털리버 부인이 소유한 물건은 그녀에게 하나의 신 같은 존재가 되어 버렸다. 창고는 그들의 성소이며, 그 살림은 종교의식에 쓰이는 성물처럼 특별한 행사 때만 꺼내어 사용했던 것이다. 털리버 부인은 남편보다 그릇과 식탁보에 더 관심이 많다. 그녀의 살림은 자신의 존재를 확대한 것이며, 모든 도슨가 사람처럼 그녀도 자기에게만 관심이 있다. 그 어느 친척도 털리버 부인을 위해 필요 이상으로 살림을 사주지 않는다는 사실에 주목할 필요가 있다. 자신이 당할 수치부터 생각하는 톰과는 달리, 매기는 아버지부터 걱정한다. 이처럼 집달리의 등장에 대한 남매의 반응은 매우 다르다.

3장에서 다시 매기의 성격은 아버지와 비슷한 것으로 묘사된다. 웨이컴과 성급하게 법정 소송을 벌이는 아버지처럼, 매기는 앞뒤 재지 않고 이모들을 비난한다. 매기의 비난은 일면 맞지만, 도슨가에게는 전혀 설득력이 없는 말이다. 상황을 제대로 파악한 톰만이 이 집안의 불행에 적절히 대처할 유일한 인물로 보인다.

주해와 중요 어구

<1장>

- "It is precisely .... predominate still.": 이 문장은 평범한 사람들의 삶에 잠재된 비극이라는 엘리엇의 주제를 보여준다.

<2장>

- teraphim: 집안의 가신상
- chany: 도자기 그릇 (컵과 컵받침, 접시 등의)

<3장>

- Homer: 고대 그리스의 서사시인
- Bath chair: 환자용 휠체어
- forrard: 앞으로(forward)
- codicil: 유언에 덧붙인 유언 보족서

테라핌

| 4장-6장 |

▒ 줄거리

4장 꺼져가는 불빛

글레그와 톰은 털리버가 그리티 고모에게 삼백 파운드의 돈을 꿔줬다는 사실을 입증하는 법적 서류를 찾는다. 참나무 상자를 여느라 법석을 떠는 바람에 참나무 상자가 떨어져 큰소리가 나자, 털리버 씨가 무의식 상태에서 깨어난다. 잠깐 정신이 든 그는 먼저 루크가 물방앗간에 투자한 50파운드부터 갚고 모스 네에게 꿔준 삼백 파운드는 받지 말라고 톰에게 신신당부한다. 또한 자신이 죽으면 어머니와 매기를 잘 돌봐주라고 톰에게 당부한다. 매기가 털리버 부인을 불러오자 그는 아내에게 용서를 구하면서도, 자기 잘못보다 법의 잘못이라고 파산의 원인을 법의 탓으로 돌린다.

웨이컴을 기억하고 화를 내는 바람에 털리버는 다시 의식을 잃는다. 왕진온 턴불 의사는 털리버가 회복될 거라고 말한다. 톰은 아버지가 고모에게 돈을 꿔줬다는 사실을 증명하는 법적 서류를 없애고, 집안의 충실한 일꾼인 루크에게 진 오십 파운드의 빚을 반드시 갚겠다고 결심한다.

5장 톰이 굴을 까려고 칼을 대어보다

다음날 아침 10시에 톰은 성공한 사업가인 딘 이모부를 찾아 일자리를 얻으려고 세인트 오그스 읍으로 간다. 분명한 계획은 없지만, 조금씩 돈을 저축하거나 글레그 이모부처럼 웬만한 재산만 갖고 은퇴하기보다 딘 이모부처럼 빨리 출세하고 싶었던 것이다. 그래서 그는 직장에 대해 조언을 얻는데 딘 이모부가 가장 적당한 사람이라고 생각했다. 세인트 오그스 읍으로 가면서 그는 돈을 많이 벌게 되면, 물방앗간과 땅을 다시 되찾아 그곳에 자기가 좋아하는 말과 개를 많이 기르겠다고 상상한다.

그러나 읍내 사람들이 아는 체 하자, 톰의 마음은 불편해진다. 톰은 은행에서 딘 이모부를 만나자 돈을 벌기 위해 취직하고 싶다고 말씀드린다. 딘 이모부는 톰에게 학교에서 무엇을 배웠는지 배운 내용을 물어본다. 톰은 라틴어와 그리스, 로마 역사, 기하학 등 그 동안 배운 내용이 일자리를 얻는 데는 하등 쓸모가 없음을 깨닫고 매우 낙담한다. 딘 이모부는 부기 등 세상사에 필요한 지식이 전혀 없다면서 밑바닥부터 시작해야 하며, 톰이 이제껏 배운 내용은 방해만 될 거라고 말한다. 자기가 받은 교육이 취직에 무용지물이라는 생각에 우울해진 톰은 "돌코트 물방앗간"의 경매 광고를 보자 더욱 우울해진다.

집에 돌아온 톰은 이모부가 뭐라고 말씀하셨냐는 매기에게 자기가 부기나 계산법 같은 걸 배웠어야 했다고 말한다. 매기가 침울한 톰을 위로하고자 자신이 부기를 배워 가르쳐 주겠다고 하자, 톰은 자기를 가르치겠다는 동생의 발상에 벌컥 화를 낸다. 더욱 냉정해진 톰 때문에 상처받은 그녀는 이층에 올라가 운다. 매기는 자신의 현실이 책에서처럼 행복하길 바라지만, 현실은 그렇지가 못해 더욱 서글프다.

6장 주머니칼 선물에 대한 편견을 거부하려 하다

집안에서 가구 경매가 있던 음침한 12월 둘째 날, 가족들은 귀에 거슬리는 시끄러운 소리 때문에 털리버 씨가 갑자기 깨어나면 어떡하나 걱정하지만, 다행히도 우려하던 불상사는 일어나지 않는다. 물방앗간을 떠나 다른 곳으로 이사해야 한다는 결정이 털리버 씨에게 내려진다. 이런 일들을 겪느라 털리버 부인의 얼굴은 십년이나 늙어 보인다. 경매가 끝난 날 저녁, 톰은 소년 시절 친구인 밥 제이킨(Bob Jakin)의 방문을 받는다. 그를 알아보지 못한 톰에게 밥은 예전에 톰이 자신에게 주머니칼을 선물로 주었다고 말한다. 밥은 털리버 가족에 대한 애정을 저버리지 않고 자신이 두 주 전에 어떤 신사의 물방앗간에 일어난 화재를 꺼서 받은 10파운드의 사례금 중 9파운드를 톰에게 주면서 다시 재기해 보라고 격려한다. 톰은 몹시 감동하지만 이 돈을 받지는 않는다. 밥을 별로 좋아하지 않던 매기는 밥의 따뜻하고도 친절한 마음씨에 감동하여 그를 세상에서 가장 친절한 사람이라고 칭찬하면서 언제나 그를 친구로 기억하고 장차 도움이 필요하면 부르겠다고 말한다. 매기의 말에 기뻐하던 밥은 차가 준비되었다는 하녀 케지아의 말에 서둘러 떠난다.

▒ 해설

3권에서 털리버 집안은 가구와 집을 잃게 될 위험에 처해 있다. 물건을 잃을 때의 고통은 톰이 학교에서 집으로 돌아와 정든 집과 정든 물건을 보고 기뻐하는 2권에서 표현된 바 있다. 3권 4장에서 화자는 마치 정든 물건이 말을 건네는 것 같다고 묘사한다. 집안의 책을 잃고 나서 어린 시절 아끼던 물건을 다 잃은 것 같다는 3권의 매기의 서글픈 반응에서 집안 물건과 헤어지게 된 슬픔이 표현된다.

4장에서 모스 부인과 매기가 서로 닮았다는 사실이 암시되는데, 이는 둘 다 집안에 들어서자마자 털리버를 보러 가는 데서 확인된다. 3권 내내 이 두 사람은 감정적으로 밀착되어 있다.

털리버가 다시 의식을 잃기 전에 마지막으로 하는 말은 그의 마비가 견디기 어려운 현실에서 벗어나는 하나의 방법임을 암시한다. 그는 집안 가구를 되찾고 톰과 매기에게는 아무 문제가 없을 것이며 모든 게 잘 될 거라고 말하지만, 이 말은 매우 비현실적으로 들린다. 왜냐하면 그는 가구를 되찾을 수 없으며 톰의 교육은 돈벌이에 아무 쓸모없는 무용지물이라는 사실을 모르기 때문이다.

3권 중간에서 소설의 중심이 털리버에서 톰으로 바뀐다. 3권 내내 털리버는 알 수 없는 세상에 갇힌 것으로 묘사된다. 반면 톰은 딘 이모부를 만나는 5장에서 한푼 두푼 저축하는 아버지 같은 인물에서 벗어나 벤처 자본주의라는 새 모델로 세상 변화에 적응하는 것으로 그려진다. 5장에서 톰은 자기가 받은 교육이 돈벌이에 도움이 되길 바라지만, 자신이 원하는 것을 얻으려면 뭐가 필요한지도 모르는 상태에 있다. 딘 이모부는 라일리와는 달리, 사업에 필요한 것이 무엇인지 정확히 알고 있으며 이를 톰에게 알려준다.

6장에서 집안이 파산하자 어릴 때부터 달랐던 톰과 매기의 차이가 더욱 두드러진다. 톰이 가족이 몰락한 책임을 아버지로 돌리는 한편, 매기는 아버지에게 더욱 연민을 느낀다. 밥 제이킨의 재등장은 어린 시절 밥과 톰의 관계를 상기시킨다. 다시 등장한 밥은 세상과 자신에 대해 훨씬 많이 아는 영리한 인물로 제시된다. 사기꾼이라는 톰의 비난보다 주머니칼 선물을 기억하는 밥의 너그러운 마음은 톰의 편협한 정의감과 대비된다. 밥은 톰과 매기보다 무식한 하류계급 인물이지만, 털리버 집안을 진심으로 돕는 유일한 인물이다. 밥은 털리버가의 감정과 도슨가의 영리함 사이에서 중용을 지키는 인물이다.

양피지 문서

▮주해와 중요 어구

<4장>

- parchments: (글을 쓰는) 양피지 문서

<5장>

- Tom applies his knife to the oyster: 이 문장은 세상은 우리의 굴이며, 기회는 만인을 기다린다는 속담에서 나온 것이다.
- Practice: (수학의 방법) 실산
- *Horae Pauline*: (라틴어, Pauline hours) 윌리엄 폴리 (William Poley, 1815-88)가 쓴 책 제목
- He had not his port-wine before him: not speaking after dinner (저녁 식사 뒤는 말할 것도 없고)
- rigmarole: (비논리적인 말) 조리 없는 긴 글
- nunc illas promite vires: (라틴어) 버질의『이네이드』(*Aeneid*, 5권 191)에서 나온 구절. "이제 그 힘이 나온다."(now put forth that strength)

<6장>

- 'scrazing': 긁기
- suffer a waste of tissue through evaporation: 땀 흘려 체중을 줄이다.
- gen: gave
- istid: 대신 (instead)
- jaw him a good un: talk him into it.
- ax: ask
- I sarve him out: 돈을 갚아주다. 보복하다.
- shy: 던지다(throw)
- raft: 하층민, (인간) 쓰레기
- nick o' time: 적당한 때, 알맞은 순간에 (at the right moment)
- sperrited: 기운찬, 활발한, 용기 있는(spirited)
- penn'orth: 일 페니짜리 물건, 소액, 조금.
- nohow: 결코 (조금도) -않다.(in no way)
- do: 속이다(swindle)

| 7장-9장 |

줄거리

7장 암탉은 어떻게 계략을 궁리하는가?

1월 둘째 주에 대법원의 명령에 따라 털리버 씨의 집과 물방앗간을 팔기로 한 날짜가 다가오자, 친척들은 어떻게 하면 털리버 가족이 옛 고향 집을 떠나지 않고 그 집에서 계속 살게 할 수 있을까 그 방안을 궁리 중이다. 털리버 부인과 자녀들은 딘 이모부의 동업자인 게스트 회사에서 물방앗간을 구입해, 털리버 씨가 물방앗간 주인으로 계속 일하게 해 주길 바란다. 한편 서서히 회복 중인 털리버 씨는 그동안 많은 세월이 흘렀다는 사실을 모른 채 가끔 정신이 들면 자기가 회복한 뒤 해야 할 일을 횡설수설한다.

딘 씨는 끔찍이 사촌들 걱정을 하는 루시 때문에 톰에게 임시 창고직 자리를 서둘러 마련해준다. 그는 또한 톰이 저녁에 부기와 계산을 배우도록 주선해준다. 톰은 하루 종일 창고에서 일하고 밤에는 부기를 배우면서 우울한 나날을 보낸다. 톰은 아버지에게 빚이 더 있으며 아버지가 완전히 파산했다는 사실을 알게 된다.

한편 털리버 부인은 드디어 자기가 나설 때라고 생각한다. 부인은 용기를 내어 남몰래 웨이컴을 찾아가 자신은 남편과는 달리 웨이컴을 잘 이해한다고 말하면서 게스트 회사에서 물방앗간 구입을 고려중이니 방해하지 말아 달라고 부탁한다. 물방앗간 구입을 생각지도 않았던 웨이컴은 부인의 말에 힌트를 얻어 물방앗간을 구입해 털리버로 하여금 운영하게 할 계획을 세운다. 웨이컴은 털리버에게 원한이 없지만 자선을 베풀어 자기 밑에서 일하게 하면 털리버가 더욱 굴욕감을 느낄 것이며 그런 모습을 지켜본다면 통쾌할 거라 생각했던 것이다. 게다가 털리버에게 복수하는 것과는 별도로, 이 구입은 사업상 좋은 투자인 데다 털리버는 정직한 일꾼이므로 물방앗간을 구입할 이유는 많았던 것이다. 게다가 물방앗간은 필립 외에 다른 사생아 아들에게 장차 좋은 일자리를 제공해 줄지도 모른다. 이와 같이 털리버 부인이 나서 나름 애를 쓴 결과, 오히려 더 나쁜 결과를 초래하고 만다.

8장 난파선에 비친 햇빛

게스트 회사 대신 웨이컴이 방앗간과 토지를 구입했기 때문에, 털리버 부인과 톰, 그리고 매기는 매우 낙담한다. 톰은 아버지가 웨이컴 밑에서 일하는 걸 달가워하지 않지만, 털리버 부인과 이모들은 웨이컴의 제안을 받아들여야 한다고 주장한다. 결국 물방앗간을 구입한 웨이컴 밑에서 털리버가 운영하게 되었지만, 털리버는 아직 이 사실을 모른다.

털리버 씨는 이제 아래층에 내려가도 좋을 만큼 건강이 회복되었다. 가족들은 털리버 씨가 최근에 일어난 사건을 모르기 때문에 그가 아래층에 내려가 경매로 집안이 텅텅 빈 걸 보면 어떤 반응을 보일지 걱정이 되어 전전긍긍한다. 마침내 아래층에 내려간 털리버는 드디어 자신의 파산을 현실로 인정하게 된다. 쓸데없는 말을 할까봐 어머니가 안 계신 틈에 내려오게 한 남매의 배려에도 불구하고, 예기치 않게 방에 들어온 털리버 부인은 이 집에서 살려면 웨이컴 밑에서 일해야 한다고 말한다. 그는 아내의 간청대로, 웨이컴 밑에서 일하겠노라 약속한다.

9장 가족 란에 한 항목이 추가되다

건강이 회복될수록, 털리버는 웨이컴의 밑에서 일해야 한다는 사실이 점점 더 괴롭다. 그렇지만 어린 시절부터 살아온 정든 땅에 대한 애착 때문에 온갖 추억이 담긴 물방앗간을 떠날 수도 없다.

물방앗간 주변을 거닐며 부모님에 얽힌 여러 가지 추억에 잠긴 털리버와 그의 충실한 일꾼인 루크는 새 것보다 옛 것이 좋고 정든 고향을 떠날 수 없다는데 대해 한마음이다.

그날 밤 털리버는 톰이 집에 돌아오길 기다려, 아버지가 태어난 고향에서 살기 위해서라면 웨이컴 밑에서 일하겠지만 절대로 그를 용서할 수 없다고 말한다. 그는 아들로 하여금 집안 대대로 내려오는 성경에 손을 얹고 때가 되면 웨이컴에게 복수하겠다는 맹세를 시킨다. 매기의 만류에도 불구하고, 톰은 아버지의 명령대로 기회가 생기면 웨이컴에게 복수하겠노라고 성경에 쓴다.

해설

7장에서 털리버 부인은 암탉에 비유되며, 이 비유는 그녀의 어리석은 행동과 우둔한 머리를 암시한다. 털리버 부인의 간청에도 불구하고, 물방앗간을 구입해 털리버에게 운영을 맡긴 웨이컴의 심리는 그를 단순히 선하거나 악한 인물로 단정질 수 없도록 복잡한 심리적 리얼리즘으로 묘사된다.

이제까지 웨이컴은 털리버의 눈으로만 묘사되었지만, 이제 그는 사악한 변호사 대신 존경받는 인물로 등장한다. 그러나 물방앗간을 사서 물려주려는 사생아가 있다는 암시를 통해 도덕적으로 타락한 인물임이 아울러 암시된다.

자선을 베풀 마음이 있지만 자그마한 홍차 선물 외에 베풀지 않는 글레그와 지닌 것은 없지만 자신의 소유를 다 주려는 밥의 대조를 통해, 진정한 연민이 무엇인지 깊이 생각하게 만든다.

8장에 타인의 필요를 배려하지 않는 도슨가 사람들의 가장 큰 결함이 다시 한 번 암시된다. 웨이컴을 미워하는 털리버의 증오가 확실히 근거

없고 비이성적인 것이긴 하지만, 자기중심적인 도슨 집안에서는 전혀 이해하려 들지 않는다. 그 중에서도 털리버 부인이 대표적인 예다. 그녀는 자기가 다른 여자보다 무슨 잘못을 했기에 이런 불행을 겪어야 하는가 하는 문제에만 몰두해 있다. 매기를 이해하지 못하는 톰처럼, 그녀도 남편을 전혀 이해하지 못한다.

9장에서 집안의 가장이 된 톰은, 부모는 물론 매기에게도 가장노릇을 한다. 이렇게 톰과 아버지의 역할이 바뀐 것은 무의식 상태로 누워있는 아버지를 돌보는 매기와 아버지의 관계와 비슷하다. 작가는 다음 장에서 털리버가 성경에 그의 증오를 기록하는 행위를 설명한다. 그에게 종교와 일상생활은 전혀 별개였던 것이다. 이것은 여러 번 언급되었으며, 매기가 스티븐과의 사건 뒤 마을로 돌아왔을 때도 반복될 것이다. 그러나 이 행위의 또 다른 측면은 성경이 가족의 언약궤이며, 털리버는 아들로 하여금 성경에 맹세한 복수에 얽매이게 한다는 점이다. 그는 모든 희망을 아들에게 물려주며, 이 상징적 행위는 이후 톰이 매기와 필립을 대하는 태도에 큰 영향을 미친다. 톰은 이 복수의 맹세 때문에 그들이 만나지 못하게 하며, 그녀가 이를 무시하자 그녀를 불신하는 태도를 보인다.

주해와 중요 어구

<7장>

- allocaturs: 법적 증명서
- chancery: 대법관 법정
- ennui: (불어) 권태
- Hodge: 머슴, 시골뜨기
- a priori: (라틴어) without considering the facts

- erigation: 관개 (irrigation)
- pike and roach: 물고기 (fish), 창꼬치와 잉어과의 물고기.
- sang froid: (불어) 냉기, 냉정함(coolness)
- chiaroscuro: 그림자 같은(shadowy), 어렴풋한.

<8장>

- 'moithering': 걱정 (worrying)
- 'mushed': 짓밟다 (crushed)
- Saturnalian: 12월 17일 경에 노예에게도 완전한 자유를 준 고대 로마의 축제를 가리킴
- Nemea: 네메아, 그리스 영웅인 헤라클레스가 사자를 죽인 유명한 장소

<9장>

- Zambesi: 잠베지강 (Zambezi, 남아프리카에서 인도양으로 흐르는 강)
- summat: something
- firin 'o' the ricks: 건초 태우기 (rick-burning)를 가리킴(농민동요의 한 형태)
- 'ul: will
- 'ud: would
- mysen: myself
- tow'rt: towards
- treadmill:(옛 감옥에서 죄수에게 벌로 밟게 한) 밟아 돌리는 바퀴

트레드밀에 형벌을 받고 있는 죄수들
Encyclopædia Britannica Online.

제4권 굴욕의 골짜기

| 1장~3장 |

줄거리

1장 보쉬에에게 알려지지 않은 개신교의 한 종파

라인 강가의 거대한 낡은 성들과 론 강가의 앙상한 마을이 대조된다. 또한 플로스강가에 사는 도슨가와 털리버가의 "숨 막히는 편협함"이 톰과 매기의 삶에 어떤 영향을 미쳤는지 보여주려고 두 가지 생활 방식이 묘사된다. 도슨가는 청교도지만, "관습적이며 존경할 만한" 것이라면 무엇이든 존경하며 "자부심을 지닌, 정직한 이기주의"를 특징으로 한다. 그들의 한계에도 불구하고, 그들은 정직과 근면 등의 미덕도 지니고 있다. 반면 털리버가 사람들은 다정하고 관대하지만, 경솔하고 성급하며 화를 잘 내는 다혈질로서 종교보다 상식을 중시한다. 털리버의 할아버지는 아주 영리한 사람이었지만, 고집을 부리다가 스스로 몰락을 자초한 인물이었다.

이교도적 신앙을 갖고 있는 털리버가 성경책에 웨이컴에 대한 복수를 기록하게 한 것은 그리 놀라운 일이 아니다. 그들에게는 신앙과 상식이 별개의 문제였기 때문이다. 또한 왕후장상이 아닌 톰과 매기 같이 평범한 인간에게도 비극이 일어난다는 이 소설의 주제가 언급된다.

2장 찢어진 그물 사이로 가시가 들어오다

털리버 집안에서 집안의 파산과 몰락이라는 새로운 상황에 어떻게 대처하는지 볼 수 있다. 열세 살 밖에 안 된 매기는 어려운 세월을 겪은 탓에 실제보다 나이가 더 들어 보이지만, 톰처럼 자제력은 없다. 톰은 돈 버는 일에 몰두하나, 그녀는 할 일이 없는 데다 서글프고 단조로운 운명 때문에 내면으로 몰두하게 된다. 파산으로 아끼던 살림을 다 잃은 털리버 부인은 정신적·육체적으로 심한 타격을 받아 제 정신이 아니다. 그녀는 왜 자기에게만 이런 불행이 닥치는지 이해할 수 없는 까닭에 텅 빈 집 주위를 배회한다. 그러나 매기에게는 이렇게 정신 나간 어머니가 울적해진 아버지보다 견딜 만하다. 또한 일을 다니느라 지친 톰은 집에 있을 때면 말수가 점점 줄어들었다.

털리버 씨는 웨이컴 밑에서 일해야 하는 자기 처지에 대해 점차 굴욕감을 느끼며 오로지 빚을 갚는데 몰두한 결과, 심한 구두쇠가 된다. 매기는 물질적인 결핍 뿐 아니라 자기만큼 사랑해주지 않는 아버지와 톰 때문에 정신적으로나 육체적으로 몹시 힘들고 괴롭다. 톰은 아버지의 파산에 책임 있게 대처하느라 지쳐서, 아버지는 사랑하는 딸이 여동생인 그리티처럼 가난하게 결혼해서 고생할까봐 매기를 살갑게 대하지 않는다. 그럼에도 불구하고, 빚을 갚기 위해 온 가족이 한마음으로 최대한 허리띠를 졸라맨다. 파산한 뒤 이 집안에 감도는 냉기 때문에 아무도 이 집을 방문하지 않는다.

3장 과거의 목소리

어느 봄날 오후, 매기는 웨이컴 때문에 분통이 터진 아버지가 사소한 잘못을 빌미로 물방앗간에서 일하는 아이를 때린 어제 일로 마음이 심란하다. 그녀는 어머니가 타이밍을 못 맞추고 뭐라 중얼거리면 아버지가 어머니마저 때릴까봐 두려웠던 것이다. 그때 밥 제이킨이 매기를 찾아와 책 몇 권을 선물로 내놓자, 매기는 기쁘게 받는다. 매기는 지난번 방문 시 경매로 책이 다 팔려 속상해하던 자신을 기억하고 일부러 책을 사다 준 밥의 친절이 고맙다. 친구가 많지 않다는 매기의 말에, 밥은 자신의 강아지 멈프(Mumps)가 "큰 엄지손가락"을 비롯해 자신의 모든 비밀을 안다고 하면서 강아지를 길러 보라고 한다. 그는 큰 엄지손가락이란 그가 갖고 다니는 천을 잴 때 쓰는 속임수라고 설명한다. 검은 눈동자의 매기를 흠모하는 밥은 다시 보따리를 짊어지고 떠난다.

밥이 떠나자 다시 우울해진 매기는 각박한 현실에서 벗어나고자 자기가 학교에서 배우던 교과서와 톰의 교과서를 뒤적여보고 월터 스콧 같은 위대한 작가에게 가서 자신의 비참함과 똑똑함, 그리고 자기 형편을 하소연하는 상상을 해본다. 매기는 매일 식탁에 힘없이 앉아 계신 불행한 아버지와 어린애처럼 정신 나간 어머니와 함께 살면서 모든 행복이 사라져 괴롭기만 하다.

매기는 밥이 갖다 준 책 중에서 토머스 아 켐피스의 『그리스도의 모방』을 읽다가 이상한 전율을 느낀다. 즉 자기애(self-love)를 포기하고 타인의 고통을 생각하며 지상보다 천국을 생각하라는 자기 체념과 자기부정의 가르침에 크게 감명을 받은 것이다. 매기는 이 중세 신학자의 철학에서 위안을 찾아 자신에게 주어진 삶의 한계를 기꺼이 받아들이고 결핍과 참회의 삶을 살기로 결심한다.

매기는 성경과 토머스 아 켐피스, 그리고 『기독교인의 한 해』라는 세 권의 책만 줄기차게 읽는다. 한편 털리버 부인은 한때 지극히 반항적이었던 매기가 거의 개종이라 할 만큼 순종적이며 얌전한 아이로 변한 것에 놀라면서도 매우 기뻐한다.

▒ 해설

4권에서는 매기에게 책을 갖다 준 밥의 방문 외에 별다른 사건 없이 계속 어려운 상황에 처해 있는 그녀의 내면에 초점이 맞춰진다. 톰의 억압이 강화되자 반항적이었던 매기는 극단적으로 순종을 내면화하려고 한다. 이러한 매기의 변화는 집안의 파산 및 이 파산 이후의 정신적·물질적 결핍감에서 비롯된 것이다. 그녀의 아버지와 오빠는 웨이컴에게 빚을 갚기 위해 그녀에게 더욱 무심해졌고, 파산으로 인한 극도의 내핍 생활 때문에 물질적 결핍감이 심화된다.

1장에서는 신중한 도슨가와 성급한 털리버가의 대조적인 성격이 묘사된다. 지나치게 신중하고 현실적인 도슨가에 비해, 털리버가는 다정하긴 하지만 다혈질에 성급하게 화를 잘 낸다. 작가는 그들의 삶이 톰과 매기에게 어떤 영향을 미쳤는지 보여주기 위해 그들의 편협한 삶을 묘사한다. 이 분석에서 중요한 점은 종교에 대대로 내려오는 관습 이상의 기준이 없으며, 삶이 관습에 지배된다는 점이다. 즉 도덕적·종교적 원칙이 사회적 관습과 구별되지 않는다는 것이다. 가장 존경받는 행위는 사후에 적절한 유서를 남기는 것이다. 그러나 도슨 가의 엄격한 원칙에도 장점은 있다. 즉 그들은 결코 성급한 성격 때문에 파산하는 일이 없으며, 후에 마을사람에게 배척당한 매기를 돌봐주는 글레그 이모의 행동에서도 이 점이 증명된다.

2장에서 톰의 현실성과 매기의 상상력이 대조된다. 13세의 매기에게 신중함과 자기통제가 결여된 반면, 소년이 된 톰은 더욱 어른스러워졌다. 톰은 집안의 불행에 대처하는데 온통 마음을 집중하는데, 이는 도슨가의 "자부심을 가진, 정직한 이기주의"의 소산이다.

강의 이미지가 변했다는 사실에 주목해야 한다. 앞 장에서 강은 사회의 모델이자 "화가 나 파괴하는 신"이었지만, 여기서는 연민과 애정을 갖고 힘차게 흐르는 강이 되며, 이 모든 비유가 마지막 장에서 합쳐진다.

3장에서 밥 제이킨은 비록 속임수를 쓰지만 마음씨가 너그러운 인물로 제시된다. 밥과 관련된 이미지에도 주목해야 하는데, 그는 "갑옷을 입은 기사"로 제시되며, 그 덕분에 "기사 시대가 사라지지 않은" 것처럼 보인다. 그는 비록 하류계급의 인물이지만, 도슨가나 털리버가와 달리

기사도적 정신을 지닌 인물이다.

3장 끝에서 매기는 인생을 여는 하나의 열쇠로 켐피스의 자기 체념을 찾아낸다. 집안의 정신적·물질적 빈곤 외에 당시 여성에게 주어진 운명에 괴로워하던 매기는 켐피스의 글을 읽고 나서 모진 현실에서 벗어날 방법을 발견한다. 이 교훈은 인생경험이나 교육이 부족한 그녀가 자신의 상황에서 발견해낸 최선책이다. 원래 열정적인 매기의 성격과 자기부정은 서로 갈등을 일으킨다. 매기의 동경과 포기는 나중에 중요해진다. 왜냐하면 사랑과 이해를 받고 싶은 욕망 때문에 그녀는 필립과 가까워지며, 이 자기부정 때문에 나중에 스티븐을 포기하기 때문이다.

매기의 얼굴에서는 큰 눈이 가장 두드러진다. 필립, 밥 제이킨, 스티븐 등 모든 남자는 강한 감정을 드러내는 매기의 눈에 먼저 이끌린다. 그녀를 비극적 인물로 만드는 것은 깊이 있는 감정과 사랑에 대한 갈망이며, 이런 독특함 때문에 그녀는 다른 사람과 구별된다. 1권에서 매기는 쳐다보기만 해도 남성을 돌로 만들어 버리는 메두사(Medusa)를 연상시킨다. 매기의 눈은 보는 사람을 압도하며, 이 시선에 대한 반응에 따라 다른 인물과의 관계가 형성된다. 가령 매기에게 선생님이자 첫사랑 역할을 하는 필립은 그녀의 눈에서 "충족되지 못한 지성과, 충족되지 못해, 간청하는 애정으로 충만"함을 본다. 매기를 우월한 존재로 우러러보는 밥 제이킨은 매기가 "기이한 눈을 갖고 있으며, 그 눈은 그를 아무 것도 아닌 존재"로 느끼게 만든다고 말한다. 한편 스티븐은 매기의 눈에 가득한 "달콤한 모순"을 간파한다.

매기의 감정적 반응은 항상 음악과 관련되며, 음악은 매기의 예민한 감수성과 상상력을 나타낸다. 매기는 음악을 들을 때면 거의 정신을 잃거나 감정이 격해져 자신의 존재를 잊어버린다. 또한 처음으로 토머스 아 켐피스의 책을 읽을 때도 "엄숙한 음악"을 들은 것처럼 느낀다. 이처럼 뭔가 이해하거나 알아낼 때면 음악이 동반되곤 한다. 즉 매기는 매사에 다른 사람보다 감정적으로 반응하는데, 음악은 이런 특성을 잘 암시한다. 이 음악의 영향은 필립이나 스티븐과의 관계에서 매우 강하게 나타난다.

주해와 중요 어구

<1장>

- Bossuet: 프랑스 주교 (1627- 1704)
- infidel strongholds: 동양에서 성스러운 장소를 장악하기 위한 기독교인과 이슬람교도 사이의 전쟁을 언급
- chapel-goers: 영국의 성공회 교도가 아닌 청교도들
- fromenty: 밀에 우유, 설탕, 향료를 넣어 쑨 죽
- Pitt: 유명한 영국 수상인 윌리엄 피트(1759-1806)
- nidus: <종자, 포자의> 발아공(孔), 씨가 자라는 장소

부셰 (by Hyacinthe Rigaud)

<2장>

- sectarian: (영국의) 비국교도, 앞장의 chapel-goers 참조

<3장>

- sawney: 바보, 얼간이
- say-so: 독단, 최종 결정권, 명령
- octavo: 8절판 (책의 크기)

- hev: have
- sot: sat
- enow: enough
- Burke: 유명한 웅변가이자 정치 사상가인 에드먼드 버크(Edmund Burke, 1729-97)
- Télemaque: 1699년에 출판된 Fénelon(1651-1715)의 소설
- Smithfield: 종교적 순교자들을 처형한 런던의 장소
- Christian Year: 1827년에 출판된 J. Keble (1792-1866)의 책
- Thomas à Kempis: 중세(1379-1471)의 종교 철학자
- vortices: 소용돌이 같은 군중(swirling masses)
- Faraday: 유명한 영국 과학자 Michael Faraday(1791-1867)
- ekstasis: 황홀 (ecstasy)

제5권 알곡과 가라지

| 1장-3장 |

줄거리

1장 붉은 계곡에서

어느 날 필립이 웨이컴과 함께 물방앗간에 온다. 매기는 필립에게 다정한 말을 건네고 싶지만, 이층으로 피한다. 하지만 매기와의 만남을 재개하기로 마음먹은 필립은 붉은 계곡(Red Deeps)이라는 산책로에서 그녀를 기다린다. 산책은 17세의 아름다운 여성이 된 매기의 유일한 즐거움이다. 필립은 이전에 그리다가 중단한 매기의 초상화를 완성하여 보여준다. 매기가 자기의 현재 모습이 필립이 예상하던 대로냐고 묻자, 필립은 훨씬 더 아름답다고 대답한다. 그렇지만 매기는 필립에게 우정 이상의 감정을 느낄 수 없다. 필립은 지나치게 편협한 금욕주의의 위험을 지적하면서 아름답고 선한 것을 추구해야 하며 체념과 마비를 구별하라고 충고한다. 매기는 가끔 만나자는 필립에게 즉시 대답하지 못하고 다음에 만나서 자신의 결정을 들려주겠다고 한다. 매기는 갈등을 느끼면서 돌아가고, 필립은 매기가 자신을 사랑하지 않는다면 "수호천사"가 되어서라도 그녀를 돌봐주겠다고 맹세한다.

2장 글레그 이모, 밥의 장사 수완을 알게 되다.

매기가 내면의 고통으로 괴로워하는 동안, 톰은 아주 근면하게 일을 해서 친척들을 기쁘게 한다. 그러나 그는 조금씩 저축해 아버지의 빚을 갚으려면 아주 오랜 세월이 걸린다는 사실을 깨닫는다. 톰과 매기를 정기적으로 방문하던 밥은 어느 날 저녁 톰에게 빚을 더 빨리 갚을 수 있게 선박 투자를 하자고 권한다. 털리버가 밥과의 동업에 따른 위험 부담 때문에 투자를 망설이자, 톰은 글레그 이모부에게 도움을 청한다. 글레그 부인이 밥의 속임수에 넘어가 몇 가지 물건을 사는 재미있는 장면이 나온다. 결국 글레그 부부는 각기 50파운드와 20파운드의 돈을 톰에게 빌려 주며, 톰은 이 돈을 투자해 금방 150파운드를 번다.

3장 흔들리는 균형

매기는 붉은 계곡에서 필립을 만나지 않기로 했다는 자기 결심을 밝히지만, 필립은 그녀가 더 충만한 삶이나 외부 세계와 억지로 단절해 자신을 마비시키고 있다고 주장한다. 매기는 필립의 지적에 일말의 진실이 있다고 생각한다. 그는 붉은 계곡을 계속 산책할 것이며, 우연히 만나면 일부러 거짓말한 것은 아니니 계속 만나자고 매기를 설득한다.

▒ 해설

첫째로, 5권에서 자기 체념과 더 충만한 삶 사이에서 겪는 매기의 갈등이 절정에 달한다. 필립은 매기의 행동이 자기 부정임을 정확히 간파한다. 필립과 매기가 계속 만나는 동기를 살펴봐야 한다. 인정과 사랑을 받고 싶은 매기의 욕구는 필립을 통해 충족되며, 필립은 연민 때문에 자신을 만나는 매기에게 지속적인 만남을 종용한다.

둘째로, 5권의 중요 플롯은 밥과 동업하여 돈을 빨리 벌려는 톰의 노력이다. 필립과 몰래 만나는 매기와 빚을 빨리 갚으려는 톰은 5권 제목처럼 “알곡과 가라지”에 비유된다. 이와 같이 성경(마태복음 13:24-30)을 통해, 톰은 가족이 빚을 갚도록 알곡을 뿌리는 반면 매기는 아버지의 기대를 저버리고 가라지를 뿌리는 것에 비유된다.

1장에서는 필립에 대한 매기의 감정이 처음부터 동정이었다는 사실이 분명히 밝혀진다. 이 때문에 매기는 나중에 스티븐에게 이끌릴 때 필립에게 죄책감을 느끼며, 또한 필립은 스티븐을 질투한다.

필립은 독자에게 호감과 반감을 반반 느끼도록 묘사된다. 그는 아버지의 불행을 언급하는 매기에게 자신의 불행을 하소연하는가 하면, 부모 몰래 만나자고 제의하는 등 그의 이기적인 행동 때문에 시종일관 불쌍한 존재로만 묘사되지는 않는다. 그러나 그는 진심으로 매기를 위하는 착한 인물이다. 또한 매기와 필립을 맺어주는 것은 음악이므로, 감정과 상상력을 나타내는 상징으로서의 음악에 주목해야 한다.

2장에서 톰도 매기처럼 즐거움을 누리고 싶지만, 도슨 가의 자제력을 발휘해 참는다. 그는 매기와는 전혀 다른 이유로 자기부정을 실천한다. 밥 덕분에 톰은 아버지의 빚을 다 갚게 된다. 밥은 이 작품에서 아주 너그러운 극소수의 인물로서, 그의 너그러움은 조카인 톰을 도울 때도 지나치게 따지는 글레그 부부의 신중함과는 대조적이다. 밥이 글레그 부인을 속여 싸구려 물건을 파는 장면은 심각한 5권에서 가벼운 코미디를 제공한다. 단지 돈이 더 많다는 이유로 도덕적으로나 정신적으로 자신이 밥보다 더 낫다고 여기는 부인의 생각 외에도, 밥과 글레그 부인의 이런 대조에서 아이러니를 볼 수 있다. 마지막 문단은 매기가 필립과 처음 만나기 이전이므로, 2장에서는 시간상의 플래시백 수법에 주목해야 한다.

3장에서 필립은 매력적인 인물이 아니지만, 매기와 필립의 관계는 이해할 만한 것으로 그려진다. 필립은 매기의 체념이 착각임을 간파하고 그녀를 여기서 벗어나게 한다. 매기와 필립의 관계는 이후 매기와 스티븐의 관계를 암시한다. 나중에 스티븐과의 관계처럼 그녀는 필립을 안 만나려 하지만, 우연한 만남을 허용하기 때문에 계속 만나게 된다.

▒ 주해와 중요 어구

<1장>

- "avaunt": 가다, 떠나다(go away)

<2장>

- Hecuba: 그리스 전설에서 트로이 왕 Priam의 부인, Hector의 모친.
- Hector: Priam과 Hecuba의 아들
- excursus: 여담, 탈선, 옆길로 샘(digression)
- zent: cent
- carguy: 뱃짐(cargo)
- passill: 소포, 꾸러미(parcel)
- Aaron: 성경의 <출애굽기> 4:14-16, 30 참조
- sizes: 재판, 순회 재판(assizes)
- newfangled: 신기한, 최신식의, 새것을 좋아하는(modern)
- fortin: 재산(fortune)
- a soft: 바보(a fool)
- a junketing: 좋은 시절
- victoree: 2인승 사륜마차(victoria)
- vally: 가치(value)
- vibs: 거짓말(lies)
- Catechism: 기독교 교리 문답서, 문답집

<3장>

- Hamadryad: 그리스 신화에 나오는 나무의 요정

| 4장~7장 |

▒ 줄거리

4장 또 다른 사랑의 장면

거의 일 년이 흐른 4월, 매기와 필립은 붉은 계곡에서 계속 만나고 있다. 매기는 필립에게 빌렸던 『코린느』라는 책을 돌려주면서 금발의 여주인공이 검은 머리의 여성에게서 모든 사랑을 빼앗아가는 그 책의 스토리를 좋아하지 않는다고 말한다. 매기의 이런 얘기를 들은 필립이 루시에게서 사랑을 빼앗을 수 있을 거라고 농담하자, 매기는 루시의 경쟁자가 될 생각이 없음을 분명히 밝힌다.

매기는 필립의 사랑 고백에 아무 말도 못하고 침묵만 지킨다. 필립이 예전에 약속했던 대로 키스해 달라고 하자, 매기는 그렇게 한다. 이윽고 그녀는 아버지를 실망시킬 수 없기 때문에 그들은 친구 이상으로 관계가 진전될 수 없다고 한다. 하지만 그녀는 앞으로 필립보다 좋은 사람을 사랑할 수 없을 거라 생각한다.

5장 갈라진 나무

필립과 산책할 때마다 매기는 톰에게 발각될까봐 늘 전전긍긍한다. 차를 마시러온 풀리트 이모가 우연히 붉은 계곡 근처에서 필립을 두 번 보았다고 하자, 매기는 너무나 당황한 나머지 얼굴이 붉어진다.

다음 날 톰이 매기를 추궁하자, 매기는 그간의 만남을 다 털어 놓는다. 톰은 매기가 다시 필립을 만난다면 아버지에게 폭로하겠다고 위협함으로써 다시는 필립을 만나지 않겠다는 맹세를 받아낸다. 뿐만 아니라 톰은 매기가 필립을 마지막으로 만나는 장소까지 동행한다. 톰은 매기의 어리석음을 이용한다고 필립을 비난하다가, 필립의 신체적 불구까지 언급하면서 그를 모욕한다. 매기는 톰의 이런 행동에 그를 비겁하다고 비난한다. 필립과 강제로 헤어진 매기는 필립이 받은 모욕 때문에 마음이 아프지만, 이제 더 이상 아무 것도 감출 필요가 없다는 사실에 일면 알 수 없는 안도감을 느낀다.

6장 힘들게 얻은 승리

삼 주 뒤에 여느 때보다 일찍 귀가한 톰은 기쁨을 억제하며 아버지에게 그간 저축한 돈을 세어보라고 한다. 털리버 씨는 아직도 빚을 갚기에는 300파운드가 모자란다고 낙담하지만, 톰은 밥 제이킨과 동업하여 번 320파운드로 빚을 다 갚게 되었다고 설명한다. 아버지께서 내일 골든 라이언에서 채권자들에게 빚을 갚기로 되어 있다는 톰의 설명에, 온 가족은 몹시 기뻐한다. 너무 기뻐서 밤늦게까지 잠을 못 이루다가 잠시 잠든 털리버는 웨이컴을 움켜잡는 꿈을 꾸다 깜짝 놀라 깨어난다.

이 극적 사건이 주는 기쁨을 고조시키기 위해 시작 문단에서 과거 시제가 현재 시제로 바뀐다.

7장 결산일

다음날 빚을 청산하는 골든 라이언 모임에서 예전 모습을 되찾은 털리버는 자신의 정직함과 아들에 대해 긴 연설을 한다. 짤막하게 말한 톰은 친척들의 칭찬을 한 몸에 받는다. 그러나 이 기쁜 날은 비극으로 끝나고 만다. 왜냐하면 집으로 돌아오는 도중 돌코트 물방앗간 앞에서 웨이컴을 만난 털리버 씨가 승리감에 도취되어 웨이컴을 말채찍으로 때리는 사건이 발생했기 때문이다. 루크는 웨이컴을 부축하여 말에 태우는 한편, 매기는 아버지를 제지한다. 아버지는 이 사건으로 탈진한 데다 밤새 병세가 악화된 탓에 다음 날 아침 돌아가신다. 털리버는 톰에게 물방앗간을 되찾고 자기 대신 어머니와 매기를 잘 돌봐달라고 신신당부하고 죽는다. 매기와 톰은 함께 부둥켜안고 울면서 아버지의 죽음을 애도한다.

해설

5권 후반부에서 필립을 사랑한다는 매기의 선언, 매기와 필립의 만남을 발견한 톰, 집안의 빚을 청산하는 톰, 털리버의 죽음 등 많은 사건이 신속하게 진행된다. 소설 후반부에서 더욱 악화될 톰과 필립, 그리고 이 두 사람과 매기의 힘든 관계가 여기서 그려진다.

4장에서 필립이 사랑을 고백하자 매기는 놀란다. 아직 어린 매기는 연민과 동정심 때문에 그를 만나고 있었기 때문이다. 매기와 필립의 관계는 나중 스티븐과의 관계를 암시한다. 검은 머리 여주인공이 금발 여주인공의 행복을 빼앗는 것을 매기와 루시의 관계에 적용하는 필립의 말에 매기는 화를 내지만, 이것은 나중 사건의 전조이다. 또한 키 큰 매기가 구부려 필립에게 키스해 주는 장면은 부자연스레 뒤바뀐 남녀의 역할 전도를 암시한다. 여자처럼 수줍고 예민한 필립은 이후 남성적 힘을 지닌 스티븐과 매우 대조적이다.

피부가 검은 여성과 어두운 여성이라는 모티프는 검은 눈과 검은 머리카락, 검은 피부 등 매기의 독특한 외모를 강조하기 위해 종종 사용된다. 명암의 모티프는 도슨가와 털리버가의 대조와도 관련된다. 털리버가가 검은 피부를 지닌 반면, 도슨가는 하얀 피부를 지녔다. 도슨가와 세인트 오그스 사람들은 아름다운 루시 딘을 부러워하며, 그녀의 외모가 문화적으로 더 환영받는다.

5장에서 매기를 잘 돌봐준 필립이 톰보다 나은 인물로 제시된다. 자기 체념과 충만한 인생의 추구 사이에서 겪는 매기의 갈등은 가족에 대한 의무와 필립이 제공하는 것을 따르려는 이기적인 욕망간의 갈등으로 바뀐다.

한편 매기는 톰의 강요로 필립과 헤어진데 대해 반발하면서 동시에 일종의 "안도감"(451)을 느낀다. 이러한 모순된 반응은 불구자인 필립에게 남성적 매력이 없다는 사실과 필립과의 관계 때문에 아버지가 더욱 상심하지 않기를 바라는 그녀의 마음에서 비롯된 것이다. 또한 그녀가 필립과의 만남 자체보다 이 만남을 가족들에게 숨겨야 한다는 사실 때문에 더 괴로워한다는 점에서 화자는 이 안도감을 "숨기는 것에서 벗어난 느낌"(451)으로 묘사하기도 한다. 마지막 문단에서 매기와 필립의 불안한 관계가 강조된다. 이 관계는 매기의 관점으로 그려져 있기 때문에 애매모호하긴 하지만, 그녀가 의무감으로 필립을 배려한다는 사실이 암시된다.

집안의 파산 이후 이들 남매의 관계는 크게 변한다. 가령 필립과 매기의 만남이 발각된 뒤 나누는 톰과 매기의 대화에서 이런 변화가 발견된다. 톰은 경제활동에서 얻은 자신감을 바탕으로 경제적으로 무력한 누이에게 복종을 강요한다.

6장에서 털리버에서 톰으로 가장이 바뀌지만, 털리버의 복수심은 여전히 톰에게 큰 영향을 미친다. 털리버는 웨이컴에게 복수하는 꿈을 꾸는데, 이 꿈을 통해 이후 벌어질 웨이컴에 대한 실제 공격이 준비된다. 한편 털리버 부인의 줄어든 열쇠꾸러미는 사회적 몰락뿐 아니라, 살림에 대한 도슨가의 관심을 나타낸다.

7장에서 톰은 빚을 갚으려는 자신의 노력이 아버지의 웨이컴 공격 때문에 망쳐져 몹시 낙심하는데, 여기서 톰의 자기연민이 엿보인다. 반면 매기는 이런 자기 연민 없이 아버지에게 연민을 느낀다.

털리버는 죽기 전 여동생에게 잘해주라고 톰에게 신신당부한다. 톰은 웨이컴에 대한 복수는 잘 기억하지만, 아버지의 너그러운 마음은 부족한 탓에 이 부탁을 지키지 못하게 된다.

주해와 중요 어구

<4장>

- rolls: 둘둘 만 악보 종이
- Rebecca: 소설에 등장하는 인물이다.
- woof: 직물, 천

<5장>

- yallow: 노란 (yellow)
- bell: 미인 (belle, beauty)
- Pharisee: 바리새인, (종교상의) 형식주의자, 위선자

제6권 너무도 큰 유혹

| 1장-4장 |

줄거리

1장 낙원의 이중창

매기의 사촌인 루시 딘은 아버지가 관여하는 게스트 회사의 동업자 아들이자 비공식적 약혼자인 스티븐 게스트와 이야기를 나누고 있다. 잘생긴 부잣집 아들 스티븐의 여유 있는 태도는 세인트 오그스에서 가장 큰 제유공장과 부두를 소유한 집안에서 나온 것이다. 루시는 스티븐에게 아버지가 돌아가신 뒤 다른 곳에서 지난 2년간 힘든 교사생활을 하던 매기가 곧 돌아올 거라 알려준다. 매기는 첫 휴가를 맞아 지난 2년간 돌아간 루시의 어머니 대신 루시의 집안을 돌봐주는 털리버 부인 곁에서 휴가를 보내러 온다는 것이다. 루시와 스티븐은 공식 약혼자는 아니지만, 서로 좋아하는 사이이다. 두 사람은 필립과 함께 하기로 계획했던 음악 합주가 필립을 피하는 매기 때문에 망쳐질까 봐 걱정한다. 스티븐은 매기가 털리버 부인처럼 뚱뚱한 금발에 좀 모자란 여성일 거라 예상하지만, 루시는 스티븐이 그렇게 상상하게 내버려둔다.

스티븐은 피아노로 가서 루시에게 이중창을 같이 하자고 청하며, 몇 곡을 노래한 뒤 떠난다. 루시와 결혼할 생각인 스티븐은 아버지와 누나들의 반대를 극복할 수 있을 거라 생각한다.

2장 첫인상

매기는 지난 이년간 가난하고 힘든 교사생활에서의 우울한 기억을 떨쳐 버리기 어렵지만, 루시와 이런 저런 이야기를 나눈다. 매기에게 연민을 느낀 루시는 매기가 멋진 휴가를 보내게 도와줄 생각이다. 매기는 수년 간 체념의 세월 끝에 잠시 머문 루시의 집에서 유한 여성의 생활을 경험한다. 매기는 필립이 경고한 대로 "욕망과 동경"이 되돌아오자, 단조로운 생활에 만족하려던 결심에서 아주 멀어진 자신을 깨닫는다.

한편 스티븐은 예상과 달리 검은 머리에 매우 아름답고 지적인 매기에게 자기도 모르게 이끌린다. 그는 다른 여성과 달리 자신의 찬사에 별 반응을 보이지 않는 매기에게 묘한 흥미를 느낀다. 아울러 사회에 수입의 2/3를 기부한 켄 목사(Dr. Kenn)와 그의 자선 활동이 언급된다. 스티븐의 제안으로, 루시와 함께 스티븐이 젓는 보트를 탄 매기는 즐거워한다. 보트에서 내릴 때 발이 미끄러진 매기는 스티븐이 잡아주자 "자신보다 더 크고 강한 사람"(492)의 보살핌을 받는 것이 매우 기분 좋은 일임을 깨닫는다.

집에 도착하니 와 있는 풀리트 부부를 보고 놀란 스티븐은 서둘러 가버린다. 매기의 남루한 옷차림에 놀란 풀리트 이모는 자기 옷을 몇 벌 주겠다고 약속한다. 이어 매기의 검은 피부가 화제에 오르자, 매기는 늘 되풀이되는 이 화제에 지친 심경이 된다.

3장 비밀을 털어놓는 시간

그날 밤 침대에 누운 매기는, 아까 낮에 들은 스티븐의 노래와 시선을 생각하고 흥분한 나머지 잠을 이룰 수가 없다. 내일 필립이 올 거라는 루시의 말에, 매기는 놀란다. 매기는 다시는 필립을 만나지 않기로 톰과 약속했기 때문에 내일 필립을 만나려면 톰의 허락을 미리 받아야 한다고 말한다. 마침내 매기가 루시에게 필립과의 관계를 다 털어 놓자, 이 이야기에 감동한 루시는 매기와 필립을 다시 맺어줄 방법을 모색한다. 매기는 루시의 이런 계획을 듣고 갑작스레 "한기"를 느낀다.

4장 남매

매기는 현재 밥 제이킨 부부와 거주하는 톰을 방문한다. 그녀는 오빠의 현재 생활과 예전에 살던 집이 너무 대조적이라 서글픈 심정이다. 밥의 아내는 남편에게 달려가 매기의 방문을 알린다. 톰이 예전과 달리 우울해졌다는 밥의 걱정에, 매기는 오빠가 루시를 좋아할지도 모른다고 추측한다.

필립을 만나게 해달라는 매기의 간청에, 톰은 그녀를 믿을 수 없다고 냉정히 잘라 말한다. 매기는 오빠의 생각이 일면 맞지만, 오빠가 자기에 대해 잘 모른다고 생각한다. 그녀는 오빠에게 필립을 이제 연인이라기보다 그저 친구로 생각한다고 말한다. 톰이 아직 저지르지도 않은 잘못 때문에 매기를 비난하는 것은 잘못이다. 마침내 톰은 매기가 필립을 만나도 좋다고 허락해준다.

■ 해설

이 소설에는 두 개의 비극이 있다. 털리버의 비극이 5권 끝에서 그의 죽음으로 끝나는 반면, 매기의 비극은 6권에서 시작된다. 5권 끝과 6권 시작 사이에 몇 년의 세월이 흘러, 매기는 이제 다 자란 19세의 여성이 되었다. 6권 앞에서 키가 크고 매력적인 여성으로 성장한 매기의 매력이 강조된다. 5권과 6권 사이에서 매기는 자기부정을 포기한 채 더 충만한 삶을 원하는 쪽으로 바뀌었다. 이런 신체적·정신적 변화를 알아야 이후 그녀의 행동을 이해할 수 있다.

이제까지는 톰의 킹즈 로튼 학교생활을 제외하면 물방앗간이나 그 주변에서 모든 사건이 일어났다. 이제 6권부터 세인트 오그스 읍으로 배경이 바뀜에 따라 사회적 배경도 넓어진다. 남루한 헌옷을 입은 매기가 더 아름다워 보이듯, 세인트 오그스 읍이라는 사회적 배경에서 보면 그녀가 더 매력적인 여성으로 보인다. 그녀는 상류사회 예절을 배우지 않아 순진하고 솔직하기 때문에, 여자들에게는 경쟁자로 보이지 않으며 남성에게는 신선한 매력이 있다.

6권 1장에서 어린 시절 모든 면에서 매기의 정반대였던 루시가 다시 등장한다. 아버지가 돌아가신 뒤 생계 때문에 교사로 일하는 매기와 달리, 루시는 여유 있는 유한 상류여성의 삶을 즐기고 있다.

스티븐은 늘 노래를 부르거나 흥얼거리며, 피아노 옆에 서 있는 등 항상 음악과 관련되어 묘사된다. 이제 스티븐이 등장하자 음악과 관련되었던 필립의 비중이 줄어든다. 테너를 하는 필립에 비해, 스티븐은 노래를 아주 잘 부른다. 음악은 구애와 관련된 상징이 된다.

스티븐은 필립처럼 모호하게 그려지며, 첫 장면에서 스티븐의 경박한 태도는 매우 인상적이다. 스티븐은 지나치게 자기를 의식하지만, 예민한 측면도 있다. 한편 그의 가볍고 경박한 태도는 톰의 사업적 태도와 대조된다.

어리석을 것 같은 루시는 착하고 순진한 여성으로 등장하며 아울러 그녀의 순수함이 강조된다. 즉 스티븐과의 관계는 "낙원에서의 듀엣"이다. 이제까지 속으로만 겪던 매기의 갈등은 6권에서 스티븐과 필립, 톰이라는 세 남성과의 갈등으로 표면화된다. 너무나 다른 스티븐과 매기는 서로 이끌린다. 즉 스티븐은 매기처럼 솔직하고 열정적인 여성을 만나본 적이 없기 때문에 교태 없는 매기의 아름다움에 강한 인상을 받는다. 한편 스티븐처럼 강한 남성을 가까이 본 적이 없는 매기도 스티븐에게 강하게 끌린다. 강한 남성적 매력 등 여러 면에서 스티븐과 필립은 매우 대조된다. 대화를 통해 나중에 매기를 도와줄 켄 목사가 소개된다.

3장에서 매기에게 "거친 열정과 상상"으로 이루어진 음악이 묘사된다. 매기가 루시에게 필립을 사랑한다고 말할 때 작가는 이것이 사실이 아니라고 두 번 암시한다. 첫째 필립과 결혼하리라는 암시에 매기는 갑작스레 "한기"를 느끼는데, 이는 무의식적으로 그녀가 필립을 사랑하지 않음을 나타낸다. 둘째, "진심일 때조차 확신 때문에 가끔 눈이 먼다"는 화자의 말이 그것이다. 4장에서 톰이 루시를 좋아할지 모른다는 밥의 말은 더 이상 진전되지 않는다. 톰은 사랑보다 엄격한 올바름에 입각하여 매기를 대한다. 이는 그가 아버지의 당부대로 매기를 돌봐주려 하지만, 그리티 고모를 하해와 같은 사랑으로 대한 아버지와 달리 여동생을 물질적으로만 돌보고 늘 권위적 태도로 명령하려 드는 데서 입증된다. 이런 태도는 집에서 쫓겨난 매기를 자기 집에 받아들여준 밥의 너그러움과 매우 대조적이다.

주해와 중요 어구

<1장>

- 'king charles': 스패니얼 개의 일종
- da capo: (이태리어) 시작부터, 처음부터 반복하여

"유다의 키스" (by Gustave Doré, 1866)

- ratafias: (비스킷 종류) 과실주
- Lucifer: 타락한 대천사. 성경「이사야서」 14: 12 참조
- Turpin: 말을 잘 타는 것으로 유명한 강도(1706-39)
- The Creation: 하이든(Haydn, 1732-1809)의 작곡
- Raphael: 대천사(archangel)의 하나
- chiffoniers: 거울이 달린 옷장. 잡동사니를 넣기 위한 서랍 달린 가구
- 'the more familiar rodents': 쥐
- Judas: 그리스도를 배반한 가롯 유다

(Judas Iscariot)

<2장>

- aerial: 가냘픈(slight)
- Cinderella: 신데렐라
- alumnus: 학생, 생도
- Purcell: 영국의 작곡가(1659-95)

헨리 퍼셀(by John Closterman)

<3장>

- Sir Andrew Aguecheek: 셰익스피어의 『12야』(*Twelfth Night*)에 나오는 인물

<4장>

- taters: 감자(potato)
- biler: 보일러(boiler)
- cutish: 영리한(acute)
- worrets: 걱정(worries)
- glumpish: 우울한(gloomy)

| 5장-8장 |

▌줄거리

5장 과묵한 톰이 입을 열다

딘 이모부는 다음날 떠날 회사 출장에 관해 지시하려고 톰을 부른다. 그는 톰에게 급변하는 사업계에 관해 일러주면서 7년간 게스트 회사에서 열심히 일한 그의 활약상을 칭찬한다. 마침내 딘 이모부는 톰을 회사

의 동업자로 만들어 그간의 수고에 보답하고 싶은데, 게스트 씨도 자기와 같은 생각이라고 알려준다. 톰은 이 기회에 현재 웨이컴이 소유한 돌코트 물방앗간을 구입해 자기가 경영하게 해달라고 부탁하자, 딘 이모부는 한번 알아보마 약속한다.

6장 인력의 법칙

루시 덕분에 세인트 오그 사회에 소개받은 매기는 꾸밈없는 태도로 많은 남녀에게 흠모의 대상이 된다. 매기는 루시와 함께 인생의 아름다움과 흠모, 음악 감상 등 여태까지 해보지 않은 한가한 귀부인의 생활을 즐긴다. 한편 루시는 스티븐이 매기에게 끌리고 있다는 사실을 전혀 눈치 채지 못한 채, 매기가 스티븐과 잘 지내주어 고마울 따름이다.

어느 날 저녁 스티븐은 루시가 외출한 사이 혼자 있는 매기를 갑자기 방문한다. 그러나 이 방문은 우연한 방문이 아니어서 둘 다 곤혹스럽다. 매기는 정원이나 같이 산책하자는 스티븐의 제의에 아무 말없이 같이 거닐다가 스티븐이 팔짱을 끼자 든든한 보호를 받는다고 느낀다. 매기는 이런 자기 행동의 동기가 무엇인지 생각해보다가 집에 들어와 울음을 터뜨린다. 스티븐은 당구장에서 매기를 생각하며 저녁을 보내다가 앞으로는 좀 더 자제하기로 결심한다.

7장 필립의 재등장

매기는 다음 날 루시의 집에서 스티븐보다 먼저 온 필립을 만나자 마음의 동요를 느낀다. 매기는 톰이 그와의 만남을 허락했지만, 곧 다른 가정교사 자리를 얻어 마을을 떠나야 한다고 말한다. 필립은 그녀가 고통에서 벗어나 자기체념으로 돌아가려 한다고 말린다.

그 때 스티븐이 도착하며, 필립은 그의 강하고 남성적인 체격과 힘찬 목소리에 압도된다. 필립이 예전에 매기에게 불러주었던 "난 아직도 당신을 사랑해"를 피아노로 치자, 매기는 양심의 가책 같은 걸 느낀다. 그러나 스티븐이 노래를 시작하자, 매기는 그의 노래에 도취된다. 필립은 매기와 스티븐이 주고받는 눈길을 통해 그들의 관계를 어림짐작하게 된다.

점심시간에 들어온 딘 씨가 필립에게 아버지의 물방앗간에 대해 묻자, 루시는 그날 저녁 아버지에게 왜 그런 질문을 했는지 여쭤본다. 딘은 톰이 돌코트 물방앗간을 웨이컴으로부터 되찾고 싶어 한다고 알려준다. 루시는 그 얘기를 듣고 자기가 필립과 이야기해보겠다고 한다. 별다른 방도가 없었던 딘은 그렇게 해보라고 허락한다.

8장 웨이컴의 새로운 면모

루시는 필립과 매기의 사랑을 방해하는 장애물은 웨이컴이라 믿고 이 장애물을 없애고자 필립에게 돌코트 물방앗간을 되찾으려는 톰의 의사를 알려준다. 필립은 톰의 물방앗간 구입을 도와주면 매기와의 관계가 잘 될 거라 믿고, 아버지에게 자기가 그린 스케치를 보러 스튜디오에 오라고 청한다. 두 장의 매기 초상화를 본 웨이컴 씨는 아들에게 매기와의 관계를 묻고 화를 내지만, 필립은 매기를 사랑한다고 아버지에게 말씀드린다. 필립은 매기가 집안싸움과는 아무 관계가 없으며 마을 사람들은 자신보다 매기를 낫게 여긴다고 말씀드린다. 이에 웨이컴은 여자는 당사자보다 집안이 더 중요하다고 대답한다.

그날 저녁 결혼에 대한 대화가 재개된다. 필립의 불구가 늘 마음에 걸렸던 웨이컴은 죽은 아내를 생각해 필립과 매기의 결혼뿐 아니라, 물방앗간을 게스트 회사에 파는 데 동의한다. 루시가 이 소식을 아버지에게 말씀드리자, 딘은 좀 놀라지만 그 문제에 깊이 개입하지 않는다.

해설

6권 5장에서는 앞으로 일어날 사건, 즉 톰의 물방앗간 구입을 도와 필립을 매기와 결혼시키려는 필립 아버지와 필립 간의 갈등이 준비된다. 딘 이모부처럼 실용적인 톰은 사업에만 관심이 있다.

6장에서 성격뿐 아니라 환경이 인물에 미치는 영향이 묘사되며, 또한 이런 언급을 통해 매기가 비극적 인물로 묘사된다. 6장에서는 소설 전체의 배경이자 매기와 관련된 강 이미지의 특별한 사용에 주목해야 한다. "지도에 그려지지 않은 강의 길 같은… 매기의 운명: 우리는 강물이 많고 빠르며, 강에는 모두 똑같이 최종적으로 집이 있다는 것만 알고 있다."

7장에서 독자는 몇 가지 점에서 매기의 새로운 사랑을 받아들이게 된다. 필립이 들어올 때 필립과 매기가 신체적으로 서로 어울리지 않는다는 점은 루시에게도 충격적이다. 신체적으로 필립과 스티븐 중에서는 스티븐이 훨씬 유리하다. 필립의 테너 목소리는 가늘고 매기에게 "흥분 대신 유감스런 감정"만 주지만 온 방안의 공기를 진동시키는 스티븐의 목소리는 매기에게 큰 영향을 준다. 이처럼 매기와 스티븐의 관계에는 필립에게서 충족되지 않았던 성적 이끌림이 들어있다. 서로 이끌리는 매기와 스티븐의 사랑은 음악처럼 그들의 의지와 무관하게 자연발생적인 것이다. 필립이 매기의 배우자가 될 가능성은 점점 희박해지지만, 인간의 본성에 대한 그의 이해력은 강조된다.

이 첫 만남에서, 매기는 루시의 사랑을 빼앗을 거라는 필립의 말을 기억한다. 필립은 매기와 스티븐의 사랑을 즉시 눈치 채지만, 아직 이것을 믿지 않으려 한다.

8장에서 웨이컴은 여성 개인보다 가문이 더 중요하다는 당대 사회의 여론을 언급한다. 또한 죽은 아내에 대한 웨이컴의 사랑을 통해 그가 이전보다 더 인간적인 인물로 그려진다.

주해와 중요 어구

<6장>

- *gaucherie*: (불어) 어색함, 서투름.
- Novalis: 독일 작가(1772-1801)
- Miss Sophia Western: 헨리 필딩 (Henry Fielding, 1707-54)의 소설『톰 존즈』(*Tom Jones*, 1749)에 나오는 인물
- cribbage : 2-4명이 하는 카드 게임
- pool: (돈을 걸고 하는) 당구의 일종

<7장>

- canterbuuy: 악보대, 독서대
- 'Somnambula': 벨리니(Bellini, 1803-35)의 오페라
- accompt: 계산, 셈 (account)

| 9장-11장 |

줄거리

9장 자선 바자회

세인트 오그스 읍의 바자회 날에 매기는 루시를 도와 물건을 팔며, 세련되고도 소박한 매기의 아름다움은 많은 사람의 눈길을 끈다. 후일 사람들은 매기에게 뭔가 "대담한" 점이 있다고 회상할 것이다. 그녀에게 말을 거는 웨이컴의 모습을 보고, 스티븐은 매기에게 말을 걸어본다.

매기와 말하던 스티븐은 그들을 지켜보는 필립의 존재뿐 아니라, 긴장한 매기 때문에 매기와 필립의 밀접한 관계를 눈치 채게 된다. 스티븐이 필립은 매기를 기쁘게 해줄 수 없을 거라고 하자, 스티븐의 말에 화가 난 필립은 스티븐을 위선자라고 비난한다.

바자회가 끝나자, 매기는 루시에게 이틀 뒤 모스 고모를 방문한 다음 그 달 말경 다른 가정교사 자리를 얻어 떠날 것이며 톰 때문에 필립과는 결혼할 수 없다고 말한다. 이제 필립과 매기의 결혼을 막는 방해물은 없다고 매기를 설득하려던 루시는 이 말을 듣고 몹시 슬퍼한다.

10장 마법의 주문이 깨지다

모스 고모네 집을 방문하기 전날 밤 매기는 스티븐의 집인 파크 하우스(Park House)에서 열린 무도회에 참석한다. 처음에 매기는 춤을 추지 않지만, 음악이 너무 좋아 못생긴 젊은이와 춤춘다. 스티븐은 이제 매기를 보면 필립이 연상되기 때문에 그녀 가까이 다가가지 않지만, 옛날 시골춤(country-dance)을 추는 그녀를 보자 가까이 있고 싶어진다. 춤이 끝나자 스티븐은 매기에게 산책하자고 하며 온실로 나간다. 그가 갑자기 매기의 팔에 키스하자, 화가 난 매기는 스티븐에게 이제 그들의 관계는 끝났다고 말한다. 스티븐은 용서를 구하지만, 매기는 가버린다. 매기는 자기가 루시를 배반했다는 생각 때문에 몹시 괴롭다.

다음날 아침 모스 고모네 집으로 출발하기 전 필립이 방문한다. 필립이 어린 시절을 회상하며 그들이 결합할 가능성은 없냐고 묻자, 그녀는 톰 때문에 불가능하다고 대답한다. 그게 유일한 이유냐고 묻는 필립에게 매기는 그렇다고 대답한다. 필립은 매기를 믿지만, 그럼에도 불구하고 그녀의 대답은 만족스럽지 않다.

11장 오솔길에서

매기는 모스 고모네 집에 가서 4일간 머문다. 그런데 뜻밖에도 스티븐이 이곳까지 찾아온다. 그는 서로 사랑한다면 결혼하는 게 옳다고 매기를 설득한다. 그러나 매기는 스티븐과 결혼한다면 루시나 필립과의 이전 관계를 배반하게 된다고 생각한다. 그녀는 때로 사랑보다 의무가 더 중요하다고 말한다. 그녀는 스티븐에게 자기도 그를 사랑하지만 헤어져야 한다고 말하면서 키스하고 헤어진다. 고모 집에 돌아온 매기는 고모 품에 안겨 운다.

▒ 해설

세인트 오그스 읍의 바자회가 그려진 9장에서 이 사회가 매기에게 갖고 있는 견해와 사회적 배경, 그리고 다가올 사건이 암시된다. 여성 구경꾼의 관점에서 매기가 그려지는데, 이로써 매기에 대한 사회의 견해가 강조되며 남성들에게 인기 많은 매기가 훗날 좋지 못하게 기억될 거라는 사실이 암시된다.

9장 제목인 "성장한 자선 바자회"는 자선을 베풀어야 할 이 사회에 정작 관용이 부족하고 위선이 가득 하다는 사실이 암시된다. 등장인물이 총동원된 이 바자회에서는 매기의 내면적 갈등이 밖으로 드러난다. 하루 종일 매기를 지켜보는 필립의 모습에서 매기에 대한 그의 사랑이 분명하게 드러나지만, 스티븐과 매기의 상호 이끌림 또한 분명하게 표현된다. 필립은 스티븐과 매기의 이끌림을, 스티븐은 필립과 매기의 관계를 각각 알아차리게 된다.

매기는 여유 있는 문화생활을 동경하지만, 그녀에게는 열정과 애정, 어릴 적 유대에 대한 추억 때문에 자기 욕망을 끝까지 추구할 수 없다.

그녀는 스티븐에게서 벗어나고 싶어 하면서도 자기 감정을 완전히 추스르지 못한다. 그녀는 자신을 필립과 맺어주려는 루시의 계획에 대해 톰을 핑계로 무마한다.

6권 내내 그려진 세인트 오그스 사회가 11장에서 처음으로 위선적이며 위협적인 사회로 그려진다. 스티븐은 강하고 잘 생겼지만, 자신에 대해 잘 모르는 자기중심적인 젊은이로 그려진다. 그는 톰이나 필립 등 다른 인물에 비해 어린 시절의 묘사 없이 너무 짧은 시간에 그려졌기 때문에, 대부분의 독자는 매기가 왜 그에게 끌리는지 매기에게 공감하기 어렵다.

오비드의 『변신』, 1581년 판에 묘사된 파이쏜의 모습 (by Virgil Solis)

주해와 중요 어구

<9장>

- seigniors: 신분이 높은 귀족
- orchestra: (고대 로마 극장의 무대 앞) 귀빈석
- Caucasus: 코카서스 산맥
- Python: 그리스 신화에서 아폴로에게 살해된 거대한 뱀
- Correggio: 종교적 주제를 그린 유명한 이태리 화가 (1489-1534)

<10장>

- caps: 여성의 머리에 쓰는 모자, 두건

<11장>

- avatar: 화신

| 12장-14장 |

▒ 줄거리

12장 가족 파티

그 주말에 털리버 가족이 웨이컴으로부터 물방앗간을 되찾은 것을 축하하는 파티가 풀리트 이모부 집에서 열린다. 털리버 부인의 언니들은 다시 살림을 시작할 털리버 부인에게 몇 가지 물건을 사주기로 하며, 풀리트 부인과 글레그 부인은 매기가 다른 고장의 가정교사로 떠나려는 걸 못마땅해 한다.

모임이 끝나자 루시는 톰에게 털리버 부인과 자기를 집에 데려다 달라고 하면서, 톰이 물방앗간을 되찾도록 필립이 도와주었다는 사실을 이 기회에 밝힌다. 그녀는 이런 얘기를 하면 톰이 필립에게 호의를 갖고 필립과 매기의 결혼을 허락할 거라 기대했던 것이다. 그러나 톰은 매기와 필립의 결혼에 절대로 동의할 수 없다면서, 매기가 진짜로 필립과 결혼하는 게 아닌가 의심한다.

13장 물결 따라 흘러

가정교사로 떠나기 전 마지막으로 딘 이모부 댁을 방문하러 세인트 오그스 읍에 온 매기는, 이 집에 같이 초대받은 스티븐을 만나게 된다. 다시는 매기를 만나지 않기로 결심했던 스티븐은 매일 저녁 매기를 만난다. 그들은 곧 헤어질 것이므로 사랑을 좀 표현해도 된다며 자신들의 입장을 정당화한다.

루시는 아버지와 함께 강가 마을에 간 다음, 거기서 매기와 필립을 만날 계획을 세운다. 루시가 다음 날 매기와 함께 탈 보트를 저어달라고 필립에게 부탁하자, 필립은 그렇게 하겠노라 약속한다. 그러나 그날 저녁 매기와 스티븐의 강력한 상호 이끌림을 감지한 필립은 스티븐에 대한 질투 때문에 밤을 꼬빡 지새운다. 다음날 아침 그 여파로 몸이 아파 약속을 못 지키게 된 필립은 스티븐에게 자기 대신 노를 저어 달라고 부탁한다.

한편 루시는 필립과 매기가 단 둘이 보트를 타도록 일부러 아버지와 함께 먼저 린덤(Lindum)으로 떠났다. 필립 대신 매기와 단 둘이 보트를 타게 된 스티븐은 루시와 만나기로 했던 루크레스(Luckreth)를 지나친다. 스티븐은 뒤늦게 이 사실을 알게 된 매기에게 스코틀랜드로 같이 도망친 뒤 결혼하자고 제안한다. 매기는 화를 내며 이 제안을 거부한다. 그들은 때마침 지나가던 상선을 얻어 타고 머드포트(Mudport)에서 내린다. 집으로 돌아가기에는 너무 늦었기 때문에, 매기는 다음 날까지 기다려야 한다. 지친 데다 긴장이 풀린 매기는 그날 밤 잠이 든다.

14장 깨어남

매기는 새벽 무렵 스티븐과 물 위에 있는데, 성모 마리아가 탄 뱃사공 세인트 오그의 보트가 다가왔다 가버리는 꿈을 꾼다. 꿈에서 깨어난 매기는 그제서야 자신이 당시 사회에서 금하는 큰 잘못을 저질렀다는 사실을 깨닫는다. 꿈속에서 세인트 오그와 같이 있던 성모 마리아는 루시로, 뱃사공은 필립으로, 마지막으로 그녀를 쳐다보지도 않고 노를 저어 지나가는 톰으로 바뀌었던 것이다. 톰을 부르다가 같이 가라앉기 시작하는 꿈에서 매기는 깨어난다. 함께 여인숙에 들어간 매기는 스티븐에게 헤어지자고 말한다. 스티븐은 함께 머물자고 말하지만, 매기는 다른 사람을 불행하게 만들면서까지 자신의 행복을 추구할 수는 없다고 대답한다. 결국 스티븐은 매기와 헤어지고, 매기는 마차를 타고 집으로 돌아가는 머나먼 여행을 시작한다. 그러나 마차가 집과 반대 방향으로 가버리는 바람에, 매기는 그날 밤 요크(York)에서 자고 다시 다음날 집으로 출발해야 할 형편에 놓인다.

▒ 해설

12장에서 잘 죽는 것과 "열쇠" 이미지에 내포된 중대한 의미에 주목해야 한다. 톰이 특별히 루시를 좋아함에도 불구하고, 매기와 필립의 결혼 허락을 받으려던 루시의 노력은 좌절된다. 톰에게는 올바름이 루시에 대한 사랑보다 더 중요했던 것이다. 13장의 보트 장면은 6권 6장에서 외부적인 사건이 인물의 심리와 운명에 미치는 영향에 대한 화자의 지적에서 암시된 바 있다. "물결 따라 흘러"라는 6권 13장의 제목과 이 장의 주요 사건에서 흐르는 강물을 따라 떠내려갈 뿐 자신에게 일어나는 사건에 적극 대처하지 못하는 매기의 우유부단한 모습이 그려진다. 그녀는 자기가 처한 상황에 저항하지 않고 흘러가게 내버려둠으로써 이런 사건을 초래했던 것이다. 겹친 우연으로 스티븐과 단 둘이 배를 타고 목적지를 지난 것을 안 다음에도 그녀는 스티븐의 영향 하에 의지와 판단력이 마비된 상태에 놓여있다. 이러한 의지의 마비를 초래한 그녀의 결핍감은 스티븐이 누리는 넉넉한 외적 조건에 취약할 수밖에 없는 중간 계급 여성의 결핍감과 어느 정도 관련되어 있다. 14장에서 매기의 꿈은 톰이 화내지 않길 바라는 그녀의 간절한 소망과 홍수 속에서 익사하는 결말을 암시한다. 의무와 욕망 사이에서 갈등하던 매기는 언제나처럼 충동적으로 행동한다. 그녀는 이 일 때문에 그들의 입장이 얼마나 변했는지 미처 깨닫지 못하지만, 그럼에도 불구하고 그녀의 결정은 불가피한 것이다.

매기는 스티븐과 보트를 탄 날 꿈에서 톰과 루시가 노를 저어 지나간다. 이 때 톰은 세인트 오그에, 루시는 성모 마리아에 비교될 수 있다.

이 꿈은 매기가 스티븐과 밤을 지낼 때 자기가 친구들에게 입힌 상처와 자신의 연민 부족에 대한 매기의 두려움을 시사한다. 그러나 홍수가 났을 때 톰의 안전만 생각하면서 노를 젓는 매기는 바로 뱃사공 오그를 대변한다. 이런 맥락에서 보트를 타고 톰을 구한 매기는 현대의 성인이라 할 수 있다.

▒ 주해와 중요 어구

<12장>

- cockatrices: (한번 노리기만 해도 사람이 죽는다는 전설상의) 뱀
- Indy: Indian

<14장>

- tarpauling: 타르 칠한 방수포, (선원의) 방수 외투

제7권 최후의 구조

| 1장-3장 |

줄거리

1장 물방앗간으로의 귀환

톰은 매기와 스티븐이 마을에서 사라진지 5일 뒤에, 물방앗간 밖에 혼자 서 있다. 물방앗간을 되찾은 그의 기쁨은 매기 때문에 엉망이 되어 버렸다. 톰은 머드포트에서 스티븐과 함께 있는 매기의 모습을 보았다는 밥의 말을 듣고, 매기가 결혼하지 않은 채 돌아올 최악의 사태를 예상했다. 톰은 돌아온 매기의 말을 다 듣지도 않고 이제 그녀는 자기와 무관한 존재라고 말한다. 그는 매기가 루시를 속이려고 필립을 이용했다고 비난하면서, 그녀를 물질적으로 부양은 하겠지만 물방앗간에서 나가라고 말한다.

쫓겨난 매기는 어머니와 같이 밥 제이킨의 집에 가서 살게 된다. 밥은 스티븐과 결혼하지 않은 채 돌아온 매기가 매우 곤혹스럽지만, 며칠 동안 아무 것도 묻지 않는다. 며칠 뒤에 밥은 매기의 이름을 따라 지은 자기 아이를 데려다 주며 매기를 위로한다. 며칠 뒤 밥이 용기를 내어 스티븐이 매기에게 나쁜 짓을 하지는 않았는지 물어보자, 매기는 아니라고 대답한다. 켄 목사님을 모셔와 달라는 매기의 부탁에 밥은 목사님이 지금 부인이 돌아가셔서 정신이 없기 때문에 당장은 힘들다고 말한다.

2장 세인트 오그스의 심판

매기가 마을에 돌아왔다는 사실이 곧 알려진다. 매기가 스티븐과 결혼하여 몇 달 후에 돌아왔다면, 세인트 오그스 읍에서는 이 일을 낭만적인 로맨스로 여겨 그녀에게 연민을 보이며 환영했을 것이다. 하지만 현실은 스티븐과 결혼하지 않은 채 돌아온 매기를 바라보는 세상 부인들의 견해와는 전혀 다르다. 마을에서는 매기가 마을 공기를 정화시키기 위해 멀리 떠나주었으면 한다.

매기가 돌아온 지 한 주 뒤에 지금은 네덜란드에 머물고 있는 스티븐이 아버지에게 편지를 보냈다. 그는 자기와 매기 사이에 일어났던 일에 관해 모든 잘못을 자신에게 돌리며 매기에게는 아무 잘못이 없다고 설명하지만, 마을 사람들은 아무도 이 편지를 믿지 않는다.

매기는 루시와 필립이 자기를 어떻게 생각하는지 걱정하느라 마을의 여론 따위에는 신경도 쓰지 않는다. 그녀는 생활비를 벌기 위해 바느질을 시작하고, 마침내 켄 목사님을 만난다. 목사님은 매기를 믿지만, 그녀가 이 마을을 떠나 다른 고장에서 일자리를 구하는 게 지금으로서는 최선책이라고 말한다. 그러나 매기가 세인트 오그스 읍에 계속 머물고 싶다고 하자, 목사님은 이 마을에서 그녀가 할 수 있는 일자리를 알아봐주겠다고 약속한다.

3장 옛 친구들이 우리를 놀라게 하다

뜻밖에도 늘 매기를 비난하던 글레그 부인은 잘못이 있어도 돕는 게 가족의 의무라면서 매기를 돌봐준다. 글레그 부인은 매기에게 자기 집에 오라고 하지만, 매기는 뜻은 고맙지만 따로 살겠다고 사양한다.

매기는 밥을 통해 스티븐과의 결혼을 거부한 그녀의 결정이 옳다고 믿는다는 필립의 편지를 받는다. 필립은 매기를 신뢰하며 그녀가 자신과 루시를 위해 스티븐을 거부했음을 확신한다고 전한다. 그는 편지에서 매기에게 자기 때문에 자책하지 말고 자신의 도움이 필요하면 언제든지 도울 것이며, 아울러 매기가 앞으로 충만한 삶을 누리게 될 거라고 위로한다. 매기는 이 편지를 읽고 아무리 스티븐을 사랑하더라도 타인의 고통을 잊을 수는 없다고 거듭 확신한다.

해설

매기가 세인트 오그스 읍에 돌아와 제일 먼저 직면한 시련은 톰과의 만남이다. 톰은 정의감 때문에 매기를 너무 냉정하게 대한다. 톰을 편애했던 털리버 부인마저 톰이 너무 하다고 느낄 정도다. 1장 끝에서 밥과 매기의 장면은 전혀 남인 밥보다 오빠인 톰이 냉정하다는 사실을 강조한다. 톰은 매기를 계속 부양은 하겠지만, 자기 집에 받아들일 수는 없다고 한다. 이는 동생을 돌봐주라는 아버지의 유언을 망각한 것이다. 톰은 "영원히 손을 씻겠어. 넌 나와 상관없어."라고 말하는데, 털리버라면 결코 이렇게 행동하지 않았을 것이다. 톰이 매기를 집안에서 내쫓는 행동은 매기를 자기 집에 받아들여줬을 뿐 아니라 자기 딸에게 매기의 이름을 붙인 밥의 너그러운 행동과 매우 대조적이다. 밥은 예전에 매기에게 책을 갖다 줬을 때처럼 기사 같은 존재로서, 마을의 누구보다 매기에게 연민을 보인다.

2장에서 작가는 "세상 아내"를 통해 마을의 여론을, 토리라는 청년을 통해 매기에 대한 마을 남성들의 반응을 보여준다. 이로써 매기에 대한 위선적인 판단은 세인트 오그스나 그 사회의 여성들 탓임이 밝혀진다. 다시 말해 세상 아내들의 존재는 사회에 대한 작가의 비판을 전달하는 효과적인 도구가 된다는 것이다. 또한 토리라는 청년은 마치 술집 여자를 대하듯 매기를 대한다. 스티븐과 톰뿐 아니라 마을의 온갖 악의적인 험담은 이기주의에서 나온 것이다. 독자들은 켄 목사처럼 매기가 스티븐과 결혼하는 게 최선이라 믿지만, 문제는 그리 간단치 않다. 한편 필립과 밥, 털리버 부인, 그리고 켄 목사와 글레그 부인은 이기적인 마을 여자들에게 맞선다.

3장에서 털리버 부인은 이전보다 성숙해졌다. 이제 그녀는 그간 겪은 불행에서 뭔가 깨달은 듯하다. 옛날 가구가 사라졌으니 이제 남매를 돌봐야겠다는 결심에서 그녀가 이제 비로소 타인을 이해하고 배려하게 되었음이 암시된다. 필립의 편지에서 그가 다른 인물보다 매기를 잘 이해하고 있다는 사실이 밝혀지며, 이로써 필립을 묘사할 때의 애매한 태도가 처음으로 없어진다. 즉 필립은 신체적으로 불구지만 매기를 깊이 이해하기 때문에 더욱 고귀한 인물이 된다. 그의 편지는 매기와의 마지막 관계를 정리해준다. 매기를 행복하게 해주려고 기꺼이 자신을 희생하는 그의 희생은 매기의 희생보다 고귀해 보인다.

주해와 중요 어구

<1장>

- the warmest department of an asylum: 지옥
- leather: 가죽 끈으로 치다 (때리다) (beat, thrash)
- arter: 후에 (afterwards)
- make no jaw: 조용히 하다. 침묵하다(keep quiet)

<2장>

- *trousseau*: (불어) 혼수 옷가지, 혼숫감
- will put up for the borough: 국회의원으로 선거에 찬성하다(stand for election as a Member of Parliament)
- *physique*: (불어) 물질적 존재(physical presence)
- *nonchalance*: (불어) 편한 태도(ease of manner)
- imbruted: 짐승같이 되다 (brutalised)
- schismatics: 영국 성공회 구성원이 아닌 청교도들

• I should have no stay: I should have no support

<3장>

• extry: 특별히, 여분으로(extra)

| 4장-에필로그 |

▒ 줄거리

4장 매기와 루시

켄 목사는 마을에서 매기의 일자리를 구하지만, 구할 수가 없다. 마침내 자기 아이들의 가정교사로 그녀를 고용하려 하자, 이번에는 켄 목사가 매기와 결혼하려 한다는 헛소문이 돈다.

스티븐의 누나들은 스티븐이 매기와 결혼하고 싶어함을 알고, 스티븐이 루시를 만날 수 있도록 서둘러 루시를 해변으로 데려갈 계획을 세운다. 바닷가로 떠나기 전날, 남몰래 매기를 찾아온 루시는 그녀를 속일 생각이 없었으며 스티븐이 루시에게 돌아갈 거라는 매기의 말에 매기를 용서한다고 말하면서 바닷가에서 돌아오면 다시 만나러 오겠다고 약속한다. 루시와 매기는 서로 껴안고 재회를 약속하며 다정하게 헤어진다.

5장 최후의 투쟁

루시가 매기를 방문한 다음날부터 폭풍우가 휘몰아쳐 이틀간 계속 비가 내린다. 노인들은 이 비가 60년 전 대홍수를 상기시킨다고 이야기한다. 9月 어느 늦은 밤 매기는 혼자 스티븐의 편지 앞에 앉아 있다. 이틀 전 켄 목사님은 온갖 험담 때문에 매기에게 자기 집 가정교사 자리를 마련해 줄 수 없으며, 세인트 오그스 읍을 떠나는 것만이 최선의 해결책이라고 충고해주었다. 매기는 세인트 오그스 읍을 떠나 혼자 외롭게 지낼 생각에 한없이 서글퍼진다.

그녀는 네덜란드에서 몰래 돌아와 머드포트에 머물고 있는 스티븐의 청혼 편지를 다시 받는다. 스티븐은 지난 두 달간 매기 없이 혼자 살 수 없다는 것을 더욱 확신하게 되었으며, 오라고만 하면 당장 달려오겠다고 썼다. 그녀는 톰과 마을 사람들의 오해에서 벗어날 수 있는 이 행복한 전망에 잠시 마음이 흔들리지만, 이런 유혹을 거절하게 해 달라고 기도한다. 그녀는 편지를 태우고 내일 거절의 편지를 쓸 참이다.

그 순간 매기는 갑자기 물이 무릎까지 차고 집이 홍수로 범람했음을 깨닫는다. 그녀는 밥 부부를 깨우고, 그들은 각기 보트를 탄다. 매기는 자신도 급류에 휩쓸리지만, 혼자 있는 톰을 구하러 물방앗간으로 간다. 매기는 이미 일층까지 물에 잠긴 집에서 톰을 구한다. 보트를 타고 서로 마주볼 때, 톰은 매기에게 아무 죄가 없으며 매기가 그를 구하기 위해 얼마나 애썼는지 깨닫게 된다. 남매는 루시를 찾아 나서지만, 강에 떠다니는 나무기계에 휩쓸려 서로 꼭 껴안은 채 함께 익사한다.

에필로그

홍수가 난지 오년 뒤, 홍수의 흔적은 거의 사라졌지만 아직도 얼마간 흔적이 남아 있다. 물방앗간은 다시 지어졌다. 스티븐과 필립은 돌코트 교회 마당의 털리버 무덤 곁에 함께 묻힌 매기와 톰의 무덤을 가끔씩 찾아온다. 그로부터 다시 몇 년의 세월이 흐른 뒤, 다시 관계를 재개한 스티븐과 루시가 함께 매기의 무덤을 찾으며, 필립은 늘 혼자 찾아온다. 매기와 톰의 묘비명에는 "죽어서 그들은 헤어지지 않았다"고 쓰여 있다.

▒ 해설

이 마지막 장들에서 루시의 방문과 필립의 편지, 그리고 스티븐의 편지를 통해 매기가 죽기 전 가까운 인물을 모두 만났다는 사실이 밝혀진다.

4장에서 세상 아내 대신 대문자 사회(Society)가 등장하며 이 사회로 포장된 여성들은 세상 아내처럼 아이러니컬하게 그려진다. 종교는 그들의 일상생활에 아무 영향도 못 미치는 것으로 그려진다. 루시는 이제까지 순진한 존재로 그려졌지만, 4장에서 작가는 매기가 루시보다 더 나은 존재임을 강조하고 싶어서 매기와 루시의 만남을 서둘러 짧게 묘사했다.

홍수 속에서 남매가 익사하는 5장에서, 특히 홍수로 끝나는 결말은 비현실적이라는 이유로 많은 비판을 받아 왔다. 매기가 자신의 고통이 얼마나 더 오래 지속될지 몰라 괴로워할 때 초자연적인 홍수가 일어났다는 것이다. 갑자기 끝나도 자연스러운 피바트와의 법적 소송과는 달리, 작가가 처음부터 홍수를 계획했으며 홍수가 사실적으로 보이도록 애쓴 것은 사실이다. 그러나 작가의 이런 노력에도 불구하고, 이 홍수는 매우 임의적인 결말로 보인다. 왜냐하면 소송은 털리버의 성격에서 초래된 사건인 반면, 홍수는 매기나 매기의 문제와는 전혀 무관하게 일어난 외부적 사건이기 때문이다. 매기는 필립이나 루시와 최종적으로 화해했지만, 스티븐이나 톰과는 화해하지 못했다. 톰과 화해하기 위해 홍수가 도입되었지만, 이 화해는 만족스럽지 못하다. 또한 매기의 도덕적 결단의 결과가 제대로 제시되지 않는다. 상세히 그려진 어린 시절 묘사와는 달리, 진짜 중요한 결말은 짤막하게 묘사되었던 것이다. 다시 말해 홍수는 이제까지 제기된 도덕 문제를 회피하며, 중대한 문제에 봉착한 시점에서 매기의 삶이 끝나 버린다는 것이다. 톰의 각성 또한 너무나 급작스러워서 그의 각성에 진정한 의미가 있는지 모호하다. 톰은 소설에서 내내 동생을 돌보겠다고 주장했지만, 결국 오빠를 돌보고 구하는 사람은 매기다.

매기가 톰을 구조하는 행위는 뱃사공 세인트 오그의 전설과 이 전설의 핵심인 연민의 중요성을 상기시킨다. 다른 사람의 곤경에 대한 매기의 연민은 톰의 냉정한 정의감을 초월하여 남매를 다시 결합시킨다. 이 소설의 결말에서 톰과 매기는 마침내 죽음을 통해 영원히 화해함으로써 하나였던 어린 시절로 돌아갔다고 묘사된다. 이로써 결말은 남매가 일심동체였던 어린 시절, 즉 소설의 시작 부분과 연관된다. 보트를 탄 톰은 매기를 어린 시절에 부르던 "맥지"라고 부르며, 이로써 남매의 불화는 완전히 치유된 것으로 암시된다.

뒤에 붙은 "결론"에서는 결혼한 스티븐과 루시, 평생 매기의 추억에 잠긴 필립 등 남아 있는 생존자에 대해 알려주며, 또한 좀 더 큰 사회적 배경 속에서 남매를 거시적으로 보게 해준다.

▒ 주해와 중요 어구

<4장>

- Peter: 그리스도가 죽기 전 잠시 그리스도를 모른다고 거부한 제자 베드로, 성경 「누가복음」 22.56-62 참조

<에필로그>

- "In their death... divided" : 성경 「사무엘 하」 1.23 참조

George Eliot

The Mill on the Floss

III. 등장인물과 분석

III. 등장인물과 분석

A. 등장인물 소개

▒ 털리버 집안의 등장인물

1. 매기 털리버 (Maggie Tulliver)

시골 물방앗간 주인의 딸인 매기는 지적으로나 정서적으로 예민하며 풍부한 상상력을 갖고 있다. 매기는 큰 키와 검은 피부, 검은 머리 등 평범치 않은 외모와 영리함, 그리고 자신의 성과 당대의 상식을 거부하는 도전적이며 반항적인 성격을 지니고 있다. 따라서 외모와 성격 등 여러 면에서 전통적인 여주인공과 다르다. 가령 "뱀 모양의 머리털을 잘라버린 작은 메두사"(161)라는 매기의 별명은 충동적이며 도전적인 성격을 나타낸다. 이런 연유로 매기는 여러 면에서 털리버가의 특성을 보여준다.

매기는 다정한 마음과 충동적인 성격을 아버지에게 물려받았지만, 자신감은 물려받지 못했다. 또한 매기는 매우 똑똑하지만, 잘 잊어버린다. 가령 먹이를 주지 않아 죽게 한 톰의 토끼들이 바로 그런 예다. 게다가 그녀는 결과를 생각지 않고 성급하게 행동한다. 그녀는 다른 사람을 심하게 비난하지 않지만 자신에 대한 비판과 비난도 못 견뎌 한다. 어머니와 이모들에게 매기의 성급한 행동과 영리함, 검은 피부와 검은 머리, 검은 눈은 지속적인 걱정거리다.

한편 집안의 파산은 남매에게 큰 영향을 미친다. 파산으로 인해 톰의 야심은 커졌지만, 매기는 세상을 포기한다. 처음에는 그저 집이나 돌보면서 즐거움을 포기하지만, 켐피스의 책을 읽고 나서는 자신의 포기에 의미를 부여한다. 따라서 매기의 어린 시절에 있어 가장 중요한 사건은 자신보다 타인의 고통과 초월적인 가치에 관심을 집중하라는 토머스 아 켐피스의 책에 감명 받은 것이다. 힘든 사춘기와 아버지의 파산 등 불행한 운명을 이해할 "열쇠"를 찾던 매기는 켐피스의 가르침에 따라 결핍과 참회의 생활을 시작한다. 이처럼 그녀는 자기를 포기하는 방식으로 파산에 반응한다. 그러나 다시 만난 필립은 그녀에게 지적·감각적 경험이 필요하며 어리석은 자기 부정을 직시하라고 충고한다. 동정심으로 몰래 필립을 만나던 매기는 필립이 맛보게 해주는 지적인 생활과 아버지에 대한 "의무" 사이에서 갈등한다.

이 소설의 마지막 권에서 19세가 된 매기는 또래보다 성숙해 보이며 통통한 입술과 까만 머리를 지닌 키가 큰 여성이다. 사회적 가식이 없는 매기는 마을 사람들에게 더욱 매력적이며 남루한 옷 때문에 더 아름다워 보인다. 금욕주의를 포기한 뒤, 그녀는 풍요로운 인생에 대한 동경 때문에 가끔 불행히다. 그녀는 세인트 오그스 사교계에서 처음으로 감각적인 욕망의 충족을 경험한다. 난생 처음 스티븐에게 남성적인 매력을 느낀 매기처럼, 스티븐도 매기에게 이끌린다.

스티븐이 루시의 연인이라는 이유 외에도, 루시나 필립 등과 과거에 맺은 유대와 소중한 추억을 저버릴 수 없기 때문에 매기는 스티븐과 결혼할 수 없다. 즉 매기는 스티븐과의 열정적인 사랑과 가족에 대한 "의무" 중에서 후자를 택한다는 것이다.

2. 톰 털리버 (Tom Tulliver)

톰은 처음 등장할 때부터 그의 특징을 다 드러낸다. 그는 어린 시절부터 매기에게 엄격하며, 그게 누이를 위하는 길이라고 확신한다. 그는 자신이 "공정"하고 "정의"로우며, 절대 실수하지 않는다고 자신한다. 그는 나름의 행동기준을 지키면서 양심의 가책을 느끼지 않으며, 이 기준이 매기를 비롯한 다른 사람에게 고통을 준다는 사실을 모르고 있다.

야외 활동을 좋아하는 톰에게는 학문적인 교육보다 실용적인 지식이 적합하며, 가끔 아버지처럼 몸으로 문제를 해결하는 게 더 어울린다. 어린 시절 톰은 매기의 무조건적인 사랑에 본능적으로 반응하며, 이런 점에서 남매는 다정한 두 마리 동물에 비유된다.

루시를 위해 강아지를 살 때처럼, 톰에게도 다정하고 친절한 측면이 있으며 종종 매기와 화해하기도 한다. 그러나 젊은 시절 어려운 환경에 처하게 되자, 그는 아버지처럼 고집이 세어졌다. 젠더에 엄격한 톰의 관점에서 볼 때, 매기의 가장 큰 문제는 오빠의 돌봄을 받지 않는다는 점이다.

톰은 매기에게 가장 큰 영향을 미치는 인물로서, 매기에게는 오빠의 사랑과 인정을 받는 것이 최고의 지상과제다. 그러나 톰은 외가인 도슨 집안을 닮아 정의감과 강인한 의지는 있으나, 지성과 감성의 부족으로 매기의 다정한 감정을 전혀 이해하지 못한다. 즉 그는 매우 현실적이며 동기보다 결과로 사물을 판단하기 때문에, 매기의 뛰어난 상상력과 영리함을 이해하지 못할 뿐더러 그녀를 비현실적이며 어리석다고 비웃는다. 어린 시절 남매의 갈등은 매기가 성장한 뒤 필립이나 스티븐과의 만남을 반대하는 것으로 전개된다.

톰은 다정하지만 성급한 매기와는 대조적으로, 정직함과 부지런함, 검소함 등의 실질적 미덕과 "전통적인 의무나 예의", 관습 등을 중시하는 도슨가의 혈통을 물려받아 상상력은 없지만 매우 현실적이다. 톰은 아버지의 촌스럽고 편협한 사고방식과 이로 인한 집안의 몰락이 싫어 급속히 출세하는 자본주의 기업가 대열에 합류한다.

아버지의 파산을 전후하여 톰은 소년에서 어른이 되며, 이처럼 아버지의 파산은 톰의 인생에 있어 결정적인 계기가 된다. 몇 가지 점에서 톰은 양가의 나쁜 점만 물려받은 것처럼 보인다. 그는 재산에 대한 도슨가의 엄격함과 존경심을 지녔지만 친척 간의 유대감은 없으며, 아버지의 고집과 자신에 대한 믿음, 원한은 기억하지만, 아버지의 다정한 마음

씨와 너그러움은 물려받지 못했다. 그는 매기를 돌봐주라는 아버지의 당부를 잘 이해하지 못하고, 이모들처럼 사랑과 친절 대신 경제적으로만 돌본다. 너무 뒤늦게야 톰은 자신이 인생에서 많은 것을 간과했음을 깨닫지만, 이 깨달음 덕분에 매기와 잠시 화해하고 죽는다.

3. 제레미 털리버 (Mr. Jeremy Tulliver)

매기의 아버지인 털리버는 여러 세대 동안 선조가 살아온 플로스강가에 위치한 돌코트 물방앗간의 주인이자 소규모 땅의 경작 농부다. 그는 자기처럼 너그럽고 감정을 잘 폭발하는 매기를 각별히 편애하지만, 똑똑한 딸보다 좀 부족한 톰의 교육에 지대한 관심과 정성을 쏟는다.

그럼에도 불구하고, 매기와 톰이 부모보다 좋은 교육을 받고 사투리를 쓰는 부모와 달리 표준 영어를 구사하며 사회적으로 부모보다 한 단계 상승하는 것은 사회의 진보에 대한 작가의 믿음을 암시한다. 다른 인물처럼, 털리버도 자기 성격과 환경 때문에 희생된다. 구체적으로 그는 자만심과 고집, 소송을 좋아하며 성급하고 편협한 성격, 그리고 급변하는 세상에 대한 몰이해 때문에 파산한다. 그는 자신이 훌륭한 물방앗간 주인이며 스스로 똑똑하다고 생각하지만, 몹시 편협하고 고집불통인 데다 웨이컴에 대한 원한과 여러 가지 실수 때문에 비극적으로 몰락하고 만다. 가령 돈 문제에 있어 자신이 매우 신중하다고 생각하지만 여동생에게 꿔준 돈 문제를 성급하게 처리한다. 또한 그는 자신이 일부러 좀 모자란 아내를 택했다고 자랑하지만, 실은 그도 어리석긴 마찬가지다. 게다가 그는 옛날 방식을 버리지 못하고 복잡한 언어와 새로운 경제에 잘 적응하지 못한다. 정적인 시골과 한두 푼씩 차근차근 저축하는 털리버의 예전 생활방식으로는 딘 같은 새로운 벤처 자본가를 당해낼 수 없다. 따라서 털리버 집안이 사회적·경제적으로 몰락하는 반면, 딘 집안은 점점 더 부유해진다. 이는 털리버 개인만의 문제가 아니라, 19세기 초기의 전반적인 사회 경향, 즉 (털리버의 물방앗간처럼) 상속받은 토지 및 구식 방식으로부터 (게스트 회사 및 이 회사와 딘 이모부의 동업 같은) 사업으로 재산과 지위가 이동하는 경향을 나타낸다. 그는 이 소설에서 무조건적인 사랑을 베푸는 극소수 인물로서 매기와 아내, 그리고 여동생 모스 부인에 대한 그의 따뜻한 애정은 소설 전반부의 밝은 측면이다.

털리버는 비극적 인물이지만, 비극적 영웅은 아니다. 평범한 사람의 비극에 관심을 가진 엘리엇은 털리버가 화를 잘 내는 급한 성격 때문에 점차 파국으로 치닫는 과정을 통해 아무도 슬퍼해줄 사람이 없는 평범한 인물의 비극을 그렸던 것이다.

4. 엘리자베스 털리버 (Elizabeth Tulliver)

톰과 매기의 어머니. 도슨가의 네 자매 중 막내인 털리버 부인은 튼튼하고 예쁜 금발머리 여성이지만, 머리는 좀 모자라는 편이다. 결혼 전 도슨 양이었던 그녀는 결혼한 뒤 도슨 가의 생활 방식이 털리버가의 방식보다 낫다고 생각하며, 주로 리넨 천이나 찻잔 같은 부엌살림에 매우 집착한다. 남편이 파산하자 그녀는 자신이 왜 이런 불행을 겪어야 하는지 전혀 이해하지 못한다. 톰을 편애하던 부인은 이후 멋지고 기품 있는 여성으로 자란 매기를 자랑스러워하게 된다.

5. 모스 고모 (Aunt Gritty)

털리버의 여동생이자 매기의 고모인 마가렛 모스(Margaret Moss)는 참을성 많고 정이 많은 인물로 특히 매기를 아끼고 사랑한다. 가난한 농부와 결혼한 그녀는 아이를 여덟이나 낳아 가난에서 헤어나지 못한다.

▮도슨 집안의 등장인물

1. 루시 딘 (Lucy Dean)

루시는 매기의 사촌으로, 항상 매기와 대조된다. 예쁘고 얌전한 루시는 늘 조용하고 단정하며 지나치게 똑똑하지도 않다. 한 마디로 "예쁘고 자그마한 연분홍(pink-and-white) 루시"로 묘사된다.

성장한 루시가 보여주는 행동이나 생각의 깊이는 매기에 비해 가볍게 간과되는 경향이 있지만, 결국 그녀는 사회적 관습을 무시하지 못한다.

2. 매기의 이모와 이모부들

도슨가 사람들은 정직하고 성실하게 살아가지만, 물질을 지나치게 중시하는 중산계급의 표본이라 할 만하다. 그들은 자기네 재산을 존중하고 전통을 엄격히 유지하려 노력한다. 가령 그들은 파산한 털리버 씨를 위로하러 와서도 이 집의 도자기와 은그릇 등 값진 살림살이를 사갈 궁리만 한다. 또한 도슨가 이모들은 도자기와 모자, 약, 가장 좋은 식사 시간, 버터 만들기 등 사소하고 지엽적인 문제를 계속 언급하는 등 "친척"과 가사에 지나치게 집착한다. 이런 소소한 가정사에 대한 집착은 돈 문제와 상호밀접하게 관련된다.

그러나 네 자매는 나름 특징이 있다. 먼저 은퇴한 양털상인 글레그 씨의 주된 관심은 은퇴한 뒤 취미를 갖게 된 정원 가꾸기와 여성의 변덕에 대한 명상이다. 결혼 전에 제인 도슨 양(Miss Jane Dodson)이었던 글레그 부인은 도슨 집안의 맏딸로서, 가문의 전통과 관습을 가장 엄격히 준수하며 다른 가족에게도 이 기준을 강요한다. 그녀는 새 옷이 많지만 일부러 낡은 옷을 꺼내 입을 정도로 구두쇠이며 돈 문제에 매우 신중하지만, 개인의 이익에는 별로 관심이 없다. 그녀는 거만하지만 나름 미덕도 있다. 가령 매기를 늘 비난하던 그녀가 스티븐과의 관계로 마을에서 소외된 매기를 돌봐주는 것은 사회의 여론보다 자기 일족을 중시하는 도슨가의 특성 때문이다. 이처럼 그녀는 이기적인 구두쇠로 자비심이 없는 도슨가의 가장 나쁜 특징과 가장 좋은 측면을 동시에 보여준다.

두 번째, 부유한 농부와 결혼한 도슨가의 둘째 딸 풀리트 부부(Mr. and Mrs. Pullet)를 보자. 결혼 전에 소피 도슨 양(Miss Sophie Dodson)이었던 풀리트 부인에게는 약간 우울증이 있다. 말끝마다 죽음을 언급할 정도로 타인의 병에 집착하며, 자기 병세를 과장한다. 그녀는 털리버 부인과 가장 친한 자매로 살림에 관심이 많다. 젠틀맨 계층의 농부인 풀리트는 딘이 사업으로 큰 부자가 되기 전까지만 해도 도슨 집안에서는 가장 부자였다. 그는 아내의 처방전을 기억했다가 잘 챙겨주며 사탕을 아주 좋아하는 사람으로 묘사된다.

세 번째, 딘 부부(Mr. and Mrs. Dean)를 보자. 결혼 전 수잔 도슨 양(Miss Susan Dodson)이었던 딘 부인은 도슨 가의 자매 중에서 창백하고 조용한 셋째 딸로, 말수가 적으며 했던 말을 반복하고 소설이 끝나기 전에 죽는 등 다른 자매에 비해 별로 특징이 없다. 한 때 결혼을 잘못한 것으로 여겨졌던 그녀는 남편의 탁월한 부와 지위 덕분에 존경을 받게 된다. 딘 씨는 새로운 자본주의 세계에서 재빠르게 출세해 게스트 회사의 동업자로 부상한 영리한 사업가로, 집안일보다 사업과 돈벌이에 몰두한다.

▒ 필립 웨이컴 (Philip Wakem)

필립 웨이컴은 웨이컴 변호사의 아들로서 어린 시절 사고로 꼽추가 되었으며, 자신의 불구에 대해 과민하다. 필립은 스티븐이나 루시는 물론, 매기나 톰만큼 자세히 그려진다. 그는 독학으로 그림을 잘 그리는, 재능 있고 다정한 인물로 그려진다. 그는 독서를 많이 한 덕분에 교양과 예술적 감수성을 지녔을 뿐 아니라, 다른 사람들을 잘 이해한다. 그는 톰이 다쳤을 때 불구가 될까봐 걱정하는 톰의 두려움을 이해하며, 고상한 삶에 대한 매기의 갈망과 지적 동경도 이해한다. 이처럼 그는 매기의 내면을 잘 이해하기 때문에 매기와 어울리지만, 부족한 면도 있다. 그것은 그가 불구이기 때문에 매기의 신체적 욕망을 충족시켜줄 수 없다는 것이다. 작가는 키가 작고 남성답지 못한 필립의 연약한 체구와 스티븐의 남성다움을 종종 대비시키고 필립의 여성적인 예민함도 언급한다. 이 때문에 필립에 대한 매기의 사랑은 불안해 보인다.

그럼에도 불구하고, 뒷부분에서 매기처럼 큰 희생을 하는 필립의 고귀한 성격과 미덕은 간과되지 말아야 한다. 그는 매기의 영리함을 알아보고 인정해준 몇 안 되는 인물로서, 처음에는 매기의 삶에 있어 구원자와 같은 존재다. 엄마의 부재로 애정이 결핍된 그는 그녀의 무한한 사랑 때문에 매기에게 이끌린다. 매기를 이성으로 사랑하는 필립에 비해, 매기는 그의 불구 때문에 그에게 연민과 동정심을 느끼며 거만한 오빠 대신 지적인 대화를 나눌 수 있는 존재 정도로 여긴다.

필립은 매기에게 자기 억제의 위험성을 경고하고 자기 자신을 있는 그대로 수용하라고 충고한다. 매기의 극단적인 자기부정은 "부정 속에서 안정을 추구하는 비겁함"일 뿐이므로 "기나긴 자살행위"를 그만두고 가끔 자기도 만나고 책도 갖다 읽으라고 권한다. 다시 말해 필립은 평온을 원하는 매기의 욕망을 인정하지만, 자기 부정은 평온을 얻는 방법이 아니기 때문에 자기부정을 그만두고 체념과 마비를 구별하라고 경고하는 것이다. 이처럼 소설 후반부에서 필립은 그녀가 그토록 원하는 평온을 제공해주는 것처럼 보인다.

▒ 스티븐 게스트 (Stephen Guest)

스티븐은 잘생기고 위트 있으며 자신감에 넘치는 인물이지만, 주로 아버지의 재산 때문에 매력 있는 한량(fop)같은 인물이다. 가령 스티븐은 세인트 오그스 마을에서 제일 큰 제유공장과 부두를 소유한 게스트 회사 동업자의 외아들로, 다이아몬드 반지를 끼고 장미꽃 향수 냄새를 풍기며 낮 열두시에 집에서 한가하게 시간을 보낸다. 루시 딘과 결혼할 생각이었던 그는 자기도 모르게 루시와는 전혀 다른 타입의 매기에게 이끌린다. 그의 사랑은 자기희생적인 매기나 필립에 비한다면 매우 이기적이지만, 그도 매기에 대한 사랑 때문에 큰 고통을 겪는다. 필립이 매기의 정신적 친구이자 스승이라면, 스티븐은 매기의 신체적 욕망을 충족시키는 연인이라 하겠다.

그는 많은 비평가에게 비난받고 있다. 가령 울프는 그를 여주인공인 매기에 비교할 수도 없는 야비한 인물이라고 공격했고, 베넷(Joan Bennett)은 작가가 그를 의도적으로 불쾌한 인물로 창조했다면서 아더 도니손보다 천박하고, 필립보다 자기중심적이고, 밥 제이킨보다 이해력이 부족하고, 애덤 비드보다 양심과 신조가 없는 사람이라고 혹평했다(Bennett, *George Eliot*, 177).

그러나 작가는 인간이 불완전한 인격체이며 "본질적으로는 고귀하지만 큰 잘못을 저지르기 쉬운 인물"이라는 점에서 매기를 옹호한다. 오랜 금욕 생활 뒤, 매기가 키 큰 미남청년을 보는 순간 성격적·상황적·심리적으로 이끌리는 것은 당연하다는 것이다.

▒ 나머지 인물

1. 웨이컴 (Wakem)

웨이컴은 변호사란 모두 악마와 통한다고 믿는 털리버의 적으로, 법적 소송을 통해 털리버를 파멸시킨다. 그는 세인트 오그스 사회에서 점점 부자가 됨으로써 힘을 얻는다. 하지만 그는 죽은 아내를 다정하게 추억하며 불구인 아들 필립을 사랑하는 인물로서, 계급과 돈에 대해 엄격한 인물로 그려진다. 그는 복수심에 불타는 털리버를 가볍게 경멸한다.

2. 밥 제이킨 (Bob Jakin)

밥은 톰의 소꿉친구다. 어린 시절 톰은 밥이 자기를 속였다고 분개하면서 우정을 포기하지만, 밥은 털리버가 파산하고 난 뒤 매기와 톰을 찾아와 도우려 한다. 여기 저기 돌아다니며 물건을 파는 보부상이 된 밥은 훌륭한 말솜씨와 영리한 사업 감각으로 톰의 금전적 재기를 도와준다.

3. 루크 모그즈 (Luke Moggs)

루크는 털리버의 물방앗간 일꾼으로서, 가족처럼 털리버의 병상을 지키는 충직한 하인이다.

4. 라일리 (Mr. Riley)

라일리는 털리버에게 스털링 목사를 톰의 가정교사로 추천한 세인트 오그스 읍의 경매인이다. 털리버는 그를 지혜 있고 똑똑한 상류계급으로 존경하지만, 실은 그리 똑똑하지 못한 중간계급 인물에 불과하다.

5. 스털링 목사(Mr. Stelling)

출세욕에 불타는 스털링 목사는 톰과 필립의 가정교사로서, 수입에 비해 사치한 생활을 한다. 자기가 배운 대로 톰에게 라틴어와 기하를 가르치며, 그에게는 다른 방식으로 가르칠 능력이 없다.

6. 켄 목사 (Dr. Kenn)

그는 세인트 오그스 교구 소속의 엄격하지만 자비로운 성공회 목사다. 그는 매기의 말과 고귀한 성격을 그대로 믿어주며 곤경에 처한 매기를 도우려 애쓴다. 그는 사회의 도덕에 관한 작가의 견해를 대변하는 인물이다.

7. 피비트 (Mr. Pivart)

피바트는 플로스강 아래 사는 새 이웃으로, 물의 용수권 때문에 털리버와 소송을 벌인다.

8. 케지아 (Kezia)

털리버 집안의 하녀

9. 고어 (Mr. Gore)

털리버의 변호사

10. 풀터 (Mr. Poulter)

스털링이 톰을 훈련시키기 위해 데려온 교관으로, 술만 마시면 자기가 참전했던 전투 얘기를 해준다.

George Eliot

The Mill on the Floss

IV. 작품의 구조와 서술기법

IV. 작품의 구조와 서술기법

A. 작품의 구조

이 소설은 어린 시절부터 성인으로 자라는 남매의 성장과정을 그린 일종의 정신적 소설(a spiritual novel)이다. 이 작품에서 가장 중요한 문제는 1권에서 5권까지의 앞부분과 6, 7권의 뒷부분이 서로 일관된 균형을 이루지 못한다는 점이다. 많은 평자들은 톰과 매기라는 두 남매의 성장과정과 매기의 성격을 드러내는 사건들, 그리고 도슨가와 털리버가의 생활 묘사, 매기와 스티븐의 관계를 그린 1권에서 5권까지의 앞부분에 대해서는 칭찬을 아끼지 않지만, 톰과 화해하고 익사하는 남매의 비극적 결말을 그린 6, 7권의 뒷부분에 대해서는 비난하고 있다. 작가 자신도 "서사적 넓이"를 보여주는 앞부분에 비해 뒷부분은 상대적으로 짧고 급히 진행되었음을 인정하고 있다(*Letters III* 317-18, 374).

이제 이 작품을 어린 시절 매기가 톰과의 남매관계에서 겪는 갈등과 성장한 뒤 그녀가 스티븐을 거부하는 행위, 그리고 톰에게 돌아가 그와 화해하고 익사하는 결말부로 나누어 앞부분과 뒷부분의 불일치 문제를 작가의 페미니즘 인식과 관련하여 규명해 보자.

제 3권과 5권에서 매기에 대한 톰의 경제적·성적 억압이 강화되며 또한 지극히 야심만만하고 반항적이던 매기는 거의 개종이라 할 만큼 순종적인 성격으로 변한다. 그리고 이런 변화는 노동의 성별분화로 특징지을 수 있는 중간계급의 현실과 관련된 여성문제로 제시된다.

한편 6, 7권의 핵심문제이자 논란이 분분한 매기와 스티븐의 관계 및 홍수 속에서의 남매의 익사라는 결말을 살펴보자. 매기와 스티븐의 관계 및 그녀가 스티븐을 거부하는 선택에는 중산계급 여성의 결핍감과 관련된 페미니즘의 의미가 함축되어 있지만, 이 거부에 담긴 의미가 충분히 전개되지 못한 채 사랑과 의무 또는 개인과 사회적 유대 간의 갈등에서 매기가 자신의 열정을 따르려는 이기적인 유혹을 물리치고 의무를 택하는 도덕적 선택으로 초점이 변경된다. 이러한 변경은 뉴톤과 쇼월터, 데이비드(David) 등 여러 평자들의 지적대로, 매기의 선택에 포함된 페미니즘적 함의를 인식하면서도 당대 사회의 압력 때문에 이를 교묘하게 감춘 작가의 의도적인 전략 내지 이 함의를 충분히 인식하지 못한 작가의 페미니즘 인식과 긴밀한 상관관계에 있다.

그러므로 6, 7권의 핵심 문제 중 하나인 매기와 스티븐의 관계 및 스티븐을 거부하는 그녀의 선택이 충분히 설득력 있게 형상화되지 못했다는 비판의 일부 원인은 작가의 여성문제 인식의 한계에서 찾아야 한다. 작가의 이러한 태도는 남매의 화해 및 익사로 처리된 결말에서 다시 드러난다.

이와 같이 1권에서 5권까지 그들의 남매관계에서 매기가 겪는 갈등, 즉 매기의 강도 높은 반항의식과 여성에 대한 당대 사회의 요구에 순응하려는 충동 사이의 갈등은 엘리엇의 작품 중 가장 큰 진폭으로 울려온다. 이러한 묘사는 그녀의 지적 동경이 좌절한 요인으로서 그 사회의 한계 및 중산계급 여성의 현실과 관련된 여성문제로서 탁월하게 제시되며, 이 점에서 결말의 의미가 다소 모호하고 회피적인 대로 값진 성취를 찾아볼 수 있다. 또한 6,7권에서 매기가 스티븐을 거부하는 행위에서 중간계급의 여성문제가 본격적으로 제시될 가능성이 암시되지만, 홍수 속에서 남매가 화해하고 익사하는 결말부에서는 앞에서 제기된 여성문제가 사랑보다 의무를 택하는 매기의 선택이나 남매의 화해로 얼버무려져 이런 가능성이 충분히 탐구되지 못한다. 이 작품의 결말은 매기가 톰을 구하고 죽는다는 점에서 로맨스의 전통적인 결말처리에서는 다소 진전하지만, 남매의 갈등에서 제기된 문제를 감상적으로 얼버무리는 남매의 화해 때문에 매기의 패배를 암시하는 것으로 해석되기도 한다. 이러한 이유로 1권에서 5권까지의 앞부분과 6, 7권의 뒷부분이 일종의 단층을 이루는 불일치의 일부 원인을 주로 6, 7권에 드러난 작가의 페미니즘 인식의 한계와 관련시켜 보았다.

B. 서술기법

이 작품은 화자가 돌코트 물방앗간의 의자에 앉아 약 30년 전의 과거인 1829년을 회상하는 형식으로 시작되어 톰의 교육문제를 의논하는 털리버 부부에게 관점이 바뀌며, 대체로 전지전능한 3인칭 작가의 관점으로 서술된다. 화자가 30년 전의 과거를 이야기하는 목적은 공동체적 유대가 가능했던 과거를 그리워하는 향수 때문으로 보인다. 또한 1, 2, 3권의 어린 시절 남매 관계는 상세하게 그려져 있는데, 이런 상세한 묘사는 남매의 성장과정이 이후 행동에 있어 중요한 토대가 되기 때문이다.

엘리엇은 예술이란 인생에 충실해야 한다고 생각했으므로, 등장인물을 매우 사실적으로 묘사했다. 즉 인물의 심리적 동기를 논리적이며 객관적으로 묘사하여 독자에게 연민과 공감을 불러일으키려 했다. 인물에 대한 엘리엇의 세심한 주의는 강한 역사적·문화적 의식에도 나타난다. 이런 연유로 이 소설에서 털리버 집안의 경제적 몰락은 19세기 초반 영국 중부지방이라는 큰 배경에서 물질주의의 증대 현상과 관련하여 그려질 뿐 아니라, 이런 변화에 대한 털리버와 그의 주변 인물들의 사회적· 심리적 반응과도 관련하여 그려진다.

가끔 독자에게 말을 거는 철학적인 서술 부분 외에는 리얼리즘의 대가담게 사실적인 스타일로 되어 있다. 특히 대화 부분에서 인물의 성격과 심리가 생생하게 드러나도록 객관적이며 사실적으로 그려져 있다. 가령 1, 2권에서 남매의 어린 시절 묘사는 말할 것도 없거니와 털리버의 성격이 다정하지만 급하고 화를 잘 내는 것으로 그려진다. 또한 웨이컴이 털리버에게는 사악하기 짝이 없는 인물로 보이지만, 자신의 아내와 아들에게는 다정다감한 인물로 제시된다. 아울러 중요하지 않은 인물을 다룰 때는 좀 풍자적인 어조로, 주요 인물을 다룰 때는 슬프거나 아이러니컬한 어조로 서술된다.

작품 속 매기의 묘사는 엘리엇의 유년 시절과 소녀 시절의 자화상이라 할 만큼 비슷한 면이 많다. 이런 연유로 F. R. 리비스는 엘리엇이 매기를 그릴 때 자신에 대한 연민으로 매기를 이상화했다고 비난했다. 그러나 작가는 평범한 환경에서 자신의 꿈을 실현하지 못하는 매기에게 깊은 공감을 보이면서도 그녀의 맹목적인 꿈에는 거리를 견지함으로써, 대체적으로 매기를 객관적으로 형상화했다고 하겠다.

George Eliot

The Mill on the Floss

V. 에세이 주제와 답

V. 에세이 주제와 답

A. 이 작품의 공간적 배경인 세인트 오그스 사회는 어떤 곳인가? 또한 이 사회를 바라보는 작가의 시선은 어떤지 생각해 보라.

이 작품은 워릭셔 지방의 플로스강가에 위치한 물방앗간을 중심으로 전개된다. 이곳은 인근지역에서 상업중심지 역할을 하는 오래된 소읍으로서, 가부장적인 전통 사회에서－아직 본격적으로 진행되지는 않았지만－산업자본주의 사회로 이행 중인 마을이다. 대체로 세인트 오그스는 잔인하고 이기적이며 인습에 얽매인 사회로 묘사된다.

이 마을이 어떤 내력을 가진 곳인지 작가의 묘사를 살펴보자. 세인트 오그스라는 마을의 이름은 뱃사공 오그에 관한 전설에서 유래하였다. 이 전설에서 오그는 아이를 안고 있는 여자가 간청하는 대로 강을 건네주어 성모 마리아의 축복을 받고 수호성인이 되었다고 한다. 바람이 휘몰아치는 어느 날 저녁, 아기를 안은 남루한 여인이 플로스강을 배로 건너려 하나 바람이 높아 모든 뱃사공이 거절한다. 불쌍히 여긴 오그가 그녀를 배에 태워 무사히 육지에 내려주니 그녀의 누더기 옷은 빛나는 흰 옷으로 바뀌고 달빛에 주변이 환해진다. 성모 마리아로 밝혀진 그녀는 앞으로 누구든지 오그의 배를 타면 안전할 거라고 오그와 그의 배를 축복했고, 이후 이곳에 홍수가 나자 이 축복 덕분에 오그는 많은 생명을 구하게 된다. 그가 죽자 배는 바다 멀리 사라졌으나 이곳에 홍수가 날 때마다 오그와 그의 배에 탄 성모 마리아가 바다에 나타나 이곳을 지켜준다는 것이다. 그는 자신보다 타인을 먼저 배려하여 모든 편견을 배제하고 여인이 원하는 대로 배를 태워주었던 것이다.

이 전설이 암시하듯, 과거의 세인트 오그스 사회는 원래 인간에 대한 따스한 인정과 연민, 동정이 살아 있었지만, 지금은 산업사회로 바뀌는 과정에서 이런 인정이 많이 사라졌다. 따라서 많은 "세습적인 관습"(362)과 편견에 좌우되는 이 사회에는 과거의 전통과 새로운 산업자본주의의 실질적인 가치가 함께 숨 쉬고 있다.

> 세인트 오그스의 사람들은 마음속으로 과거나 미래를 멀리 내다보지 않았다. 아무 생각 없이 오랜 과거를 유산으로 물려받았으며, 거리를 거니는 유령들을 알아볼 안목도 없었다. (『플로스강의 물방앗간 1』, 201쪽.)

이런 전설을 지닌 세인트 오그스는 멀리 로마 시대로 거슬러 올라가 그 시대에서 뿌리를 찾을 수 있을 만큼 오래된 마을이다. 마을이 모두 잊혀진 과거와 연결되어 있고 건물도 옛날 해적들의 행적과 관련되어 있다. 마을 사람들은 무의식적으로 과거로부터 내려오는 인습 속에 살면서 엄격한 사회적 관습이 있다고 믿는다. 그러므로 순종적 딸이나 누이의 역할을 거부하는 여성은 사회의 가혹한 처단을 받아야 한다고 믿으며, 따라서 매기는 이런 무거운 압력에 짓눌려 있다.

산업 혁명으로 인해 이 전통적 사회에 일어난 급격한 변화는 털리버를 비롯한 여러 인물의 삶에 반영된다. 가령 옛 시절과 옛날 방식을 그리워하는 털리버는 원수 같은 웨이컴의 밑에서 일해야 하는 굴욕과 수모를 감수하면서도 고향을 떠나기 싫어할 정도로 과거에 집착한다. 그는 급격히 변하는 세상과 경제적 변화에 어리둥절한 채 소송에 휘말려 결국 파산하고 만다. 한편 딘 씨는 이런 급변하는 사회에 신속히 대처해 큰 재산을 모은다. 그러므로 세인트 오그스 사회에서 성급하고 경솔하지만 인간적으로는 다정하고 따뜻한 털리버가가 몰락하는 반면, 딘 씨나 현실적인 도슨가는 점점 더 부를 축적하게 된다. 이런 사회에서 결국 성인이 된 뱃사공, 즉 현대의 세인트 오그는 보트를 타고 톰을 구한 매기라 할 수 있다.

이 사회를 바라보는 작가의 시선은 어떠한가? 이 작품의 관심사가 1830년대 영국과 관련되어 있다는 사실은 복고적인 느낌을 자아내는 작가의 1830년대 영국 묘사에서 찾아볼 수 있다. 이 작품의 4권 1장에서 "시 같은 느낌"(362)을 주는, 이제는 폐허가 된 라인(Rhine) 강변의 성들과 인간의 삶이 "편협하고 추하며 비굴한 존재"(362)임을 느끼게 하는 론(Rhone) 강변의 마을 모습이 대조된 뒤, 성들이 존재하던 과거는 낭만적인 "로맨스 시대"(361)로 회상된다.

> 어느 여름날 론(Rhone)강을 따라 가다보면, 아마도 저 폐허가 된 마을 때문에 햇빛이 황량하다고 느낄 것이다. 그 폐허 마을은 강물이 흘러가는 강둑 여기저기에 산재해 있다..... 이 보잘 것 없는 주택은 ... 탐욕스런 삶을 나타낼 뿐이며, 폐허가 된 성들은 푸른 바위 절벽과 ... 자연스럽게 어울리는 것 같다..... 그래서 이 라인 강의 성들은 나로 하여금 시적 감흥에 떨게 만든다... 그러나 론 강 위에 이 폐허 마을의 침침하고 텅 빈 듯한 시선과, 앙상한 폐허 마을은, 인간의 삶이 – 대부분 –편협하고 추하고 비굴하다는 느낌으로 나를 짓누른다. 어떤 재난이 닥쳐도 그런 존재는 인간이 고상하게 변하지 않으며, 그 천박함만을 적나라하게 드러내는 경향이 있다.
>
> 아마도 플로스강가에 사는 이 구식 가족의 생활을 지켜본다면 이런 답답한 감정에 짓눌릴 것이다. 슬픔조차 그들의 생활을 희극이나 비극의 수준으로 끌어올릴 수 없다. 말하자면, 그것은 탐욕스러운 생활이다. 털리버가와 도슨가의 삶은 고귀한 원칙과 낭만적 이상, 적극적인 자기 부정의 신념으로 이뤄진 삶이 아니다. 또한 비참함과 범죄 같은 어두운 그림자를 드리우는, 통제할 수 없는 거친 열정을 따라 움직이지도 않는다..... 배운 것도 없고 세련되지도 못한, 전통적이며 세속적인 생각과 습관을 여기서 보게 된다. 분명 가장 단조로운 인생을 보게 된다..... 그런 사람들 사이에서는 살기 어렵다. 아름답고 위대한 것이나, 고귀한 그 무엇을 추구할 만한 탈출구가 없어서 질식해버리고 말 것이다. (『플로스강의 물방앗간 2』, 14쪽.)

이런 묘사에서 공동체적 유대가 어느 정도 가능했던 과거, 즉 산업혁명 이전의 세인트 오그스 사회에 대해 향수어린 작가의 시선을 짐작해

볼 수 있다. 아울러 도슨 집안에 대해 얼핏 편협하고 답답해 보이지만, 성실성과 정직성을 칭찬하는 작가의 이중적 견해도 짐작할 수 있다.

B. 이 작품에는 털리버가와 도슨가라는 두 집안이 등장한다. 이 두 집안의 특징과, 남매와 두 집안의 관계, 그리고 도슨가의 이모와 이모부들에 관해 묘사해 보아라.

작가는 이 플로스강가의 도슨가와 털리버가의 생활을 지켜볼 때 독자와 더불어 "숨 막힐 듯 편협하다는 느낌"(363)을 느끼게 된다고 묘사한다. 왜냐하면 그들의 생활은 "숭고한 원칙과 낭만적 비전, 적극적인 극기의 신념"(362)으로 밝혀지지 않았기 때문이다.

작가에게 이런 답답한 느낌을 주는 "개미 같은"(363) 도슨가와 털리버가의 특성을 구체적으로 살펴보자. 대조적인 두 집안 중에서 먼저 도슨가의 종교는 "관습적이고 신분이 높은 것이라면 무엇이나 존중하는 것"(364)이라 언급되어, 편협하고 관습적인 이 집안의 정신적 한계가 묘사된다. 그러나 가문의 명예를 "철저한 성실과 철저하게 일하는 것, 그리고 인가된 규율에 충실한 것"(364)과 동일시하는 도슨가의 자부심은 몇 가지 점에서 건전한 자부심이며, 버터와 밀죽을 잘 만들고 그걸 잘못 만들면 수치스럽게 생각하는 도슨가 여성들의 실질적인 미덕도 공정하게 제시된다. 반면에 털리버가는 마음씨가 너그럽고 따뜻하지만, 신중하지 못하고 성급하며 "다혈질적인 성격"(365)을 갖고 있다. 또한 도슨가는 행동 규범과 물질에 대한 관심 때문에 사회적으로 존경받는 반면, 털리버가는 충동적인 성격 때문에 사회적으로 별로 존경받지 못하고 있다.

그런데 편협하지만 현실적인 도슨가의 사람들이 세인트 오그스 사회에 잘 적응하고 충동적이며 비현실적인 털리버가의 사람들이 이 사회에 잘 적응하지 못한다는 사실은, 따뜻한 인정보다 현실적인 가치에 지배되는 이 사회의 특성을 간접적으로 암시해준다.

톰과 매기는 두 가문의 특성을 각기 반영한다. 우선 매기는 여러 가지 특성상 털리버가의 사람이다. 가령 "뱀 모양의 머리털을 잘라버린 작은 메두사(Medusa)"(161)라는 그녀의 별명은 충동적이며 도전적인 성격을 나타낸다. 이러한 성격은 그녀가 반복되는 어머니의 걱정에 충동적으로 머리를 남자처럼 짧게 잘라버린다거나, 금발머리의 여주인공과는 대조적으로 늘 불행해지는 검은 머리 여주인공의 이야기를 더 이상 읽고 싶지 않다며 『코린느』라는 책을 필립 웨이컴에게 돌려주는 행동에 드러난다. 그러나 그녀는 천성적으로 따뜻한 마음을 지녔다. 매기가 도슨가의 이모들보다 고모인 그리티 모스를 따르는 이유 역시 비현실적인 성격 탓에 가난한 농부와 결혼하여 많은 자녀들의 양육과 가사노동의 짐을 짊어지고 있지만 마음이 따뜻한 고모에게 더 친근함을 느끼기 때문이다. 반면에 톰은 정직함과 부지런함, 검소함 등의 실질적 미덕과 "전통적인 의무나 예의"(364) 등의 관습을 중시하는 도슨가의 혈통을 물려받았다. 가령 죽은 토끼의 일화에서 톰은 깜빡 잊고 토끼를 굶겨 죽인 매기의 잘못을 결코 용서하지 않는데, 이런 태도는 의도와 상관없이 결과로만 사물을 판단하는 편협하고 냉정한 도슨가의 특성을 단적으로 보여준다.

엘리엇은 두 집안에 대한 상세한 묘사를 통해 당대 영국의 시대정신(Zeitgeist)을 간접적으로 풍자한다. 지극히 편협하고 물질 지향적이며 위선적인 도슨 집안은 이 소설에서 엘리엇의 풍자 대상이다. 그들의 편협한 사고는 뛰어나거나 똑똑한 여성을 개인적으로나 사회적으로 바람직하지 않은 우려의 대상으로 간주하는 여성관에서 단적으로 드러난다.

이런 연결고리에서 도슨가의 이모와 이모부들의 삶은 톰의 성격 형성에 큰 영향을 미칠 뿐 아니라, 빅토리아 초기 중산계급 남녀의 삶을 반영한다. 뉴톤(Newton)은 젠틀맨 계층의 농부인 풀리트 부부(Mr. & Mrs Pullet), 은퇴한 양털상인 글레그 부부(Mr.& Mrs Glegg), 물방앗간 주인이자 소규모 땅의 경작농부인 털리버 부부(Mr.& Mrs Tulliver), 새로운 산업자본주의 세계에서 재빠르게 출세하는 미래지향적 활동가인 딘 부부(Mr.& Mrs Deane)를 자상히 분석하고, 과거의 목가적인 농업경제에서 벗어나 산업자본주의에 발 빠르게 적응하는 정도에 비례하여 그들의 성공을 분석한 바 있다(Newton (1981) 127-35). 이 분석은 중세 봉건사회에서 산업자본주의 사회로 변화하는데 따른 노동의 성별분업 및 이로 인해 점점 더 많은 경제적·사회적 지위가 부여된 남성과 더불어 경제활동영역의 축소와 더불어 가사노동의 가치 감소로 인해 상대적으로 지위가 약화된 중산계급 남녀의 지위변화를 밝혀준다. 이런 맥락에서 도슨가의 인물인 톰도 "일반적 법칙"(628)으로만 도덕적 판단을 내리고 자신의 도덕적 판단이 잘못되었을 가능성을 전혀 고려하지 않는 "격언으로 사는 남성(the man of maxims)"(628), 즉 산업자본주의 시대 남성들처럼 상상력과 융통성이 결여된 인물로 제시된다. 이런 맥락에서 뉴톤은 톰을 "새로운 산업자본주의 남성의 한 전형"으로 지적한 바 있다(Newton 141).

C. 매기와 스티븐의 사랑, 특히 그들의 성적 이끌림에 대해 생각해보자.

먼저 루시의 비공식적 약혼자인 스티븐 게스트(Stephen Guest)가 루시보다 매기에게 강하게 이끌리는 것은 매우 흥미로운 현상이다. 매기는 외모나 태도에 있어 얌전하고 순종적인 루시 같은 19세기 여성성과 전혀 다르며, 스티븐이 이제까지 주변에서 보지 못한 여성이다. 그의 예상과는 달리, 매기는 피부가 하얀 금발의 전형적인 미인은 아니지만 검은 피부에 키가 큰 미인이다. 그는 특히 그녀의 눈에 이끌리며, 그녀의 특이한 태도와 언행은 외모보다 더욱 인상적이다. 매기는 남성의 주의나 관심, 시선을 의식하지 않으며 남성의 찬사에 그리 신경을 쓰지도, 남성의 비위를 맞추지도 않는다. 즉 그녀는 자신의 가난을 숨기지 않으며 솔직 담백한 말투와 교태 없는 태도를 지녔다. 이런 연유로 스티븐은 신체적 매력 외에 당시 전형적인 여성성과 다른 매기에게 신선한 충격을 받는다.

한편 매기가 스티븐에게 이끌리는 데는 아버지의 파산 이후 2년간의 고달픈 가정교사 생활에서(17세-19세) 돌아온 직후라는 그들이 만나는 시기 및 그녀가 당시 겪고 있던 극심한 정신적·경제적 결핍감이 크게 작용한다. 스티븐은 급속히 출세하여 큰돈을 번 벤처 사업가 게스트의 아들로서 경제자본을 지니고 있다. 그는 딘 이모부와 더불어 게스트 회사(Guest & Co.) 소유주의 아들로서 "새로 부상한 자본가 계급"(Judith Newton (1981), 148)이자, 전형적인 부르주아이자 '댄디'라 부를 만한 청년이다. 댄디는 원래 특이한 의상과 말투로 자신을 중간 계급과 "구별짓기"(distinction)하려 했다. 그러나 후일 부르주아 계급은 댄디에게 매혹되어, 댄디가 구별 짓기를 시도한 부르주아 계급은 천박한 문화적 소양을 극복하기 위해 댄디즘의 신봉자가 되어 댄디를 모방하고 따라하기에 열중하는데, 스티븐이 바로 그런 인물이다. 화려한 여인의 방에서 여인의 무릎에 앉은 강아지를 가위로 괴롭히거나, 자기도취에 빠져 "커다란 흰 손으로 머리카락을 쓰다듬는"(351) 일보다 중요한 일이 그의 삶에는 없는 것 같다.

스티븐은 고상한 삶을 원하는 매기의 열망은 모르겠지만 음악 등의 문화적 욕구는 충족시킬 것으로 보인다. 더욱이 그들의 관계에는 "각자 상대방의 존재를 숨 막힐 듯 거의 손끝까지 의식"(516)할 정도로 매기가 필립(Philip)과의 관계에서 충족시키지 못한 강한 성적 이끌림이 개입된다.

불구인 필립은 정신적 안내자로서 매기에게 풍부한 삶에 대한 정신적 동경을 이해하고 채워주지만, 남성적 매력은 없었던 것이다. 이런 까닭에 매기는 정신적·육체적·물질적으로 스티븐에게 이끌린다. 우선 주위에서 남성이라고는 아버지와 오빠, 필립밖에 보지 못한 매기는 건강하고 잘생긴 외모 등 강한 남성적 매력과 경제적 여유를 지닌 스티븐에게 이끌릴 수밖에 없다. 게다가 그의 넉넉한 재산은 "음악과 모든 사치한 것들"(529)로 대변되는, 그 동안 굶주렸던 매기의 물질적·문화적 욕구를 충족시켜 줄 것으로 보였던 것이다.

D. 이 소설에 심리적 접근을 해 보아라.

이 소설에 정신분석학적 접근을 하기는 어렵겠지만, 심리소설로서는 접근할 수 있을 것이다. 가장 두드러진 심리적 갈등은 폭넓은 영혼을 지닌 매기와 편협한 영혼을 지닌 아버지와 오빠 사이의 갈등이다(Thale 51; Hagan 62). 특히 대부분의 어린 시절 일화에서 남매간의 갈등이 감지된다. 매기는 성장한 뒤 필립과 스티븐, 톰이라는 세 남자와 갈등 관계에 놓인다. 필립과의 관계에서는 오빠인 톰에게서 충족시키지 못한 정신적 욕망을 충족시키며, 스티븐과의 관계에서는 불구인 필립에게서 충족시키지 못한 육체적 욕망을 충족시킨다. 그러나 스티븐과의 관계 때문에 필립과 루시, 톰 등 주변 사람이 고통을 겪자, 매기는 사랑하는 스티븐의 청혼을 거절하고 그를 떠난다. 그녀에게는 스티븐과의 사랑보다 어린 시절부터 간직해온 유대와 우정, 남매간의 우애가 중요했기 때문이다.

이외에도 여러 가지 탁월한 심리묘사가 있다. 가령 매기는 성경에 손을 얹고 필립을 더 이상 만나지 않겠다고 맹세하게 하며 필립에게는 그의 신체적 불구를 빌미삼아 모욕하는 톰의 강압적인 태도에 그간 참고 참았던 분노를 폭발시켜 "바리새인(a Pharisee)"(450)처럼 동정심도 없다고 오빠를 신랄히 비난하지만, 톰의 강요로 필립과 헤어진데 대해 일종의 "안도감"(451)을 느끼기도 한다. 이 일화에서 매기의 복잡하고도 복합적인 심리가 잘 묘사된다. 이러한 모순된 반응을 이해하기 위해서는 불구자인 필립에게 남성으로서의 매력이 없다는 사실, 필립과의 관계 때문에 아버지가 더욱 상심하지 않도록 그녀가 배려한다는 사실 등을 고려해 볼 수 있다. 또한 지적 갈망의 돌파구로서 필립을 만나는 그녀가 그를 만난다는 사실 자체보다 이 만남을 가족에게 숨겨야 한다는 사실 때문에 더 괴로워한다는 점에서 화자는 이 안도감을 "숨기는 데서 벗어난"(451) 해방감으로 묘사하기도 한다. 그러나 이 안도감의 더욱 근본적 원인은 그녀가 톰의 부당한 억압을 구실로 오빠에게 항거하거나 순종해야 하는 심리적 갈등에 처하여 이 갈등을 스스로 회피하는 것으로 해석할 수 있다.

또한 작가는 자신의 주요 관심사 중 하나로서 털리버 같은 평범한 사람에게도 비극이 가능하다는 전제 하에, 털리버의 장단점을 낱낱이 분석하는가 하면, 더 나아가 털리버 집안과 도슨 집안의 심리를 생생하게 묘사한다. 또한 라일리와 웨이컴 등 주인공이 아닌 인물의 내면 심리도 날카로운 통찰력으로 묘사된다. 가령 라일리가 톰의 교육 문제를 의논하는 털리버에게 스털링 목사를 추천하는 장면은 그 대표적인 예다. 그는 스털링을 개인적으로 잘 알아서라기보다, 자신을 신뢰하는 털리버를 실망시키지 않고 자기처럼 딸부자인 스털링의 장인에게 동병상련의 연민을 느끼는 복합적인 심리 때문에 스털링 목사를 권위 있는 태도로 추천하는 것이다.

웨이컴도 매우 객관적으로 묘사된다. 털리버의 입장에서 보면 매우 나쁜 악당이지만, 그의 인간적인 면도 아울러 묘사된다. 큰 저택을 지니고 사교적으로 잘 처신하는 등 그의 사회생활은 매우 원만한 것으로 묘사되며, 특히 아들에게는 매우 다정한 아버지로 묘사된다. 아들의 불구 때문에 평소 마음이 아팠던 그는 털리버를 싫어하지만 결국 아들의 부탁을 들어준다. 즉 웨이컴은 필립이 매기의 사랑을 얻고 싶어 톰이 물방앗간을 되찾게 해달라고 부탁하자, 처음에는 단호히 거절하지만 죽은 아내를 생각하고 매기와 필립이 잘 맺어지길 바라는 마음에서 이 부탁을 들어준다. 이런 심리묘사를 통해 그가 형편없는 악당만이 아니라, 장단점을 지닌 복합적인 인물로 형상화된다.

E. 이 소설을 개인과 사회 간의 유기적 관계에 입각하여 접근해 보아라.

엘리엇은 사회가 주요 인물의 운명에 결정적인 영향을 미치는 것으로 그리지 않는다. 가령 매기의 비극은 대외적으로 겪는 굴욕을 제외하면 그녀의 내적 충동에서 빚어진 것이다. 그러나 엘리엇은 사회가 개인에게 미치는 영향뿐 아니라 사회간의 상호관계도 추적한다. 이 소설에서는 마을의 지리와 토지 소유－세인트 오그스, 배싯, 가름 퍼스, 돌코트 물방앗간 등－를 알려주고, 각 마을의 분위기를 묘사한다. 소설에서는 증기 기관 같은 발명품이나 기업적 자본주의 같은 새로운 경제를 언급함으로써 세인트 오그스 사회가 발전하는 과정 및 각계각층의 사회를 대변하는 다양한 인물이 그려진다. 소설 전반부에서는 이런 사회적 힘이 톰과 매기에게 미치는 영향이 암시되지만, 후반부로 갈수록 세인트 오그스라는 사회 배경에 비해 매기는 단순한 인물로 그려진다.

한밤중에 아기 안은 여인을 건네주어 축복을 받았다는 뱃사공 세인트 오그에 관한 전설이나, 물에 빠뜨려 살아나면 마녀이며 빠져 죽으면 죄 없는 여인으로 판정된다는 디포우(Defoe)의 마녀 이야기는 매기가 이 사회에서 겪게 될 수난을 암시한다.

또한 매기가 아버지의 파산 뒤에 겪는 고통은 충만하고 고상한 삶을 원하는 매기의 개인적 욕망이 좌절되지만, 사회적으로 중산계급 여성의 결핍이라는 세인트 오그스 사회의 현실과도 관련된다. 즉 그녀가 느끼는 결핍감은 지상에서 "가장 멋지고 가장 훌륭한"(381) 것을 강력히 동경하기 때문에 다른 사람들보다 "더 큰 결핍의 짐"(381)을 느끼는 성격 탓이기도 하지만, 그 사회의 현실과도 관련된 것이다. 이런 맥락에서 매기의 좌절에 대한 사회의 책임이 암시된다.

> 그날 오후 … 그녀가 느끼는 불만은 새로운 국면에 접어들었다. 그녀는 다른 사람이 느끼는 것보다 더 큰 열망의 짐이 자기에게 놓인 것을, 그리고 이 지상에서 가장 위대하고 훌륭한 그 무엇을 추구하는 이 너무나 엉뚱한 열망을 견디는 것을, 일부 자기 삶에서 겪어야 할 역경이라 생각했다. (『플로스강의 물방앗간 2』, 381쪽)

또한 매기와 톰의 관계에서는 대조적인 성격 때문에 갈등이 끊이지 않는다. 톰은 중간계급과 산업자본주의 사회의 전형적 가치를 대변하는 인물이므로, 오빠와의 관계에서 매기가 겪는 갈등은 당대 중간계급 여성의 현실과 관련된다. 이러한 현실은 노동의 성별분업과 이로 인한 여성의 지위하락을 초래한 자본주의 생산양식과 별도로 생각할 수 없으므로, 그녀에게 지적 성취의 꿈은 허용했지만 성취의 수단은 허용치 않는 성차별적인 세인트 오그스 사회의 현실과도 관련된다. 이 사회의 한계는 "'성격은 운명이다.' 그러나 성격이 우리 운명의 전부는 아니다"(514)라는 화자의 진술에서 확인되기도 한다. 그런데 이 작품에는 그 사회의 가치를 대변하는 도슨가나 톰이 지닌 실질적 미덕을 그것대로 충분히 공정하게 바라보는 작가의 시선에도 불구하고, 이 사회가 폭넓은 삶을 원하는 매기의 욕구를 실현시키기에 턱없이 부족하다는 점이 암시된다. 이러한 한계를 비판하는 준거는 전 산업 사회(pre-industrial society)

에서 가능했던 유기적 공동체의 가치이므로, 매기가 톰과의 관계에서 겪는 갈등은 당대 중간계급 여성의 현실 및 성차별적인 세인트 오그스 사회, 그리고 한 걸음 더 나아가 동시대 산업자본주의 사회와 관련된다.

F. 비현실적이라고 비난받는 이 작품의 결말을 살펴보아라.

매기가 톰과 화해하고 곧 익사함으로써 다소 환상적으로 처리된 이 작품의 결말을 어떻게 해석될 수 있는지 생각해 보자. 이 홍수라는 결말은 꾸준히 준비되어 왔지만, 작가가 매기의 열망을 계속 존속시킬 수도 해결할 수도 없는 딜레마에 처하여 이제껏 제기해온 매기의 문제를 우연히 닥친 홍수로 임의적으로 중단해버렸다는 인상을 주는 것 또한 사실이다. 아울러 인습적인 관습에 과감하게 도전하였던 엘리엇의 생애에 비하면, 익사라는 결말은 너무 임의적이라고 비난받기도 한다. (이 결말에 대한 부정적 의견에 대해 Leavis 46; Henry James, "The Novels of George Eliot", *A Century of George Eliot Criticism 52; Allen*(1954) 227; (1964) 115-17 참조). 또한 빅토리아 사회에서 자신의 열망을 보존할 공간을 발견하지 못한 매기의 죽음은 성적·사회적 실패로 해석되기도 한다.

그러나 이 결말에서 매기에게 톰을 구조하는 우월한 위치가 잠시 허용되며 그와 화해하고 죽기 때문에 이 죽음은 완전한 실패를 상징하는 로맨스의 죽음과는 다른 측면이 있다. 그러므로 페미니즘 평자들은 매기가 자신의 진정한 가치를 톰에게 인식시켰다는 점에서 이제껏 이 결말의 긍정적 의미를 읽어낸 평자들과는 다른 이유, 즉 매기가 오빠인 톰을 구조했다는 사실과 목숨을 건 구조행위로 말미암아 이들 남매의 화해가 이루어졌다는 점을 높이 평가한다. 가령 홍수가 닥치자 비가 퍼붓는 밤에 혼자 보트를 저어 물방앗간에 있는 톰을 구하러가는 등 홍수에 적극적으로 대처하는 매기의 모습은 이런 긍정적 해석을 뒷받침해준다. 이런 연유로 길버트와 구바, 메린 윌리엄즈(Merryn Williams), 비어(Beer) 등의 페미니즘 평자들은 톰을 구조하는 매기의 구조행위와 이 장면에서 매기에게 잠시 허용된 우월한 위치에 큰 의미를 부여하여 이 구조행위를 매기가 톰에게 거둔 일종의 승리를 상징하는 것으로, 그리고 남매의 화해 뒤에는 그녀의 분노 및 적극적인 복수가 숨어 있다고 해석한다(Bushnell 378-95; Beer (1986) 90; Gilbert and Gubar (1979) 493-494; Williams 144. 이외에 이 결말에 감춰진 매기의 강력한 분노를 지적한 Emery 24-26; Hagan 62; Ermarth 599; Auerbach (1975) 165 참조). 이런 해석들은 매기의 구조행위와 익사의 양면을 균형 있게 고려한다기보다 구조행위 자체에 과도한 의미를 부여하는 경향이 있다. 왜냐하면 매기의 죽음은 그녀에게 일시적으로 부여된 이 우월한 지위가 가부장적인 산업사회 속에서 지속될 수 없음을 암시하기 때문이다.

그러므로 이 결말에서 구조와 화해 및 죽음 중 어느 쪽을 강조하느냐에 따라 입장이 달라진다. 먼저 이 결말과 관련하여 마녀 이야기를 상기해 볼 필요가 있다. 왜냐하면 앞에 복선처럼 암시된 마녀 이야기(물에 빠뜨렸을 때 수영해서 살아나면 마녀로 판정되고 물에 빠져 죽으면 무고한 여인으로 판정된다는 디포우의 이야기)에는 중대한 의미가 함축되어 있기 때문이다. 매기는 죽어서 무죄를 입증하고 톰과 화해하여 톰의 인식을 바꾸므로 그녀의 죽음이 헛되지 않다는, 남매의 화해에 대한 긍정적 해석이 있다. 그러나 죽은 다음 무죄가 밝혀지는 마녀 이야기와 관련하여 화해하고 죽는 게 무슨 의미가 있느냐는 부정적 해석도 있다. 즉 마녀의 이야기에 대해 "물에 빠져 죽었을 때 마녀가 아니라고 판명되는 것이 그녀에게 무슨 소용이 있는가?"(66)라는 매기의 질문처럼, 톰이 죽기 전에 매기의 진정한 가치를 깨닫는 것이 그녀가 그간 겪어온 고통을 보상해줄 수 없다는 점에서는 부정적 해석이 더 설득력이 있다고 하겠다.

이 결말의 올바른 의미는 남매의 갈등의 원인이 무엇이며 그들의 화해가 어떤 의미를 갖는지, 즉 루이스와의 결혼으로 야기된 오빠와의 불화에 대한 엘리엇의 "소원 성취적 반전(a wish fulfillment reversal)"(McDonnel 383; Boumelha(1987) 29; Emery 8, 11)이라는 문제와 반드시 관련시켜 생각해 보아야 한다.

G. 이 작품을 빅토리아 시대의 여성상과 관련하여 생각해 보아라.

빅토리아조 영국 사회의 이상적인 여성상은 마리아였다. 여성은 순결, 관용, 이타심 등 미덕의 화신이자 남편의 '제 2의 양심'이 되기를 요구받았다. 이 마리아 신화에서 가장 중요한 것은 여성에게는 성적 욕망이 없다는 것이다(바쉬 3-15). 성적 욕망이 없는 여성에게 성관계는 희생정신과 모성 본능의 발현으로 간주되었다. 여성의 탈성화의 이면에는 유혹자로서 여성의 열정에 대한 두려움, 즉 이브 신화가 숨어 있다. 남성보다 열등한 여성은 육체적 욕망의 화신이고 남성의 정신에 위협이 된다는 생각이 사라진 게 아니라, 마리아 신화 속에 감춰졌을 뿐이다. 이러한 여성에 대한 두려움은 여성의 자아를 육체와 정신, 열정과 의무로 분열시킨 후 그 중 한 면만을 강조함으로써, 여성이 완전한 인간으로 성장할 가능성을 제한하였다.

『플로스강의 물방앗간』은 충동적이고 열정적인 여성이 열정과 의무, 육체와 정신, 정숙한 아내와 타락한 정부 등 양분된 틀 중에서 하나를 선택하도록 강요하는 사회에 대처하는 모습을 보여준다. 여기서는 빅토리아 시대의 여성상과 관련지어 이 작품의 여주인공인 매기(Maggie)의 성숙 과정을 검토해보자. 매기는 상상력이 풍부한 충동적 아이로, 가족에게 이해받지 못하는 존재다. 늘 단정치 못한 그녀의 까만 머리는 어머니의 걱정거리고, 아버지는 그녀가 이야기를 잘하고 책을 잘 읽는데 대해 자부심을 느끼면서도, 여자 아이가 똑똑한 것은 아무 쓸모가 없다고 걱정한다. 매기의 충동과 지성을 억압하려는 편협한 주변 세계는 어린 매기가 라일리 씨(Mr. Riley) 앞에서 하는 이야기에 잘 나타난다. 물에 빠진 노파가 마녀인지 아닌지 알아보기 위해서 물에 집어넣어 수영을 하면 마녀이고, 익사하면 무죄로 밝혀진다. "하지만 이미 익사한 다음에 무죄로 밝혀지는 것이 무슨 소용이 있겠는가?"(66) 이 이야기는 매기를 규정하는 세계의 자기모순을 드러낼 뿐더러 앞으로 매기에게 주어질 선택을 암시한다. 즉 매기는 죽어서 천사와 같은 순수함을 간직하든가, 마녀처럼 살아가든가 둘 중 하나를 선택해야 한다.

매기와 세계의 상호작용에 있어 톰으로 대변되는 세계의 억압보다 더 중요한 문제는 매기가 세계에 대처하는 방식이다. 톰과 매기의 관계는 그 방식을 보여준다. 매기의 풍부한 상상력은 톰과의 관계에서 창조적인 탈출구를 찾지 못한다. 이들이 낚시를 갔을 때 일어난 일이 그 단적인 예이다. 이 장면에서 매기가 물고기에 대해 "모두 잊고 꿈꾸듯 투명한"(93) 호수를 들여다보다가 물고기에 관해 잊어버리는 것은 그녀의 열정과 상상력이 방출되고 있음을 뜻한다. 이때 톰이 달려오자 그녀는 두려움을 느끼는데, 이것은 톰이 인정하지 않는 독립된 세계를 가졌던 것에 대한 죄의식을 반영한다. 그러나 우연히 물고기를 잡은데 대해 톰이 칭찬하면서 "맥지"(Magsie)(93)라는 애칭을 불러주자, 두려움이 사라지고 매기는 만족감을 느낀다. 즉 매기는 자신의 상상력이나 열정을 억제하더라도, 톰의 인정을 받는 데서 자기 존재를 확인한다. 이와 같이 매기는 억압을 내면화하여 순간적인 상상력마저 억제한다.

매기를 훈련시키는 계기는 토머스 아 켐피스를 읽는 것이다. 매기가 자신의 삶을 이해할 수 없고 이 고된 현실을 설명해 줄 수 있는 어떤 열쇠를 필요로 할 때 우연히 읽게 된 켐피스의 책은 자신을 포기함으로써만 마음의 평화를 누릴 수 있다고 가르친다. 매기는 캠피스의 가르침을 받아들여 욕망과 의무를 나눠 욕망을 죄악시하고 의무의 수행을 이 지상의 최대 목표로 삼는다. 이러한 결심은 매기가 머리를 단정하게 빗고, 매사에 양보하며 금욕적인 삶을 사는 것으로 나타나는데, 이것은 당대 사회가 요구하던 마리아적 여성상에 동화되는 과정이라고 하겠다.

그녀로 하여금 금욕적인 삶을 재검토할 기회를 제공하는 것은 레드딥(Red Deep)에서 필립을 만난 일이다. "이 세계"를 다시 사랑하게 될까봐 "그 책을 읽으면 다시 전처럼 세속적인 것들을 다시 사랑"하고 "풍요로운 삶을 동경하게 될까" 두려워 매기는 필립이 빌려주겠다는 스콧(Scott)의 소설을 거절한다. 필립은 매기의 '편협한 금욕주의'(402)가 부자연스러운 행동이라고 지적한다. 그러나 필립은 시와 예술, 지식은 신성한 것이며, 매기의 정신을 황폐하게 한다고 지적하고 만다. 그는 육체와 정신의 이분법을 문제 삼는 게 아니라, 풍요로운 정신적 삶의 중요성만 강조한다. 이러한 필립의 한계는 그의 육체적 결함과 무관하지 않다. 그는 매기의 삶이 부자연스러운 것은 알지만, 그녀의 삶을 육체와 정신이 통합된 삶 쪽으로 안내할 수는 없다.

매기는 스티븐의 구애에서 "사랑과 아름다움과 기쁨"(495)의 세계가 가까이 있음을 느낀다. 스티븐은 필립과는 달리, 매기의 억제된 열정이나 육체적인 면을 일깨워 줄 수 있다. 파크 하우스(Park House)에서 열린 파티에서 스티븐이 키스를 하자 매기는 죄책감이 들면서도 "순간적으로 행복"을 느낀다. 스티븐과 단 둘이 보트를 타고 너무 멀리까지 떠내려온 것을 알았을 때 매기가 보이는 반응은 그녀의 열정 및 육체의 해방을 의미한다. "매기는 … 처음에는 놀라서 어쩔 줄 몰랐으나 물결이 이 모든 일을 하고 있다고 믿고 싶어졌다—조용하고 빠른 물살을 따라 미끄러져 내려가고 더 이상 투쟁하지 않기로 했다."(590) 물을 따라 흐르면서 더 이상 갈등하지 않는다는 것은 그녀가 무의식의 경지에 빠져 들어가 그 동안 의식 세계에서 억압해 왔던 충동이 해방되었음을 의미한다. 스티븐에게 이끌리면서도 끊임없이 죄책감에 시달리던 매기는 이제 자기 감정을 강물에 맡겨버린다.

어린 시절 물고기를 잡으러 가서 백일몽에 빠졌다가 깨어났을 때와 마찬가지로, 매기는 스티븐과의 사랑이라는 무의식의 경지에서 깨어나자 자신을 억제해야 한다고 생각한다. 그녀는 자신의 사랑을 의무와 대립된 쾌락으로 간주하며, 따라서 이를 거부해야 한다고 생각한다.

매기는 억압적인 세계의 규범에 맞추기 위해서 희생적으로 자신의 충동을 억제한다. 매기는 사랑과 의무, 육체와 정신의 분리를 강요하는 규범을 내면화하여 의무와 정신을 택한다. 따라서 그녀는 어린 시절에 톰이 자신을 '맥지'라고 불러 주었듯이 톰이 자기 행동을 칭찬해 주길 기대한다.

그러나 톰은 매기에게 등을 돌린다. 오빠에게 인정받지 못한 금욕적인 삶은 매기에게 견디기 힘들다. "그녀는 젊고 건강한데, 어떻게 참고 버틸 수 있을까? … 아직도 겪어야 할 시련이 더 있을까? 오! 신이시여, 오래 살아야 한다면 축복과 위안을 주는 삶이 되게 하소서."(649) 톰의 인정을 받지 못하는 가운데, 매기는 젊고 건강한 자신이 앞으로 감내할 금욕적인 삶 사이에서 갈등을 느낀다. 그러나 이런 갈등은 홍수라는 기계적 장치(deus ex machina)에 의해 사라진다.

매기는 홍수 속에서 톰을 구조함으로써, 톰에게 인정받는다. 따라서 그녀의 갈등이 제기했던 문제는 저절로 소멸된다. 그녀는 이번에도 톰의 칭찬에 만족하는 것으로 끝난다. "그들은 아무 말 없이 서로 바라보며 마주 앉았다.… 회색 눈과 그의 입술이 드디어 한 마디를 했다. 예전에 어린 시절에 하던 '맥지'였다."(654-55) 여성에게 마리아와 같이 순결한 여인이 되기를 강요하는 빅토리아 사회에서 여성은 진정한 의미에서 성숙할 수 있는 기회를 제한받는다. 마리아 신화는 여성의 자아를 육체와 정신, 열정과 의무로 분리한 뒤 육체와 열정을 억압함으로써, 인간의 성숙에 필요한 육체와 정신, 열정과 의무의 조화를 여성에게 허락하지 않는다. 따라서 인간적으로 성숙하기 위해서는 마리아적 여성상을 극복하는 것이 선행 조건이다.

매기는 마리아적 여성상이 억압하려는 열정이 풍부한 개인이며, 그녀의 교육과정이라고 볼 수 있는 토마스 켐피스의 독서 체험은 억압적인 사회 규범을 주입시키는 장치로 작용한다. 그러나 구체적인 선택에 부딪쳤을 때 매기는 항상 규범에 따르기 위해 자신의 충동을 억제한다.

매기는 스티븐이 제시하는 삶이 꼭 열정의 삶이 아니었음에도 불구하고, 자신의 사랑을 사회적 규범에 따라 죄로 규정해 포기하고 죽음으로써 영원히 순결한 여성이자 어린 아이로 남으려 한다. (조애리. 『성, 역사, 소설』 중 "빅토리아 시대의 여성상: 『제인 에어』, 『플로스강의 물방앗간』", 51-65 참조.)

George Eliot

The Mill on the Floss

VI. 작품 해석

VI. 작품 해석

A. 페미니즘 비평에서 접근한 『플로스강의 물방앗간』

결론부터 말하자면 이 작품은 페미니즘 소설이라 할 수 있다. 빅토리아조 사회현실과 그 사회의 성 이데올로기와 관련하여 여성문제를 파악하는 페미니즘의 관점에서 이 작품을 분석해 보자.

이 작품은 어린 시절의 많은 일화를 통해 남매의 성장을 상세히 보여준다는 점에서는 남매의 성장소설이라 할 수 있다. 가령 이 작품은 오누이의 이중 성장소설(Double Bildungsroman), '두 개의 성장소설', 혹은'남녀 각각의 성장소설'(male-female double Bildungsroman)이라 지적된다(McDonnell 382; Goodman 31;42). 그러나 어린 시절 남녀라는 성(gender)이 어떻게 형성되며 비슷한 환경에서 남매가 어떻게 서로 달리 성장하는가, 특히 강렬한 지적 동경을 지닌 매기가 어떻게 크고 작은 좌절을 겪게 되는지 그 과정을 보여준다는 점에서는 여느 성장소설과 다르다. 구체적으로 아버지 털리버가 스스로 이해할 수 없는 경제적 변화와 법적 소송에 관련되어 물방앗간을 잃는 등 경제적으로 파산하고 그 충격으로 병들어 죽게 되자, 이 외부적 환경의 변화 때문에 남매에게는 다른 역할이 기대된다. 이후 톰에게는 일자리를 얻어 웨이컴의 빚을 갚고 가정의 재산을 회복하는 역할이 기대되며, 매기에게는 살 집을 장만할 때까지 다른 일자리를 얻지 말고 어머니와 더불어 풀리트 이모님 집에 얌전히 있는 것이 권장된다. 또한 딘 이모부의 회사에서 근면하게 일하고 밥 제이킨과 동업하여 크게 이익을 남기자 친척들에게 인정받는 톰과는 달리, 오빠보다 더 영리하나 정식 교육을 받지 못한 매기는 무능한 경제적 기생자가 되어 자신감을 잃는다. 이런 연유로 이 작품은 좌절된 성장소설이라 할 수 있다.

매기의 동경은 작가가 매기에게 적절한 거리감을 유지하지 못했다는 여러 평자들의 비난에도 불구하고(Leavis 55-57), 독자에게 충분한 공감을 자아내도록 그려져 있다. 그러므로 이 작품의 주제는 "편협하고 압제적인 사회에 사는 영리한 한 젊은 여성의 이루지 못한 동경"(Showalter 1977, 125)에 대한 공감적 이해라 할 수 있다. 그녀의 동경은 정서적·지적으로 더 풍요롭고 창조적인 삶을 이루려는 열망과 사랑하는 주변 인물들(특히 아버지와 오빠 톰)의 인정을 받으려는 두 가지 욕구로 나뉠 수 있다. 이 두 가지 욕구 중에서 그 어느 것도 포기할 수 없다는 게 매기의 근본문제이다. 왜냐하면 이 욕구 중 전자는 당대의 현실에서 중간계급 여성에게 요구된 역할과 상치된 것으로서, 당대의 성 이데올로기는 그녀가 주변 인물들의 사랑을 받기 위해 순종적인 여성이 될 것을 요구하기 때문이다.

이 당대 사회의 성 이데올로기는 주변인물들이 매기를 대하는 태도와 그녀가 받는 차등교육에 반영된다. 우선 매기는 큰 키와 검은 피부, 검은 머리 등의 외모와 당대의 상식을 거부하는 영리하고 도전적이며 반항적인 성격 등 여러 면에서 전통적인 여주인공들과는 다른 인물이다. 그러나 매기 주변의 인물들은 빅토리아조 사회에서 중간계급 여성의 전통적인 역할만을 기대할 뿐이다. 매기의 어머니 털리버 부인(Mrs. Tulliver)은 강가에서 천방지축으로 뛰어다니는 딸의 얌전하지 못한 행동에 걱정을 금하지 못한다. 사회적 통념에 매인 도슨가의 이모들도 매기보다 의자에 앉혀놓으면 한 시간 동안 꼼짝없이 앉아 있을 정도로 순종적인 성격과 예쁜 곱슬머리 금발을 지닌 매기의 사촌 루시 딘(Lucy Deane)을 더 예뻐한다. 털리버 씨도 매기의 영리함을 자랑스럽게 여기면서도 딸의 장래를 근심하는 양면적인 반응을 보인다.

> '그앤 톰보다 두 배나 영리해. 여자애치고 너무 똑똑한 게 아닌가 싶어 ..... 어릴 땐 그리 해 될 게 없지만, 너무 똑똑한 여자애는 꼬리 긴 양보다 나을 게 없지.

그렇다고 값을 더 받을 것도 아니고 말이야.....

'여자란 그렇게 똑똑할 필요가 없지요. 똑똑하면 문제가 생긴다니까요.' (『플로스 강의 물방앗간 1』, 20-21, 29-30쪽)

털리버 씨가 톰의 교육문제를 상의하는 지방 경매인 라일리 씨도 자신에게 대니얼 디포우(Daniel Defoe)의 『마녀 이야기』(*The History of the Devil*)에 나오는 마녀 그림을 해석해주는 매기에게 영리하다고 칭찬해 주기는 커녕 그런 책은 여자애들이 읽기에 적합한 책이 아니라고 주의를 준다. 특히 톰은 매기가 오빠에게 기울이는 관심에 훨씬 못 미치는 관심밖에 보이지 않으며, 자아성취에 대한 누이의 욕구를 이해하지 못하고 순종과 융통성 없는 원칙만 누이에게 일방적으로 강요한다. 이처럼 매기가 톰보다 영리하다는 사실을 환영하지 않을 뿐더러 반항적인 매기보다 순종적인 루시를 더 귀여워하는 주변 인물들의 반응에서 여성의 영리한 지성을 위험시하고 순종적 태도를 기대하는 사회의 성 이데올로기를 짐작해 볼 수 있다.

그 결과 매기는 지적 성취와 오빠의 사랑이라는 두 가지 욕구 사이에서 끊임없이 갈등하게 된다. 팽팽한 긴장을 이루는 그녀의 갈등은 "두 우상"(371) 중 하나인 톰과의 관계에서 가장 뚜렷이 드러난다. 왜냐하면 톰과의 관계는 매기에게 가장 큰 비중을 차지하고 있을 뿐 아니라 그녀의 성장에 가장 큰 영향을 미치기 때문이다. 그런데 오빠의 인정과 사랑을 받으려고 자신의 요구를 억제하는 매기도 톰의 부당한 처사에 대해서는 종종 분노를 터뜨릴 수밖에 없다. 가장 흔히 인용되는 죽은 토끼 일화에서 매기는 먹이를 안 주어 토끼를 죽게 한 실수를 용납하지 않고 그 벌로 내일 낚시에 데려가지 않겠다고 말하는 톰의 잔인함에 분노를 폭발시키지만, 오빠의 사랑을 잃을까 두려워 결국 오빠에게 양보한다. 그녀의 이러한 양면적 반응은 먹고 싶은 욕구를 억누르고 큰 슈크림을 그에게 양보한 것, 톰이 자기를 빼놓고 루시하고 놀자 충동적으로 루시를 진흙탕에 밀어 넣고 집시에게 도망갔다가 돌아오는 등 어린 시절의 일화들에서 찾아볼 수 있다. 이 양면적 반응에서 톰에게 인정받으려는 매기의 일관된 욕구를 볼 수 있다. 그런데 톰은 당대 사회에서 통용되던 성 이데올로기를 대변하는 인물이므로, 매기가 톰에게 의존하는 것은 그녀의 자아성취를 저해한다. 그러므로 사랑받으려는 욕구 때문에 항상 복종할 것이라는 화자의 언급대로, 그녀가 자율성을 포기하고 톰에게 집착하면 할수록 성취와는 멀어지며 그들의 갈등의 골은 깊어질 따름이다. 이런 맥락에서 "남성들에게 의존"하는 것이 그녀의 성취를 방해한다는 뉴톤(Judith Newton)의 지적이나, 톰의 마음에 들려는 매기의 욕구가 그녀의 도덕적 감각을 혼란시킨다는 베스 칼리코프(Beth Kalikoff 363)의 지적이 적합하다.

둘째로, 매기와 톰이 받는 교육도 중산계급 남녀에게 기대된 다른 사회적 역할을 반영한다. 우선 젊은 숙녀를 위한 퍼니스 양(Miss Firniss)의 기숙 학교에서 받는 매기의 교육은 단 한 문장으로 처리된다(263). 반면에 톰의 교육은 집안의 중대관심사로서 아들이 자신보다 훨씬 출세하기를 원하는 털리버 씨는 톰이 다닐 학교를 정하기 위해 릴리 씨의 조언을 구하며 친척들이 모인 자리에서 톰의 교육계획을 밝히는 등 1권의 상당 부분과 스털링 씨(Mr. Stelling)의 학교교육(King's Lorton)을 다루는 2권의 거의 전체에 걸쳐 톰의 교육이 상세히 묘사된다. 이런 길이상의 대조뿐 아니라 지대한 관심을 보이는 아들의 교육과는 달리 딸의 교육에는 무심한 털리버 씨의 편파적인 태도에서 당대 사회가 남녀교육에 둔 비중의 차이가 암시된다.

또한 이들의 교육 내용도 사회의 성차별구조를 명시해 준다. 매기는 마녀가 나오는 그림책을 자기 나름대로 해석하거나 두꺼비에 관한 이야기나 소설 속의 검은 머리 여주인공을 위해 행복한 결말을 지어낼 정도로 상상력이 풍부하지만, 그녀에게는 지적 발전과는 상관없이 순종과 자기

희생만이 미덕으로 강요된다. 일례로 "천을 조각조각 찢었다가 다시 붙여 바느질하는 어리석은 일"(61)로 매기가 질색하는 퀼트(patchwork)는 보잘것없는 여성교육을 단적으로 대변해준다. 반면 톰에게는 남성위주의 고전교육이 주어진다. 톰이 받는 남성 중심적 교육은 스털링 선생이 톰의 학교를 방문한 매기에게 하는 말에 드러난다. 즉 여자를 증오한 천문학자의 얘기를 듣고 높은 탑에 사는 모든 천문학자들이 천문관측을 방해받을까봐 여자들을 싫어했을 것이며, 톰과 같이 유클리드(Euclid)를 배울 수 있을 거라 확신하는 매기에게 스털링 선생은 다음과 같이 말한다.

> '스털링 선생님, 오빠 대신에 저를 가르치신다면, 기하학과 오빠가 배우는 모든 과목을 제가 할 수 있지 않을까요?'
>
> '안 돼, 넌 못해.' 톰이 화가 나서 말했다. '여자애들은 기하학 못하죠, 그렇죠, 선생님?'
>
> '여자애들은 뭐든 조금씩은 배울 수 있단다. … 겉보기엔 여자애들이 아주 똑똑하지. 하지만 그 어느 것도 깊이 파고들진 못해. 재빨리 이해하긴 하지만 깊이가 없거든.' (『플로스강의 물방앗간 1』, 253-254쪽.)

이상의 대화에서 톰이 페미니즘에 반대되는(antifeminist) 교육을 받고 있음이 밝혀진다(Jacobus 69). 이처럼 남녀의 역할을 다르게 규정한 사회적 통념을 주입하는 교육의 결과, 톰은 점차 자신의 판단력과 성취를 긍정적으로 평가하게 되는 반면에 매기는 교육과 기회의 결여로 인해 자신의 성취에 대한 자신감을 잃어버린다.

이상 남매의 어린 시절을 묘사하는 이 작품의 1, 2권에서 살펴본 것처럼 매기는 여성에 대한 사회의 요구를 반영하는 주변 인물들의 태도와 차등교육으로 인해 남매 관계에서 갈등을 겪게 되며, 이 갈등은 그저 그들 남매간의 개인적 문제라기보다 당대 중간계급 남녀의 현실과 어느 정도 관련된 것이다. 가령 자신의 저금에서 토끼 값만큼 주겠다는 매기의 제의에 "나는 사내니까 너보다 돈이 훨씬 많아.... 그리고 넌 단지 여자애니까 5실링짜리 백통전만 갖고 있지."(87)라며 거절하는 톰의 말에서 경제적으로 불평등한 중간계급 남녀의 현실이 엿보인다. 이런 연유로 그녀의 갈등은 당대 성차별적 사회가 중간계급 여성에게 기대한 요구를 전형적으로 반영하는 여성문제로 제시된다.

3권 이후 5권 사이에는 매기의 성장한 모습이 그려지며, 이 부분에 그려진 남매관계에는 어린 시절 남매의 성장과정에서 암시되었던 중간계급 남녀의 성차별이 더욱 진전되어 매기에 대한 톰의 경제적·성적 억압이 한층 강화된다. 이 남매관계를 변화시키는 결정적 계기는 털리버 씨가 웨이컴(Wakem)과의 소송에 져서 집안이 파산하는 사건이다. 집안의 파산 이후 톰에게는 일자리를 얻어 웨이컴의 빚을 갚고 가정의 재산을 회복하는 역할이 기대되며, 그는 이 기대에 부응하여 딘 아저씨의 회사에서 근면하게 일하고 밥 제이킨(Bob Jakin)과의 동업으로 크게 이익을 남겨 친척들에게 인정받는다. 그러나 매기에게는 일을 얻어 가정경제 재건에 일조하기보다 털리버 부인과 더불어 집에 얌전히 있도록 권장된다. 이처럼 그들에 대한 각기 다른 기대는 산업자본주의 사회로 변화하면서 일어난, 특히 중간계급과 상류지배계급에서 더 강조된 노동의 성별분화와 관련된 것이다. 또한 이런 노동의 성별분업현상은 바깥세상에서 일하는 남성에게 할 일 없이 더욱 의존하게 된 여성의 지위하락을 수반하는데, 이런 변화된 관계가 이들 남매 관계의 핵심이다. 가령 필립(Philip)과 매기의 만남이 발각된 뒤 톰과 매기가 나누는 대화에 이런 변화가 발견된다.

> '네 감정이 내 감정보다 그렇게 우월하다면 좀 보여 주렴 .... 아버지와 날 그렇게 사랑한다면서 그걸 어떻게 보여 줬지? 불복종과 속임수로? 난 내 사랑을 그런 식으로 보여주진 않아.'
>
> '오빠는 남자니까, 게다가 힘도 있고 세상에 나가서 뭔가 할 수 있으니까 그렇지.'
>
> '그래, 넌 아무 것도 할 수 없으니까 할 수 있는 사람들에게 순종하란 말이야.' (『플로스강의 물방앗간 2』, 136쪽)

위의 대화에서 톰은 경제활동에서 큰 수완을 발휘한 자신감을 바탕으로 무력한 "경제적 기생자"(Zimmerman 1974, 91)에 불과한 누이에게 복종을 강요한다. 이런 대화 뒤에 톰이 다음 날 떠날 출장에 관한 딘 이모부의 지시를 받으러 성 오그스로 가고 매기가 자기 방에 올라가 우는 것도(451) 분리된 남녀의 "영역"을 상징적으로 보여준다. 또한 루시의 집에서 필립과 만나는 것을 허락받기 위해 찾아온 매기에게 톰은 자신이 어머니와 그녀가 살 집을 장만할 때까지 다른 일자리를 얻지 말고 풀리트 이모 집에 얌전히 있으라고 설득한다.

> "내 말은 네가 항상 극단으로 치닫는다는 거야. 판단력도 자제력도 없어. 그런데도 넌 네가 제일 잘 안다고 생각하고 도대체 다른 사람 말을 들으려고 하지 않아. … **그렇지만 생각해 봐라. 오빠는 세상에 나가서 남자들과 교제하니까 당연히 여동생에게 어떤 게 좋고 품위 있는 것인지 더 잘 알지 않겠니.**…" (『플로스강의 물방앗간 2』, 209-210쪽, 인용자의 강조)

이처럼 그는 세상일에 관여하는 자기 의견을 판단의 기준으로 내세운다. 이러한 일화들은 그의 억압적인 태도가 한층 강화되었음을 보여준다. 그러므로 톰과 매기의 남매관계는 "여성의 열정과 남성의 억압"(Showalter 1977, 126), 즉 노동의 성별분업으로 인한 중간 계급 남녀의 전형적 관계를 보여준다.

한편 톰의 억압이 강화되자 반항적이었던 매기는 순종을 내면화하는 극단적인 변화를 보인다. 이러한 매기의 변화는 집안의 파산 및 이 파산 이후의 정신적·물질적 결핍감에서 비롯된 것이다. 그녀의 아버지와 오빠는 웨이컴에게 복수하기 위해 경제 활동에 몰두하여 그녀의 내면적 욕구에 더욱 무심해졌을 뿐 아니라, 파산으로 인한 극도의 내핍생활은 물질적 결핍감을 증폭시킨다. 이런 이유로 2권 끝에서 "어린 시절의 황금 문"(270)이 영원히 닫혔다는 것은 그들의 어린 시절이 문자 그대로 황금시절이었다기보다 집안의 파산 이후에 그녀의 결핍감이 상대적으로 한층 더 심화되었다는 뜻으로 해석된다. 그녀의 이러한 결핍감은 지상에서 "가장 멋지고 가장 훌륭한"(381) 그 무엇을 강력히 동경하기 때문에 다른 사람들보다 "더 큰 결핍의 짐"(381)을 느끼는 성격 탓이기도 하지만, 그 사회의 현실과도 관련된 것이다. "이 방대한 국가의 삶이 상류 사회와 가벼운 아이러니를 유지하는 데 필요한 모든 활동을 촉구하는 강조, 즉 결핍의 강조에 전적으로 기초해 있다"(385)는 화자의 언급에서 그녀의 결핍감이 중간계급과 노동계급, 특히 중간계급 여성의 결핍감과 관련된 것이며 사회가 이들의 희생에 토대하여 건설되었음이 암시된다. 그녀는 이 결핍감 때문에 "자기 안팎의 변경할 수 없는 법칙"(381)에 무지한 상태에서 "화산처럼 갇힌 열정이 올라오는"(387)듯 분노의 정점에 도달해, 용암처럼 흘러넘치는 "분노와 증오의 발작"(380) 때문에 놀랍게도 자신이 "악마"(380)가 되는 것이 그리 어려운 일이 아니라 느낀다.

그녀는 무력감과 결핍감, 이로 인한 격렬한 분노를 불러일으키는 현실에서 탈피하고자 자신의 무거운 짐을 견디게 해 줄 "모종의 열쇠"(379)를 모색하지만, 나름의 타개책으로서 고작 "현실과 책들, 그리고 공상이라는 세 겹의 세계"(367)를 찾아낼 뿐이다. 그녀는 이 세 가지 중에서 "남성적 지혜"(380)를 주리라 믿고 뒤적인 라틴어와 유클리드, 논리학 등 톰의 학교 책에서도, 월터 스코트(Walter Scott)같은 위대한 사람에게 자신의 형편을 하소연하는 현실도피적인 꿈이나 "터무니없이 가출하는 로맨스들"(380)에서도 위로를 얻지 못한다.

그녀는 이전 분노의 정점에서 밥 제이킨이 갖다 준 토마스 아 켐피스의 『예수의 모방』에서 우연히 현실타개책을 발견한다. 그녀에게 특히 호소력 있는 켐피스의 가르침은 자기 체념과 자기부정의 철학을 설교하는 다음과 같은 것이다.

'자신을 사랑하는 것이 세상의 그 무엇보다 해가 된다는 것을 알라.... 자신의 의지나 기쁨을 만족시키려고 이것저것 찾고 여기저기 있고 싶어 한다면, 평온하지도 근심에서 자유롭지도 못할 것이다. 왜냐하면 매사에 뭔가 부족한 게 있고 어딜 가나 뭔가 거슬리는 사람이 있기 때문이다.... 자신을 버리고 포기하라, 그러면 내적 평화를 한껏 누릴 것이다.' (『플로스강의 물방앗간 2』, 41-43쪽.)

가혹한 현실에서 상처받은 그녀는 이 중세 신학자의 철학에서 위안을 얻고 자신에게 주어진 삶의 한계를 기꺼이 받아들이려 한다. 한편 이 교훈은 충분한 인생경험도 없고, 충분한 교육도 받지 못한 그녀가 자신의 상황에서 발견해낸 최선책이라 할 수 있다.

그러나 심오한 종교적 차원의 체념을 설교하는 이 교훈은 그녀로 하여금 여성에게 주어진 한계에서 벗어나려는 그녀의 성취욕을 지나치게 이기적 욕망으로 간주하게 한다. 이와 같이 켐피스의 철학은 매기가 어린 시절의 반항과 양보중에서 후자로 치우치게 하는 여성순화의 도구가 되며, 당대 사회가 주입하려 했던 성 이데올로기를 내면화하여 양보와 순종을 오히려 적극적인 가치로 이상화하는 하나의 분수령이 된다. 이러한 매기의 변화는 "이 한때 고집불통의 아이가 그렇게나 유순하고 자기 고집을 내세우지 않는 아이가 되었다"(387)고 기뻐하는 어머니의 반응에서 찾아볼 수 있다.

매기의 이러한 변화는 그녀의 지적·심미적 발전을 고무해 주던 필립을 통해 비판된다. 그는 그녀가 음악과 독서조차 세속적인 즐거움으로 간주하며 거울을 벽으로 돌려놓는 등 수도자처럼 극단적인 고행에서 만족을 얻으려 하자 이런 태도를 "기나긴 자살"(429)이라 지적한다. 그는 체념이란 "기꺼이 견디는 슬픔이긴 하지만 슬픔"(384)이란 사실을 환기시키고, 체념과 마비를 구별하라고 충고한다.

'즐거움과 평화는 체념이 아니야. 체념이란 어쩔 수 없는 고통을 자발적으로 받아

> 들이는 것이지. 무감각은 체념이 아니라고. 무지 속에 살겠다는 무감각, 다른 사람의 삶을 알 수 있는 모든 길을 차단하는 무감각 말이야 .... 넌 체념한 게 아니야. 그냥 바보가 되려는 것뿐이야.' (『플로스강의 물방앗간 2』, 103쪽.)

그는 그녀에게 "편협한 금욕주의"(402)의 위험을 지적하면서 그 반작용으로 맹목적인 욕망이 밀려올 거라고 경고하는데, 이 경고는 훗날 그녀와 스티븐의 관계에 들어맞는다.

이 소설의 중심 플롯은 여성에게 적대적인 환경 속에서 고군분투하는 한 소녀의 심리적 고민과 곤경이다. 매기는 어린 시절 상상과 이상의 세계로 도피하며, 남녀의 다른 역할을 주입하는 차등 교육과 성취의 기회가 단절된 현실 속에서 어린 시절의 활기를 상실하고 기독교의 희생과 포기를 잘못 받아들여 자기가 만들어낸 도덕적 이상에 갇혀 버린다. 따라서 그녀가 겪는 갈등은 그녀의 내면적 욕구와 사회의 억압이 복합적으로 작용하여 초래된 것이라 하겠다. 매기는 가부장적 사회와 톰과 필립, 스티븐이라는 세 명의 남성 사이에서 갈등하다가 자신이 옳다고 생각하는 도덕에 따라 스티븐과의 행복한 결혼을 포기하고, 홍수 속에서 톰을 구하고 오빠와 함께 익사함으로써 연민을 지닌 현대의 뱃사공 세인트 오그가 된다.

매기는 남다른 지적 욕망과 성취욕, 뛰어난 상상력과 무조건적인 사랑, 삶에 대한 열정 등을 갖고 있으며, 여성에게 억압적인 사회와 자신의 내면적 갈등 때문에 이 욕망이 좌절되자 격렬한 분노를 느낀다. 특히 이 분노의 묘사, 예컨대 용암처럼 흘러넘치는 "분노와 증오의 발작"(380) 때문에 이 작품이 20세기 페미니즘 비평에서 새롭게 조명되고 높이 평가받고 있다.

그런데 매기는 활력 있고 매력적이었던 소녀에서 체념과 포기, 순종을 내면화하는 등 극단적으로 변한다. 즉 어린 시절 반항적이었던 매기가 집안의 몰락과 질식할 듯한 여성의 미래에 좌절하여 자기 부정과 체념에 따라 온순하고 순종적인 여성으로 변화된다는 것이다. 이런 극단적 변화는 매기같이 반항적인 여성에게조차 지대한 영향을 미치는 당대의 성 이데올로기를 반영해 준다는 점에서, 이 작품은 1980년대 이후 페미니즘 관점에서 흥미로운 연구 대상으로 다각도로 분석되어 왔다. 즉 페미니즘 비평에서는 자기 부정을 강조하는 토머스 아 켐피스의 가르침에 따라 사랑하지도 않는 곱사등이 필립을 사랑해야 할 의무를 느끼고, 루시와 필립 등 과거의 유대에 입각하여 이성으로서 사랑하는 스티븐의 구애를 거절하는 후반부의 매기보다 자신에 대한 부당한 대우에 분노를 터뜨리는 전반부의 반항적인 매기를 높이 평가해왔다.

인용문헌

Auerbach, Nina. *Romantic Imprisonment: Women and Other Glorified Outcasts,* New York: Columbia UP, 1985.

Beer, Gillian. *George Eliot.* Brighton: The Harvester Press, 1986.

Boumelha, Penny. "George Eliot and the End of Realism". *Women Reading Women's Writing.* Sue Roe, ed. Brighton: The Harvester Press, 1987, pp. 15-35.

David, Deidre. *Intellectual Women and Victorian Patriarchy: Harriet Martineau, Elizabeth Barret Browning, George Eliot.* New York: Cornell UP, 1987.

Elizabeth Abel ed., *Writing and Sexual Difference.* Chicago: The Univ. of Chicago Press, 1982.

Emery, Laura. *George Eliot's Creative Conflict: The Other Side of Silence.* Berkley, Los Angeles, London: Univ. of California Press, 1976.

Ermarth, Elizabeth. "Maggie Tulliver's Long Suicide", *Studies in English Literature,* V.14 (Autumn, 1974), pp. 587-601.

F.B. Pinion, Mary Jacobus. *A George Eliot Companion: Literary Achievement and Modern Significance.* London & Basingstoke: Macmillan, 1981.

Hagan, John. "A Reinterpretation of *The Mill on the Floss*", *PMLA*, 87, 1972, pp. 53-63.

Haight, Gordon. S., ed., *Selections of George Eliot's Letters.* New Haven and London: Yale UP, 1985.

John Cross, *George Eliot's Life as Related in her Letters and Journals : Arranged and Edited by Her Husband, J. W. Cross,* V.II, 1885.

Kalikoff, Beth. "The Falling Woman in Three Victorian Novels", *Studies in the Novel,* 19 (Fall, 1987), pp. 357-67.

McDonnell, Jane. "Perfect Goodness" or "The Wider Life"; *The Mill on the Floss* as Bildungsroman, *Genre,* 15 (Winter, 1982), pp. 379-402.

Newton, Judith. L. *Women, Power, and Subversion: Social Strategies in British Fiction 1778-1860.* New York and London: Methuen, 1981.

Paris, Bernard. "Toward a Revaluation of George Eliot's *The Mill on the Floss*", *Nineteenth Century Fiction,* 11 (1956), 18-31.

P. Bushnell, John. "Maggie Tulliver's Stored-up Force: A Re-reading of *The Mill on the Floss*", *Studies in the Novel,* 16 (Wint., 1984), pp. 78-95.

Peterson, Margaret Carla. "The Heroine as Reader in the Nineteenth Century Novel: Emma Bovary and Maggie Tulliver", *Comparative Literature Studies*, V.17 (Ja.1980), pp. 168-83.

Philip, Barbara Guth. "The Tragedy of The Mill on the Floss", *Studies in the Novel*, 15 (Wint., 1983).

Showalter, Elaine. *A Literature of Their Own: British Women Novelists from Bronte to Lessing.* New Jersey: Princeton UP, 1977.

Stephen, Leslie. *George Eliot.* New York: The Macmillan Company, 1902.

Thale, Jerome. *The Novels of George Eliot.* New York: Columbia UP, 1959.

Zimmerman, Bonnie. "Appetite for Submission: The Female Role in the Novels of George Eliot". Ph.D dissertation, State Univ. of New York at Buffalo, 1974, pp. 212-22.

B. 매기의 스티븐 거부 문제로 본 『플로스강의 물방앗간』

먼저 이 작품의 6, 7권에서 독자의 불만은 스티븐이라는 인물에 대한 아쉬움과 매기의 스티븐 거부에 대한 작가의 모호한 처리에 집중된다. 먼저 스티븐이라는 인물이 고귀한 삶을 동경하는 매기에게 걸맞지 않는 인물이라는 점에서 매기와 스티븐의 관계는 많은 평자들에게 불만을 초래해 왔다. 가령 레즐리 스티븐(Leslie Stephen)은 스티븐을 "옷치장에 정신 팔린 전형적인 시골 한량(coxcomb)"으로 보며, F. R. 리비스는 스티븐의 묘사가 평자들의 일반적 평가보다 더 치명적인 작가의 실패라 지적한다(Stephen 97-104; Leavis 53-54). 한편 부족한 스티븐이 매기의 영향 하에 훌륭하게 변모된다고 스티븐과 매기의 관계를 옹호하는 평자도 간혹 있다(Bennett 115-20; Cross 262).

또한 매기의 거부에 대해 이 거부를 도덕적 성숙으로 보는 입장과 문제로부터의 도피로 보는 두 가지 입장이 있다. 예컨대 데일(Thale)은 매기의 포기를 도피로 보는 반면, 레빈(Levine)이나 하간(Hagan), 서트핀(Sutphin)은 긍정적으로 본다(Thale 52; Levine 117; 346. Hagan 52-57). 같은 문제에 대한 이런 상반된 견해는 매기가 스티븐에게 이끌리는 것을 당연한 일로 제시하던 작가가 곧 매기가 스티븐을 거부하는 행위를 바람직한 도덕적 결단으로 암시함으로써, 작가의 관점 자체에 일관성이 없기 때문이다.

이 문제를 작가의 여성문제 인식과 관련하여 분석해 보자. 먼저 매기가 스티븐에게 매혹되는 것은 이해할만한 정황으로 제시되며, 그들의 관계에는 그들이 만나는 시기와 그녀가 당시 겪고 있던 극심한 결핍감이 크게 작용한다. 가령 루시의 비공식적 약혼자인 스티븐과 매기가 만나는 시점은 그녀가 2년간의 교사 생활에서(17세-19세) 막 돌아온 직후로 되어 있다. 그녀의 학교생활은 "하기 싫은 일을 하는 기쁨 없는 나날들"(482)이었고, "귀에 거슬리는 모든 삐걱거리는 소음과 되풀이되는 사소한 잡무에 파묻힌 3류 교실"(494)에서의 생활이었다. 한마디로 그것은 그녀의 결핍감을 더해주는 정서적·신체적으로 고달픈 생활이었다. 매기는 켐피스의 철학과 고달픈 교사생활에 자족하던 "수년간의 만족스런 단념"(482) 끝에 필립이 경고한 대로 욕망과 동경이 되돌아온 상태에 놓이게 된다. 그녀는 잠시 머물게 된 루시의 집에서 풍족하고 자유로운 유한여성의 생활을 맛보게 되며, 이 생활은 그녀에게 큰 영향을 미친다.

> 이렇게 해서 매기는 생전 처음으로 젊은 처녀의 생활을 맛보게 되었다. 그녀는 처음으로 이 일 저 일을 꼭 해야 한다는 의무감 없이 아침에 일어나는 기분이 어떤 것인지 알게 되었다. 이러한 여유와 제한 없는 즐거움은 그녀에게 전혀 새로운 경험이었다. 초봄의 훈풍과 성원의 향기, 음악과 햇빛 속에서의 산책, 강을 따라 미끄러지는 꿈결 같은 보트타기 등은 오랜 결핍 생활 뒤에 그녀를 취하게 했다. 그리하여 미처 첫 주가 다 가기도 전에 그녀는 이미 슬픈 기억을 잊기 시작했고, 미래에 대해 덜 전전긍긍하게 되었다. 적어도 현재 인생이란 아름다운 것이었다. (『플로스강의 물방앗간 2』, 224쪽)

이런 변화된 환경에서 매기는 신체적인 매력과 넉넉한 부를 지닌 스티븐에게 거의 무방비 상태로 노출되어 "음악과 모든 사치한 것들"(529)로 대변되는 그 동안 굶주렸던 문화적 욕구와 세속적인 즐거움을 충족시키려 한다. 게다가 그들의 관계에는 "각자 상대방의 존재를 숨이 막힐 듯 거의 손끝까지 의식"(516)할 정도로 매기가 필립과의 관계에서 충족시키지 못했던 성적 이끌림이 개입한다. 이처럼 하층중간계급(lower-middle-class)에 속한 매기가 스티븐에게 이끌리는 것에는 그녀의 정신적·물질적 결핍감이 크게 작용한다.

따라서 매기는 스티븐이 결핍감을 충족시켜 줄 때 감각적 해방에 순간적으로 자신을 맡겨 의지가 마비된다. 가령 매기는 보트를 타고 노젓기를 배우다 발이 미끄러져 스티븐이 잡아주자 "자신보다 크고 강한 사람"(492)의 보살핌을 받는 것이 매우 매력적인 일이라 느끼며, 새로운 성적 이끌림을 느끼고 이 경험을 논리적으로 설명할 경황도 없이 몰두하게 된다. 또한 "강물을 따라 가며(Borne Along by the Tide)"라는 6권 13장의 제목뿐 아니라 이 장의 주요사건에도 이런 상태가 반영된다. 겹친 우연으로 그녀가 스티븐과 단 둘이 배를 타고 목적지를 지난 줄 안 다음에도 그녀는 스티븐의 영향 하에 의지와 판단력이 마비된 무의식 상태에 있다. 흐르는 강물을 따라 떠내려갈 뿐 자신에게 일어나는 사건을 정확히 파악하지도, 그에게 저항하지도 못하는 매기의 모습이 그려진다.

> 매기는 그의 손에 이끌려 장미나무 사이로 정원을 내려가고, 억세면서도 부느러운 손길의 도움으로 받아 보트에 타, 발치에 쿠션과 망토가 깔리고, 그녀가 깜빡 잊었던 양산이 펴지는 것을 느꼈다. 그 모든 것은 그녀의 의지와는 상관없이 줄곧 그녀를 이끌고 있는 듯한 강한 존재에 의해 갑자기 이루어졌다. 그것은 강한 강장제처럼 갑자기 원기를 북돋우는 힘과 함께 찾아온 또 하나의 자아 같았다. 그밖에는 아무 것도 느끼지 못했다. 과거의 기억은 모두 지워진 것 같았다. (『플로스강의 물방앗간 2』, 330-331쪽.)

> 스티븐이 간절하고 열렬하게 호소했다. 매기는 잠자코 듣고 있었다. 애초의 놀라움은 조류가 모든 것을 해결해 준다고 믿고 싶은 마음으로 변했다. 그저 조용하고 빠른 물살을 따라 흘러가면 되지 않을까, 더 이상 안간힘을 쓰지 않아도 되지 않을까? (『플로스강의 물방앗간 2』, 333쪽.)

이러한 의지의 마비를 초래한 그녀의 결핍감은 스티븐이 누리는 넉넉한 외적 조건에 취약할 수밖에 없는 중간계급 여성의 결핍감과도 관련된 것이다.

매기가 스티븐을 거부하는 이유를 밝히기 위해서는 첫째로, 스티븐이 매기에게 적합한 인물인지 생각해 봐야 한다. 빅토리아조의 "우아하고

향기로운" 댄디를 대변하는 부르주아 계급의 그가 "다이아몬드 반지를 끼고 장미 향수를 몸에 배어 나올 정도로 뿌리고 낮 12시에 태연하게 한가한 태도"(469)를 지닐 수 있는 것은 세인트 오그스에서 가장 큰 제유 공장 게스트 회사(Guest & Co.)와 부두를 소유한 아버지의 외아들이기 때문이다. 이처럼 스티븐은 "아름답고 즐거운 모든 것을 열렬히 동경"(320)하는 매기와는 달리, 고귀한 정신이 결여된 인물로서 "충만한 삶"을 원하는 매기의 자아성취를 도와줄 만한 인물이 못된다. 그러므로 매기가 그의 인물됨에 비추어 그를 거부하는 것은 당연하다.

이 선택의 타당성은 매기가 자신의 결혼에 대해 막연히 불안감을 갖고 있다는 사실로도 입증된다. 그녀는 스티븐과 결혼해서 얻을 수 있는 "개인적 즐거움"(582)보다 더 고귀한 게 인생에 있으리라 믿으며, "스티븐과의 삶은 신성할 수 없으며 불확실한 충동에 끌려 영원히 가라앉아 틀림없이 방황하게 될 것"(597)이라고 불안해한다. 그녀의 이런 믿음이나 불안감에는 그의 인물됨이나 그가 대변하는 가치 및 자신의 이끌림에 내포된 의미를 인식할 가능성이 함축되어 있다. 더군다나 스티븐이 제공하는 삶이 가정에서 아무런 영향력을 행사하지 못하는 딘 이모의 삶, 요컨대 중간계급 중에서도 상류에 속한 여성(upper-middle-class wife)의 삶이라는 점을 고려할 때, 그녀가 스티븐을 거부하는 것은 스티븐이라는 개인을 거부하는 것이면서 동시에 산업 부르주아의 가치 및 당대 산업주의가 중간계급 여성에게 제공하는 삶을 거부한다는 페미니즘적 의미를 함축한다. 그러므로 이 거부를 우리가 바람직한 것으로 받아들일 때, 그 이유는 작가나 몇몇 평자들처럼 그녀의 거부를 도덕적 성숙으로 보기 때문이 아니라 이 선택에 함축된 페미니즘적 의미 때문이다.

작가는 매기의 거부를 사랑과 의무 또는 개인과 사회적 유대 간의 갈등에서 자신의 열정을 따르고 싶은 이기적인 유혹을 물리치고 의무를 택하는 것으로 제시하는 한편, 매기의 사랑과 의무를 양립할 수 없는 것으로 규정짓고 그녀가 의무에 맹목적으로 집착하는 것처럼 제시한다. 이 문제는 스티븐이라는 인물과 그녀의 거부에 함축된 의무와 관련하여 반드시 고려해 보아야 한다.

둘째로, 매기가 스티븐을 거부하는 이유는 자신이 생각하는 "완전한 선에의 동경"(603)이나 "과거의 기억에 대한 충실함"(571), 즉 톰과 필립, 루시 등 과거에 맺은 인간관계를 저버릴 수 없기 때문이다. 매기는 자기가 행복해지려고 다른 사람을 불행하게 만들 수는 없다고 말하면서 스티븐의 청혼을 거부한다. 즉 그녀는 자신에게 한 가지 분명한 의무는 "다른 사람들을 희생시켜 가면서 자신만 행복을 추구해서는 안 되며 그럴 수도 없다"(571)는 것이다. 그녀는 자신이 스티븐과 결혼한다면 "세상에서 가장 성스러운 유대"(601), 즉 과거의 관계를 깰 거라 생각한다.

작가는 스티븐을 과거에의 유대나 책임 없이 현재의 욕망만 따르는 무책임하고 사려 깊지 못한 인물로 그린다. 그러나 여러 가지 정신적 한계에도 불구하고, 그는 솔직한 인물이다. 그의 주장에 따르면, 새로운 사랑을 만났으니 사랑하는 사람과 결혼해 함께 있는 게 당연하다는 것이다. 이렇게 스티븐의 묘사에는 명암이 교차하는데, 바로 이 때문에 스티븐이 매기의 상대 인물로서 비난을 받는 것이다.

C. '상징폭력'(Symbolic Violence)의 관점에서 본 『플로스강의 물방앗간』

I.

조지 엘리엇의 『플로스강의 물방앗간』에 관해서는 다양한 방식으로 접근되어 왔다. 대체로 엘리엇에 관한 사실주의적·심리적 접근에서는 남매의 어린 시절을 묘사한 앞부분을 칭찬해왔다. 최근 페미니즘 연구에서 집중적으로 조명한 결과, 페미니즘의 선구적 작품으로 높이 평가되기도 했다. 쇼월터(Showalter)는 이 작품이 여성의 성취에 적대적인 세인트 오그스라는 "편협하고 압제적인 사회에 사는 영리한 한 젊은 여성의 이루지 못한 동경"(125)을 생생하게 그려내고 있다고 높이 평가했다. 뉴톤(Newton)은 톰이 가부장적 산업사회에서 여성의 힘과 지위를 파괴하는 인물이므로 매기가 그녀에 대한 톰의 인식을 변화시키는 게 전체 사회를 바꾸는 것이며, 이런 의미에서 매기의 죽음은 왜곡된 이데올로기에 저항하는 것이라고 주장하였다(Newton 1981, 157).

페미니즘적 접근에서는 가부장제 사회 안에서 여성이 겪는 문제를 집중적으로 조명하는 성과를 거두었다. 본고에서는 페미니즘의 통찰을 받아들이되 기존의 엘리엇 비평과 최근의 페미니즘 비평에서 한 걸음 더 나아가, 여성이 받는 억압을 20세기 프랑스의 저명한 사회학자인 피에르 부르디외(Pierre Bourdieu, 1930-2002)의 '상징폭력'(symbolic violence, *Violence symboliqe*)이라는 관점에서 새롭게 조명하고자 한다.

그렇다면 본격적인 작품분석에 들어가기에 앞서 부르디외의 '상징폭력'에 대해 좀 더 자세히 살펴보자. 효과적으로 지배하기 위해 하나의 전략으로 사용되는 상징폭력은 지배와 별도로 생각하기 어렵다. 피지배자들은 상징폭력을 점잖고 비가시적인 형태라 오인해 복종해야 한다고 생각한다. 부르디외는 상징폭력을 설명하기 위해 『실천 이론개요』에서 카빌(Kabyle) 사회의 선물 교환을 예로 든다. 선물교환은 일종의 상징폭력으로서, 이 선물교환을 통해 이해관계가 호의적인 관계로 바뀐다. 왜냐하면 주는 것은 또 다른 형태의 소유를 의미하기 때문이다. 선물은 갚아야 할 채무를 만들어내고, 채무자로 하여금 온순하고 협조적인 태도를 취하게 만든다. 상징 폭력을 이해하는데 두 번째로 중요한 개념은 오인이다. 선물교환의 경제적 현실에 대한 오인은 속이는 사람 없는 집단적 현혹상태다(정일준 66-67). 선물을 주면 보답을 기대하게 되며, 선물에 대한 답례가 상대방에게 모욕이 되지 않으려면 답례는 연기되고 또 받은 것과는 다른 것을 주어야 한다(정일준 61). 이렇게 선물에 대한 보답이라는 규칙은 꼭 지켜져야 한다는 게, 이 집단 전체의 오인이다.

이렇게 부르디외가 상징폭력의 예로 든 카빌 사회의 선물교환에서 첫째 상징폭력은 가시적이며 직접적 폭력이 아닌 비가시적인 폭력이며, 둘째 집단적 오인이나 자의적 공모에 의한 폭력이라는 사실에 주목해볼 수 있다. 다시 말해 상징폭력에서 가장 중요한 것은 사회 구성원이 스스로 무의식적이며 자의적으로 내재화한 집단적 공모나 '집단적 오인', 관습적 합의에 의한 지배라는 점이다. 상징폭력의 세 번째 특징은 그것이 제도화된다는 것이다. 상징폭력은 "피지배자가 지배자에게 (따라서 지배에) 동일한 의견을 갖지 않을 수 없는 동의를 매개로 제도화"(부르디외 『남성 지배』, 1998, 53쪽)된다. 가령 교육체계는 상징폭력을 행사하는 제도적 대행기관이다. 다시 말해 상징폭력은 기존질서를 정당한 것으로 승인함으로써 지배계급의 질서를 자연스러운 것으로 오인(meconnaissance)하게 만든다. 이렇게 자연적인 질서로 오인된 상징질서가 행위자의 인식 및 지각구조를 지배하는데, 이 질서는 가정, 교육제도, 일상생활을 통해 지속적으로 재생산된다(현택수 116-117쪽).

본고에서는 19세기 여성 이미지의 전형을 묵시적으로 압력을 행사하는 하나의 상징폭력으로 보고 이 작품을 분석하고자 한다. 이런 분석을 할 때 여주인공 매기보다 그 폭력의 주체이자 폭력의 장인 사회제도와 사회를 분석대상으로 삼는 방법도 있을 수 있겠다. 하지만 여기서는 상징폭력의 주체보다 대상, 즉 매기에게 행사되는 상징 폭력을 1) 가정과 2) 교육제도, 3) 일상생활에서의 집단적 공모로 나누어 차례로 살펴보려 한다. 아울러 홍수 속에서 매기의 익사로 끝나는 결말이 상징폭력에의 공모인지, 아니면 저항인지에 대해서도 생각해 볼 것이다. 이런 분석은 그저 젠더 및 성 이데올로기와 관련하여 보는 페미니즘적 접근보다 사회적 측면까지 고려함으로써, 이 작품을 좀 더 섬세하고도 풍부하게 읽어내는 분석틀을 제공할 것이라 기대된다.

II.

1) 가정 안의 상징폭력: 19세기 여성상과 자의적 공모

우선 가정에서 행사되는 상징폭력을 살펴보자. "가정의 천사"로 대변되는 19세기 이상적 여성상은 여성의 자율과 의지를 억압하는 하나의 상징폭력이며, 이는 집단적 공모의 소산이다. 당대 사회가 주입하는 19세기 이미지는 매기의 사촌 루시 딘(Lucy Deane)으로 대변된다. 루시는 하얀 피부와 구불거리는 금발머리 등 예쁜 외모와 얌전한 행동, 온순하며 순종적인 성격을 지녔으며 자신을 강하게 주장하지도 않는다. 가령 루시는 의자에 앉혀놓으면 한 시간 동안 꼼짝없이 앉아있을 정도로 얌전한 태도를 지녔다. 뿐만 아니라 자기 필요보다 남을 먼저 배려한다. 후일 루시는 매기와 필립을 맺어주기 위해 먼저 마을로 떠나며, 매기가 스티븐과의 관계로 마을 사람들에게 오해를 받을 때도 바닷가로 떠나기 전 몰래 매기를 만나고 떠난다. 이런 일화에서 루시가 19세기 이상적 여성상으로 재현되었다는 사실이 확인된다.

한편 매기는 여러 면에서 루시와는 반대되는 인물이다. 매기가 이런 19세기 여성 이미지에 맞지 않는다는 사실은 어린 시절의 대부분의 일화에서 증명된다. 따라서 매기는 이런 여성 이미지를 강요하는 상징폭력에서 벗어나고자 하며, 이런 면모는 그녀의 외모와 얌전치 못한 행동, 반항적인 성격 등에서 드러난다. 우선 매기는 검은 피부와 검은 눈, 구불거리게 할 수 없는 뻣뻣한 검은 머리 등의 외모와 도전적이며 반항적인 성격을 갖고 있다. 그녀는 모자를 집어 던지는가 하면, 머리카락을 뒤로 넘기려고 고개를 계속 뒤로 젖히며, 강둑을 천방지축으로 뛰어다닌다. 가령 돌아보면 돌로 굳어버린다는 "작은 메두사(Medusa)"라는 그녀의 별명은 그녀가 이 사회에서 변종 같은 존재라는 사실을 단적으로 표현해준다. 매기는 이런 여성 이미지에 맞지 않는 반항적 행동을 한다. 예를 들어 엄마에게 늘 야단맞는 말썽의 원인인 검은 머리카락을 충동적으로 남자처럼 짧게 잘라버린다거나, 톰이 자기를 빼놓고 루시하고만 놀자 모두가 예뻐하는 루시를 진흙탕에 밀어 넣어 흙범벅이 되게 하는 것은 모두 매기의 반항적인 행동이다. 또한 그녀는 집시에게 도망가기도 한다. 이 도망은 세인트 오그스 마을에 매기가 마음 편히 머물 곳이 없다는 사실을 암시해준다. 즉 그녀는 탈주하는 욕망 때문에 이 사회에서 머물 곳이 없어 유목적 공간인 집시촌으로 간 것이다. 그녀가 이렇게 집시에게 도망친 원인은 엄마의 야단이 두려운 데다 오빠가 자기를 빼고 루시하고만 노는가 하면, 이모들이 루시만 예뻐하고 그녀를 야단쳤기 때문이다. 더 거슬러 올라가면 자신의 영리함을 칭찬하기는커녕 야단만 친 지방 경매인 라일리에게까지 그 원인을 거슬러 올라갈 수 있다. 이와 같이 표면상 매기는 엄마와 이모들의 야단이 두려워 도망간 것이지만, 한 겹 더 깊이 들여다보면 그녀에게 강요되는 19세기 여성의 이미지, 즉 이 사회의 '상징폭력'에서 벗어나고 싶었던 것이다. 주변 인물들은 매기가 당대 사회에서 여자아이에게 요구되는 기준과 너무나 거리가 멀기 때문에 매기를 못마땅하게 여기며 걱정을 금치 못한다. 가령 매기를 아끼는 아버지 털리버 씨는 "톰보다 배나 영리한" 매기가 "너무 똑똑한 게 화가 될"(66)까봐 매기의 지나친 영리함을 자랑스러워하는 한편, 딸의 장래를 걱정한다. 지방 경매인인 라일리 씨(Mr. Riley)도 자신에게 대니얼 디포우의 『마녀 이야기』 속의 마녀 그림을 해석해주는 매기에게 영리하다고 칭찬해 주기는커녕 그런 책은 여자애들이 읽기에 적합한 책이 아니라고 야단친다. 이와 같이 아버지와 라일리 씨 등 남성들은 19세기 여성의 이미지에 대한 집단적 오인을 보인다.

남성 뿐 아니라 여성도 매기에게 이런 이미지를 강요한다. 특히 매기의 엄마와 이모들은 매기보다 루시를 칭찬하고 귀여워하는 반면, 매기를 메두사 같이 타기해야 할 여성으로 비난한다. 이런 반응에서 여성 이미지의 전형을 강요하는 사회의 상징폭력, 구체적으로 여성 인물들이 스스로 내재화한 집단적 오인과 공모가 드러난다. 다시 말해 남성은 물론 여성들까지 19세기 여성의 전형적 이미지를 자기도 모르는 사이에 바람직한 것으로 여기는 '오인' 내지 공모에 가담한다는 것이다. 부르디외에 의하면, 지배 권력은 위계화 된 기존의 상징질서체계를 피지배계급에게 정당한 것으로 오인시키려고 애쓴다. 지배의 정당성을 확보하는 과정에서 지배계급은 상징폭력을 행사한다. 이 때 상징폭력이란 지배의 힘을 피지배자의 정신과 신체에 내면화하여 지배하려 한다. 이는 물리적 폭력이나 정치적 폭력보다 훨씬 지속적인 효과를 낳음으로써, 기존 질서유지에 필요한 문화적 재생산 과정에 해당된다.

스튜어트 홀(Stuart Hall)은 그러한 상징폭력이 행사되는 방식으로 '전형화(Stereotyping)'라는 개념을 든다. 전형화란 단순하고 본질적인 것처럼 보이는 고정된 특성들로 대상을 재현함으로써 그것을 '정상적이고 당연한 것'으로 받아들이게 하는 전략이다. 이는 지배계층이 자신들의 세계관과 가치체계, 감성과 이데올로기를 전 사회구성원들에게 '자연스럽고 불가

피한 것'으로 만듦으로써 자신의 헤게모니를 구축하고 유지하는 것이다. 가부장제 사회 속에서 여성의 생각과 판단, 행동과 취향을 규정하며 차별적인 지위를 자연스럽고 당연한 것으로 오인하게 만드는 것이 바로 이러한 전형화다. 특히 여성적 전형은 여성으로 하여금 몇 가지 특성으로 고정된 여성 이미지를 내면화하게 만든다. 권력적으로 우월한 남성들이 자신의 시선과 권력, 이데올로기가 구축한 규범의 경계를 만들고 그것을 벗어난 여성상은 타자화함으로써 억압하거나 처벌, 혹은 배제시킨다(이신정 2). 가령 매기의 경우 "가정의 천사"라는 전형에서 이탈하기 때문에 처벌 대상이 된다.

그러나 이 여성의 전형에서 타자화 된 매기는 지배 권력의 상징폭력에 저항한다. 예를 들어 매기는 검은 머리와 검은 피부를 지닌 똑똑한 집시 여왕으로 인정받고자 집시에게 도망하며, 금발머리 여주인공과 달리 늘 불행해지는 검은 머리의 여주인공 애기를 더 이상 읽고 싶지 않다며 (상징폭력을 주입하는) 『코린느』라는 책을(Moers 141-200) 필립에게 돌려준다. 루시를 진흙에 빠뜨리거나 집시에게 도망친 일은 예외지만, 매기는 이런 여성의 이미지를 강요하는 상징폭력을 직접 거부하기보다 주로 자신의 상상속으로 도피하거나 머리를 자르는 등 자신을 해치는 방식으로 저항한다. 그런 반항은 부메랑이 되어 결국 그녀에게 되돌아온다. 여기서 상징폭력에 반항한다는 게 얼마나 어려운 일인지 알 수 있다.

그런데 흥미로운 사실은 이런 상징폭력에 반항하던 매기마저 잠시나마 이런 여성 이미지에 공모한다는 점이다. 그녀는 중세 철학자 토마스 아 켐피스의 『예수의 모방』)을 읽고 이 책에서 강조하는 체념과 자기부정에 감명을 받은 나머지, 자신에게 주어진 삶의 한계를 받아들이고 순종이나 자기 부정, 체념을 내면화하는 등 잠시 순종적인 여성이 되려 한다. 이런 관점에서 부르디외는 "인식 속에 포함되어 있는 오인들로 인해 사람들이 자신들의 실천을 지배적인 평가기준에 맞추어 나갈 때,

진정으로 상징적 지배가 시작된다"(Bourdieu *Ce que parler veut dire* 34; 정일준 51쪽에서 재인용)고 언급한 바 있다. 이와 같이 모든 상징적 지배는 외적 압력에의 수동적인 복종보다 피지배자들의 공모를 전제한다(정일준 51). 이처럼 매기는 이런 여성 이미지에 잠시 공모하지만, 완전히 이 이미지에 굴복하는 것은 아니다.

2) 학교교육과 사회 재생산

이제 학교 교육에서 행사되는 상징폭력을 살펴보자. 교육은 기존 사회의 상징폭력을 더욱 공고하게 제도화하는 하나의 장치다. 부르디외는 제도화된 상징폭력(및 상징폭력 재생산)의 대표적인 예로 학교교육을 언급한다. 즉 모든 교육행위는 문화적 자의성을 강제히는 하나의 싱징폭력이라는 것이다(Bourdieu 1970 19). 학교는 이러한 상징 폭력을 통해 기존 사회의 힘의 관계, 질서를 재생산하는 사회제도이다(현택수 116). 결과적으로 학교 교육은 집단간이나 계급간의 지배관계를 재생산하는 사회재생산의 도구가 된다. 이런 관점에서 톰과 매기가 받는 교육을 분석해 보자. 당대 사회에서는 중산계급 남녀에게 다른 사회적 역할을 기대하기 때문에 톰과 매기는 다른 교육을 받게 된다. 지적 능력과 상관없이 이들 남매가 받는 차등 교육에 당대 사회가 행사하는 '상징폭력'이 단적으로 드러난다. 우선 젊은 숙녀를 위한 퍼니스 양의 기숙학교에서 루시와 받는 매기의 교육은 단 한 문장으로 처리되는 반면에(263), 톰의 교육은 집안의 중대관심사로서 상세히 묘사된다. 털리버 씨는 톰이 다닐 학교를 정하기 위해 라일리 씨의 조언을 구하며 친척들이 모인 자리에서 톰의 교육계획을 밝히는 등 1권의 상당부분과 스털링 씨의 학교교육(King's Lorton)을 다루는 2권 전체에서 톰의 교육이 상세히 묘사된다. 이런 분량과 길이상의 대조에서 아들의 교육에는 지대한 관심을 보이지만 딸의 교육에는 무심한 털리버 씨의 편파적인 태도가 드러난다.

먼저 물방앗간 주인인 털리버는 자기보다 아들이 출세를 원하므로, 돈과 기술을 지닌 지방 경매인 라일리를 모델로 많은 돈을 들여 톰에게 신사 교육을 시킨다. 부르디외 식으로 말하자면, 톰은 문화자본 중에서 '상속된 문화자본'(inherited cultural capital, 부모의 학력 수준이 높은 사람들)이 없는 중간계급으로서 '획득된 문화자본'(acquired cultural capital, 본인의 교육수준이 높은 사람들)을 얻기 위해(Bourdieu 1995, 215) 지적 능력을 키우는 기하와 라틴어, 고전어 등을 배운다.

한편 매기는 톰보다 똑똑하지만 얌전히 집에 있다가 결혼하도록 19세기 여성 이미지에 합당한 교육을 받는다. 즉 적당한 교양과 바느질과 요리, 퀼트 등 "여성의 영역"인 결혼 생활에 필요한 것을 배운다. 가령 매기는 마녀가 나오는 그림책을 자기 나름대로 해석하거나 소설 속의 검은 머리 여주인공을 위해 행복한 결말을 지어낼 정도로 상상력이 풍부하지만, 그녀에게는 순종적인 19세기 여성상만 강요된다. 일례로 "천을 조각조각 찢었다가 다시 붙여 바느질하는 어리석은 일"(61)로 매기가 거부하는 퀼트(patchwork)는 보잘것없는 여성교육을 단적으로 대변한다. 이는 피아노나 노래, 불어, 그림 등을 조금씩 가르치는 상류여성 교육보다 못하며 여성의 유일한 직업인 가정교사 노릇에 필요한 정도이다. 매기는 이런 차등교육에 적극 반항하지는 못하지만, 퀼트 등을 가르치는 보잘것없는 여성교육에 불만을 터뜨린다. 가령 그녀는 혼자 많은 책을 읽는 등 지적 동경을 포기하지 않는 동시에 마음껏 배울 수 없는 현실에 대해 용암처럼 흘러넘치는 "분노와 증오의 발작"(380)을 일으킨다.

가령 라틴어라는 당시 공식 언어를 배울 수 있는 남매의 기회를 살펴보자. 톰은 라틴어에 취미도 재능도 없지만 그의 기호에 관계없이 무조건 신사교육에 필요한 공식 언어인 라틴어를 배워야 한다. 반면 매기는 라틴어에 관심과 재능이 있지만, 이 공식 언어를 배울 기회 자체가 차단

된다. 그녀는 스털링 목사의 학교로 오빠를 방문했을 때 라틴어를 쉽게 이해한다. 따라서 그녀는 라틴어 때문에 곤란을 겪는 톰에게 오히려 한 수 가르쳐주지만, 여자라는 이유로 이 공식 언어에 접근할 매기의 기회는 원천적으로 봉쇄된다. 이로써 라틴어는 상징폭력을 행사하는 하나의 매체가 되며, 공식 언어의 습득여부는 남녀의 문화적 구별짓기에서 중요한 역할을 한다.

아울러 톰과 매기의 언어를 간단히 비교해 보자. 매기는 파리나 두꺼비 등 동물에 관한 이야기를 지어낼 정도로 영리하고 상상력도 풍부하지만, 낭만적이며 비현실적인 그녀의 언어는 어리석고 가치 없는 것으로 무시된다. 반면 톰의 언어는 정신적으로 편협하지만, 현실적이며 가치 있는 공식 언어로 인정받는다. 또한 톰을 방문한 매기와 스털링 목사의 문답에서 당시 학교 교육이 제도적인 상징폭력이자 상징폭력의 재생산 도구라는 사실이 더욱 분명히 드러난다. 즉 자신도 톰처럼 유클리드(Euclid)를 배울 수 있을 거라 확신하는 매기에게 스털링 목사는 여자애들은 조금씩만 배울 수 있을 뿐이며 피상적으로 영리하지만 깊이 배울 수는 없다고, 한마디로 "잽싸긴 하지만 얄팍"(220-21)하다고 설명한다. 이 말은 평소 자신의 지적 능력에 대해 갖고 있던 매기의 자부심을 무참히 짓밟고 매기의 지적 열망과 사기를 저하시킴으로써, 톰이 받는 신사 교육이 여성을 무시하는 남성 중심적 교육이며 동시에 상징폭력을 재생산하는 교육이라는 사실을 보여준다. 한 사회 내에서 보편적이며 지배적인 고급문화로 규정되는 것은, 지배 계급에 의한 상징폭력의 결과다. 문화적 취향의 차이는 단순한 차이로 인식되지 않고 하나의 문화[남성 문화]는 정당하고 합법화된 고급문화로, 다른 하나의 문화[여성 문화]는 비합법적이고 정당하지 못하며 통속적이고 저급한 문화로 규정된다(장미혜 94).

이러한 차등교육은 19세기 영국의 세인트 오그스라는 당대 성차별적 사회에서 중간계급 여성에게 행사되는 상징폭력, 구체적으로 지배계급/

중심/ 남성들이 피지배계급/ 주변/ 여성을 효과적으로 지배하기 위해 행사하는 상징폭력을 잘 대변하며, 19세기 여성 이미지의 재생산에 기여한다. "학교는 문화자본의 불평등적 분배와 교육체계의 서열화를 정당화함으로써 사회적 차이, 사회적 위치의 위계화를 사회구성원들이 자연스러운 것으로 인정하게 하는 제도이다"(현택수 114). 이처럼 상징폭력은 교육제도 내 남녀의 차이라는 메커니즘 안에서 더욱 심각해질 수 있다.

이상에서 학교 시스템이 기회와 평등을 실현하는 것이 아니라, 문화자본의 불평등한 분배와 배제의 고착화를 정당화함으로써 위계화된 기존 사회질서를 자연스러운 것으로 오인하게 만든다는 사실을 알 수 있다. 이러한 학교교육 체계의 문화적 전횡은 지배계급에 의해 위임받은 것이다. 부르디외는 그의 저서 『재생산』(*La Reproduction*)에서 학교가 중립적이고 객관적 지식의 전달이라는 교육기능보다 지배계급이 승인한 문화만을 강제적으로 주입한다고 분석한다(현택수 115). "교육체계가 기존질서를 정당화시키는 이데올로기의 기능을 그토록 완벽하게 수행할 수 있었던 까닭은 사회적 메커니즘 중에서 최고 메커니즘인 교육체계가 계급사회에서 주입기능, 다시 말해 지적-도덕적 통합 기능과 계급사회에 특징적인 계급관계 구조를 유지하는 기능을..... 통합하고 있다는 점을 은폐할 수 있었기 때문이다"(Bourdieu & Passeron *Reproduction: In Education, Society and Culture* 200; 정 일준 67-68). 이처럼 학교교육은 상징폭력을 제도화하며, 이로써 남녀 차별적인 사회가 재생산된다.

3) 일상생활에서의 '상징폭력': 집단적 오인과 상징폭력

부르디외에 의하면, 상징폭력은 자기들 자신이 바로 상징폭력에 복속당해 있다는 사실을 알고 싶어하지 않는 사람들의 집단적 오인과 공모를 전제하기 때문에, 사회적 행위자들 눈에 보이지 않는 비가시적인 폭력이다. 다시 말해 피지배자는 자신에게 이런 상징폭력이 강제된다는 사실조차 모르면서, 이런 지배에 공모한다는 것이다. '점잖고 비가시적인 상징폭력'은 인식과 오인의 독특한 혼합(melange)으로 특징 지워진다. 바로 이런 혼합 때문에 상징폭력은 사회 재생산의 효과적 매체가 된다(정일준 69-70).

이런 맥락에서 일상생활에서 볼 수 있는 상징폭력은 당시 성적 기준에서 벗어난 스티븐과 매기의 일탈적 행동에 대한 마을 사람들의 반응에서 가장 확실히 볼 수 있다. 매기는 여러 가지 겹친 우연으로 스티븐과 단 둘이 보트를 타고 세인트 오그스 마을을 떠난 지 5일 만에 스티븐과 결혼하지 않은 채 마을로 돌아오게 된다. 루시와 만나기로 했던 머드포트를 지나 스티븐과 함께 강물을 따라 멀리까지 가버린 이런 일탈적 행동은 무의식적으로 상징폭력에 저항한 것으로 볼 수 있다. 남녀 간에 의심할 만한 사건은 없었지만 당시로서는 파격적인 이 사건 뒤에, 그들에게는 상징폭력이 전혀 다른 방식으로 행사된다. 순간적인 방심으로 스티븐이 목적지를 지나도록 수수방관한 매기에게는 톰을 비롯해 마을 사람들의 온갖 수모와 박해가 가해지지만, 스티븐에게는 아무런 단죄 없이 너그러운 관용이 베풀어진다.

이런 대조적인 반응을 통해 일상생활에서 상징폭력이 남녀에게 다른 양상으로 행사됨을 알 수 있다. 이 점은 스티븐이 그간의 정황을 소상히 설명하는 편지를 아버지에게 보냈어도 아무런 상황변화가 없다는 사실로도 입증된다. 사건이 일어난 뒤 네덜란드에 머물고 있는 스티븐이 자기 아버지에게 사건의 전말을 소상히 밝히는 편지를 보내자, 사람들은 진상을 깨닫고 매기를 호의적으로 생각하기보다 스티븐이 매기의 입장을 배려해 그런 편지를 보낸 것이라고 그를 더욱 좋게 생각할 따름이다. 이처럼 스티븐과 매기에게 행사되는 상징폭력은 사건의 진상이나 편지 내용과는 무관하다. 마을 사람에게는 남자와 며칠 타지에 있던 여성이 그 남자와 결혼했느냐 안했느냐라는 사실만이 중요한 것이다. 이는 남성과의 관계가 결혼으로 이어져야 한다는 성적인 이중 기준을 보여주며, 이런 성적인 이중 기준이야말로 전형적인 상징폭력이라 할 수 있다.

한편 매기는 그녀의 정황에 대해 이해받기는커녕 무조건 비난받고 냉혹한 심판과 차가운 눈길만 받는다. 마을 사람들에게는 사건의 진상이나 정황보다 혼전의 남녀가 외지에서 며칠 지내다가 결혼하지 않고 돌아왔다는 결과만이 중요하다. 따라서 마을 사람들은 매기를 타락한 여성이나 죄인으로 취급하며, 그녀는 이 고통과 비난을 혼자 온몸으로 견뎌야 한다. 19세기 여성 이미지를 요구하는 상징폭력의 대표는 바로 다름 아닌 톰이다. "전통적인 의무나 예의"(364) 등 관습을 중시하는 편협한 도슨가의 혈통을 물려받아 동기보다 결과로 사물을 판단하는 톰은 매기에게 냉정하다. 매기를 물질적으로 부양은 하겠지만 여동생으로 인정할 수 없다는 톰 때문에 집에서 쫓겨난 매기는 밥의 집에 얹혀살게 된다.

이제까지의 분석에서 보아온 것처럼, 매기는 19세기 여성의 전형적 이미지를 강요하며 스티븐과 결혼하기를 기대하는 등 상징폭력을 행사하는 세인트 오그스 사회와 갈등관계에 있다. 매기는 재차 구혼하는 스티븐의 편지를 받고 톰을 비롯한 마을 사람들의 오해를 받는 어려운 상황에서 벗어날 수 있는 "다른 미래"(648)에 대해 유혹을 느낀다. 그녀가 자신이 얼마나 더 고통을 견딜 수 있을까 고민할 때, 사회와 매기 사이의 팽팽한 긴장과 갈등은 한껏 고조된다. 매기는 이렇듯 상징폭력이 부당하게 행사되는 세인트 오그스 마을에서 머물 공간이 없다. 성장한 매기는 이전처럼 집시나 고모 집으로 도피할 수 없으며, 세인트 오그스 마을에 계속 머물 수도 없다. 이런 극한적인 대립 상태는 매사에 매기를 감싸고 도와주던 켄 목사(Dr Kenn)마저 사면초가에 둘러싸인 매기에게 자기 아이들의 가정교사 자리를 마련해 주려다가 그녀와의 관계에 대해 스캔들이 날 정도가 되자, 이 마을을 떠나는 것만이 유일한 해결책이라고 매기에게 충고하는 데서 단적으로 드러난다.

그럼에도 불구하고, 매기와 스티븐의 일탈 후 세인트 오그스의 일상생활에서 그들에게 상징폭력이 다르게 행사될 때, (스티븐과 결혼한다면 마을 사람들의 비난을 잠재울 수 있겠지만) 매기는 이 결혼을 강요하는 '상징폭력'에 굴복하지 않는다. 이런 결심 뒤에는 사랑보다 필립이나 루시 등과 맺은 우정과 과거의 유대를 중시한다는 복잡한 심리적 이유가 있긴 하지만, 어쨌거나 매기는 이런 해결 방식을 거부한다.

이는 참으로 거절하기 어려운 상황에서 그의 청혼을 거절하는 것이다. 즉 그녀는 "다른 사람들을 희생시켜 가면서 자신만 행복을 추구"(571)할 수 없다면서, 루시와 필립 등을 위해 사랑하는 스티븐을 포기하는 등 자기 위주로 행동하지 않는다. 그러나 마을에서는 매기가 스티븐과 결혼하지 않는 이유, 즉 매기의 이런 어려운 결심이나 고상한 윤리적 결단에는 관심이 없다. 이런 마을 사람들의 반응 뒤에는 상징폭력의 집단적 오인과 공모가 숨어 있다.

4) 홍수 속에서의 익사와 상징폭력의 재생산

이런 상징폭력의 목표가 사회재생산이라는 점은 이미 언급한 바 있다. 상징폭력과 관련하여 결말을 어떻게 분석할 수 있을까? 이 결말은 매기가 다음날 스티븐에게 쓰려던 거절 편지를 쓰지 못하고 그날 밤 갑자기 닥친 홍수에서 톰을 구하고 그와 잠시 화해한 다음 남매가 홍수로 범람한 플로스강에 떠다니던 거대한 "목재 기계"(655)에 부딪쳐 손을 잡고 함께 익사하는 것으로 처리되어 있다. 홍수 속에서의 익사는 이런 진퇴양난(Scylla & Charybdis)에 처한 매기의 딜레마를 해결하는 거의 유일한 해결 방안으로 보이지만, 작가가 매기의 딜레마를 우연히 닥친 홍수로 해결하려 함으로써 매기의 열망이 임의로 중단되었다는 느낌을 주는 것 또한 사실이다.

이 결말에 대해 매기가 상징폭력에 굴복했다거나 아니면 항거했다고 보는 두 가지 대조적인 견해가 있을 수 있다. 우선 매기가 상징폭력에 굴복한 것으로 해석될 여지가 없지는 않다. 가령 톰과의 화해는 더 나아가 사회와의 화해를 암시하므로, 매기의 익사는 홍수 속에서 매기가 상징폭력에 굴복하고 마을 사람들의 집단적 오인 및 이런 상징폭력을 행사하는 사회와의 갈등을 무마시키는 듯하다. 이 결말을 마녀 이야기—물에 빠뜨렸을 때 수영해서 살아나면 마녀로 판정되고 물에 빠져 죽으면 죄 없는 여인으로 판정된다는 디포우의 이야기—와 관련하여 생각해 볼 수 있다. 앞에 복선으로 제시된 마녀 이야기에 의하면, 매기는 죽어서 무죄를 입증하거나 살아남아 마녀 취급을 당해야 한다. 그러므로 죽어서 무죄를 입증하는 게 무슨 소용 있느냐, 즉 "물에 빠져 죽었을 때 마녀가 아니라고 판명되는 것이... 무슨 소용"(66) 있느냐는 매기의 질문처럼, 죽거나 아니면 살아남아도 계속 '상징폭력'에 시달려야 하는 삶은 둘 다 현실적으로 소득이 없다.

이렇게 일방적으로 매기에게 상징폭력이 행사되는 현실 속에서 다른 대안은 없다. 매기는 톰과 필립, 스티븐이라는 세 남성과 불편한 관계에 있으며, 스티븐과 결혼을 하지 않은 채 이 사회에서 버틸 수도, 과감하게 스티븐과 결혼해버릴 수도 없다. 그러므로 세인트 오그스 사회와 갈등 관계에 있는 매기가 이 갈등을 해결하는 방안은 두 가지다. 매기가 변하거나, 사회가 변하거나 둘 중 하나다. 즉 매기가 이런 여성 이미지를 강요하는 이 사회의 상징폭력을 자의적으로 받아들여 같이 공모하고 이 이미지에 맞게 변하거나, 상징폭력을 행사하는 세인트 오그스 사회가 변해 상징폭력의 행사를 멈추어야 한다. 그러나 둘 다 가능성이 희박한, 아니 거의 불가능한 얘기다.

그럼에도 불구하고, 매기가 이런 상징폭력에 반항한다고 보는 해석이 더 설득력이 있다. 앞의 분석에서 보았듯이, 매기는 자신에게 행사되는 상징폭력의 공모를 거부해왔다. 홍수는 이런 부정적인 사회 재생산의 가능성을 아예 근절시키고 차단시키는 게 아닐까? 실제로 홍수 속에서 남매와 더불어 상징폭력을 행사하던 사회까지 흔적을 찾아볼 수 없게 전멸해버린다는 점에 주목해야 한다. 이런 파멸은 근본적인 사회변화에 대한 환상 내지 새로운 사회의 환상을 암시하는 것으로 해석할 수 있다. 홍수 속에서 익사하는 매기에게 독자가 느끼는 연민과 공감은 상징폭력의 부당함을 폭로해 널리 반향을 불러일으킨다. 이런 이유로 중간계급의 현실과 관련하여 페미니즘을 논하는 쥬니스 뉴톤(Judith Newton) 등의 평자들은 홍수로 인해 매기를 좌절시킨 전체 사회의 질서도 붕괴되므로, 비록 사회변화가 홍수라는 천재지변으로 주어지긴 하지만 이 결말에 전체적인 사회변화의 환상이 암시된다고 해석한다(Newton 1981, 157). 이런 맥락에서 이 파멸은 작가의 적극적인 사회변화의 환상을 암시하는 것으로 볼 수 있다. 즉 매기의 익사는 표면상 매기와 사회의 화해를 암시하는 등 매기가 상징폭력에 자의적으로 공모하는 듯 하지만, 궁극적으로는 이 상징폭력에 항거한다는 것이다. 세인트 오그스 사회가 존속한다면 매기는 이 사회가 행사하는 상징폭력에서 자유로울 수 없다. 그래서 홍수 속에서 남매가 화해하고 익사할 뿐 아니라 사회도 파괴된다는 결말이 다소 도피적이고 회피적인 대로, 매기가 상징폭력에 굴복하지 않고 항거한다는 뜻을 내포한다는 것이다. 이런 관점에서 본다면, 홍수 속에서 익사하는 결말을 어느 정도 긍정적으로 평가할 수 있을 것이다.

III.

이와 같이 부르디외의 핵심 개념인 상징폭력이라는 관점에서 이 작품을 재조명해보았다. 구체적으로 19세기 영국의 가정과 교육, 사회 전반에서 매기에게 상징폭력이 어떻게 암묵적으로 보이지 않는 영향력을 행사하는지 살펴보았다. 표면상 이 텍스트는 19세기 여성 이미지의 전형이라는 '상징폭력'이 행사되는 세인트 오그스 사회에서 남다른 성취욕과 열망을 지닌 매기가 고군분투하다가 좌절하는 얘기다. 그러나 이 텍스트에 관한 저항적인 버텨 읽기가 더욱 설득력이 있다. 매기가 가끔 19세기 여성 이미지라는 상징폭력에 적극적으로 반항하지 못하고 이런 이미지를 자기에게 투사해 자기를 희생하고 자해하는 방식으로 반응하기도 하지만, 묵시적으로 그러나 엄청난 압력을 가하는 상징폭력에 완전히 굴복하지 않는다. 가령 매기는 가정에서 19세기 여성 이미지에 잠시 공모 내지 오인하긴 하지만, 이런 상징폭력에 대해 부단히 반항한다. 남매의 차등교육에 적극 반항하지는 못하지만, 상징폭력을 제도화하고 재생산하는 이런 차등교육에 대해 여러 차례 의문과 불만을 토로한다. 또한 매기와 스티븐의 일탈 후 일상생활에서 매기에게만 상징폭력이 행사될 때, 매기는 세인트 오그스라는 일상생활에서 발휘되는 상징폭력에 굴복하지 않는다. 마지막으로 논란이 분분한 홍수 속 익사라는 결말에서도 상징폭력에 항거하는 작가의 근본적인 사회 변화의 환상이 암시됨을 볼 수 있었다. 한마디로 매기의 직접적 반항이 두드러지는 작품의 전반부에서뿐 아니라, 후반부에서도 매기는 비가시적인 상징폭력의 오인과 공모에서 벗어나려 부단히 노력한다는 것이다. 따라서 19세기 여성 이미지의 전형에 대한 매기의 반항은 중산계급 여성에게 강요되는 상징폭력에 대한 저항으로 탁월하게 제시된다.

인용 문헌

이신정. “대중매체에 나타난 상징폭력으로서의 여성이미지와 저항적 읽기”. 1-8. http://mwli.or.kr/signbook/viewbody.htmlcode=movieclub=1&n.

부르디외, 피에르, 김용숙·주경미 옮김.『남성지배』, 서울: 동문선, 1998.

부르디외 피에르 지음. 정일준 옮김.『상징폭력과 문화재생산』(*Language and Symbolic Power*). 서울: 새물결, 1997.

부르디외, 피에르. 하태환 옮김.『예술의 규칙: 문학 장의 기원과 구조』, 서울: 동문선, 1998.

부르디외, 피에르. 최종철 옮김『구별짓기: 문화와 취향의 사회학 상, 하』. 서울: 새물결, 1996.

임영호 편역.『스튜어트 홀의 문화 이론』. 서울: 한나래, 1996.

장미혜.「예술적 취향의 차이와 문화자본」, 홍성민 편저.『문화와 계급: 부르디외와 한국사회』. 서울: 동문선, 2002, 87-120쪽.

현택수.「아비튀스와 상징폭력의 사회비판 이론」.『문화와 권력: 부르디외 사회학의 이해』, 현택수·정선기·이상호·홍성민, 서울: 나남 출판, 1998. 101-120쪽.

홍성민.「아비투스와 계급」. 홍성민 편저.『문화와 계급: 부르디외와 한국 사회』. 서울: 동문선, 2002. 13-48쪽.

홍성민,「부르디외와 푸코의 권력개념 비교: 새로운 주체화의 전략」, 현택수·정선기·이상호·홍성민,『문화와 권력: 부르디외 사회학의 이해』, 서울: 나남 출판, 1998. 185-264쪽.

Armitt, Lucie ed. *George Eliot: Adam Bede, The Mill on the Floss, Middlemarch* (*Columbia Critical Guides*). New York: Cambrige UP., 2000.

Bourdieu, Pierre. *The Field of Literary Production: Essay on Art and Literature*. Ed. Randal Johnson. Cambridge: Polity, 1993.

Bourdieu, P. and Jean-Claude Passeron. *Reproduction in Education, Society and Culture*, London: Sage Publication, 1977.

Hall, Stuart. ed. *Representation: Cultural Representations and Signifying Practices*. London: Sage Publications, 1997.

Martin, Bill & Szelenyi, Ivan. “Beyond Cultural Capital: Toward a Theory of Symbolic Domination”, Robbins, Derek. ed. *Pierre Bourdieu*. London ·

Thousand Oaks · New Delhi: Sage Publications, 2000, pp. 278-301.

Peterson, R. A. "Revitalizing the Culture Concept," *Annual Review of Sociology* 5, 1979, pp. 137-166.

Poovey, Mary. L. *The Proper Lady and the Woman Writer*. Chicago & London; The U. of Chicago P, 1984.

_____. *Uneven Developments: The Ideological Work of Gender in Mid-Victorian England*. Chicago: Chicago UP., 1988.

Swartz, David. "Pierre Bourdieu: The Cultural Transmission of Social Inequality," *Harvard Educational Review*, 47(4), 1977, pp. 545-555.

_____. *Culture and Power: The Sociology of Pierre Bourdieu*. Chicago & London; The U. of Chicago P, 1997.

D. 그레엄 틱스톤의 영화와 소설 『플로스강의 물방앗간』

여러 차례 영화화된 오스틴(Jane Austen)이나 브론테(Bronte) 자매, 디킨즈(Dickens), 하디(Hardy) 등 다른 빅토리아조 작가들과는 달리, 영화 <플로스강의 물방앗간>은 단지 세 개의 판이 있다. 필자가 확인해 본 바로는 1915년과 1937년, 1995년과 1997년의 영화가 그것이다. 우선 1915년 영화는 유진 무어(Eugene Moore) 감독이 미국에서 제작한 흑백영화다. 매기와 톰 역에 각기 미뇽 앤더슨(Mignon Anderson)과 해리스 고든(Harris Gordon)이 맡았다. 흥미로운 점은 유진 무어 감독이 매기의 아버지 털리버 역을 맡아 배우로 활약했다는 점이다. 두 번째 1937년 영화는 팀 웰란(Tim Whelan)이 감독하고 제임스 메이슨(James Mason)과 제럴딘 피츠제럴드(Geraldine Fittzgerald)가 주연한 80분짜리 작품이며, 1995년작은 헬렌 에드먼슨(Helen Edmundson)이 각색하고 낸시 메클러(Nancy Meckler)와 폴리 틸(Polly Teale)의 감독으로 「경험공유 극장」(Shared Experience Theatre)에서 제작된 2시간 30분짜리(1 카메라) 작품이다. 주요 배우들로는 시므온 앤드루스(Simeon Andrews), 조나단 케이크(Jonathan Cake), 시몬 콕스(Simon Cox), 캐더린 앤-마리 더프(Catherine Anne-Marie Duff), 마이클 매터스(Michael Matus), 클라라 샐러먼(Clara Salaman), 헬렌 슐레싱어(Helen Schlesinger) 등이 있으며, 반항적이며 열정적인 매기 얘기에 심미적·신체적 연극성(theatricality)을 가미하였다. 마지막으로 휴 스토다트(Hugh Stoddart)가 각색하여 그레엄 틱스톤(Graham Theakston)이 감독하고 브라이언 이스트만(Brian Eastman)이 제작한 영화가 있다. 이 영화는 1997년 칸느 영화제에 출품되었으며, BBC/WGBH에서 TV의 『걸작 영화』(*Masterpiece Theatre*)용으로 제작되어 97년 10월 12일 미국에서 처음 상연되었다. 최근 영화이므로 인터넷상의 평을 제외하면 출판된 영화평이나 자료가 거의 없지만 본고에서는 이 최신 영화를 분석하기로 한다.

틱스톤 감독은 80, 90년대 주로 TV 시리즈를 제작한 감독이며, 다른 작품으로는 <어두운 방>(*The Dark Rooms*)(1999 TV), <빅>(*Vig*)(1998 TV), <바람 부는 도시에서의 행진>(*March in Windy City*)(1998, TV), <3각대>(*The Tripods*)(1984) 등이 있다. 영화배역을 살펴보면, 톰과 매기 역으로 이판 메러디스(Ifan Meredith)와 에밀리 왓슨(Emily Watson)이 주연을 맡았다. 이외에 조연으로는 버나드 힐(Bernard Hill, 에드워드 털리버), 세릴 캠벨(Cheryl Campbell, 베씨 털리버), 제임스 프레인(James Frain, 필립 웨이컴), 제임스 베버-브라운(James Weber-Brown, 스티븐 게스트), 루시 위브라우(Lucy Whybrow, 루시 딘), 그리고 니콜라스 겍스(Nicholas Gecks, 웨이컴 법률가) 등이 있다. 영화 자체는 털리버가의 남매에 관한 몇 가지 비범한 통찰력 외에 별로 특이한 점이 없지만, 에밀리 왓슨의 연기 때문에 주목받고 있다. BBC는 우리에게 재산과 복수, 명예의 회복에 관심을 지닌 남자들과 주로 결혼을 생각하는 여자들이 나오는 평범한 영화를 제공하지만, 영화 뒤에 얼마나 격렬한 감정이 숨어 있는지 알게 해준다. 이런 연유에서 매기 역을 훌륭히 소화해낸 왓슨의 연기가 없었다면 이 작품도 없었을 거라는 평자도 있다. 그녀는 어떤 역을 맡아도 지켜볼만 하다고 평가되는 연기파 배우로서 1967년 1월 14일에 영국 런던에서 태어났으며 영국 왕립 셰익스피어 극단 배우로 활동하던 중에 라스 폰 트리에 감독의 권유를 받고 <파도를 뚫고>(*Breaking the Waves*)(1996)로 스크린에 데뷔하였다. 이 작품에서 베스 맥닐(Bess Mcneil)역을 인상적으로 연기하여 아카데미 여우주연상 후보에 오르기도 했으며, 이 역으로 「뉴욕 영화 비평가상」과 「로스엔젤리스 새 세대 영화 비평가상」뿐 아니라 「최고 여배우에게 수여되는 필릭스 상」을 수상하기도 했다. 그녀는 순수한 마스크와 뛰어난 심리연기 때문에 할리우드의 뛰어난 재목으로 평가받고 있다. 이 작품에서도 그녀의 표정과 사색하는 눈은 자기희생과 자기 몰입 사이에서 진동하는 매기의 모순된 측면을 잘 보여준다.

이밖에 후에 타이태닉(*Titanic*)호의 선장 역을 맡은 버나드 힐은 매기의 아버지로 호연했으며 필립 역을 너무 감성적으로 하지 않은 제임스 프레인도 주목할 만하다. 프레인은 이 작품에서 왓슨과의 인연으로 <힐러리와 재키>(*Hilary and Jackie*)라는 작품에서 왓슨과 다시 공연할 기회를 얻었다. 톰 역의 이판 메러디스는 원작을 잘 살리지 못했다는 평가를 받고 있지만, 그의 얼굴에서 풍기는 원한은 누이에 대한 기이한 집착과 혐오를 잘 암시해준다. 그들의 남매 관계는 매기가 톰의 지배에 일방적으로 희생된 것인지, 아니면 둘 다 서로 지나치게 집착한 것은 아닌지 묻게 만든다. 결국 작가는 매기를 자신처럼 위선적인 가부장제 사회의 희생자로, 톰과 매기를 그런 사회를 공정하게 만들기 위한 희생자로 만든다. 스티븐 역의 제임스 베버-브라운은 상투적인 인물이 되었다. 풍자된 친척들, 즉 베씨의 세 자매와 남편들은 말없이 사라지며, 도머스 아 켐피스의 자기 포기 같은 종교적 이상도 사라진다. 엘리엇의 다른 소설을 영화화한 『걸작 영화』의 6시간짜리 미니 시리즈 <미들마치>(*Middlemarch* 1994)보다는 짧지만, 원래 펭귄 판으로 691면에 달하는 긴 장편이 120분짜리 영화로 길이가 대폭 줄어드는 과정에서 스토리 전개에 다소 무리가 있다. BBC와 WGBH가 엘리엇의 원작을 일요일 밤 시청할만한 2시간 영화로 축소시키는 대신 불후의 명작으로 만들었더라면 하는 아쉬움이 남는다.

영화의 서사는 원작과는 달리 화자가 의자에 앉아 회고하는 장면을 생략한 채 매기가 배 위에 누워 있는 장면으로 시작된다. 이 장면은 홍수 속에 떠다니는 큰 나무 등을 보임으로써 결말부에 나올 매기의 익사를 암시한다. 배를 탄 매기가 강가에 서 있는 주요 인물들에게 "미안"하다고 외칠 때 수차가 클로즈업된다. 이 장면으로부터 다시 어린 시절로 돌아가 홍수 속에서 익사하는 모습까지 그림으로써, 첫 장면과 마지막 장면이 오버랩(overlap)되는 구조로 되어 있다. 그러므로 첫 장면을 제외하면 영화는 원작과 같이 연대기적 순서로 진행된다.

한 가지 주목할 점은 중요한 변화나 고비의 순간마다 수차를 클로즈업(close-up)한다는 점이다. 가령 1, 2권의 어린 시절(나무 위에서 남매가 함께 내려오는 것으로 황금 시절의 종말을 암시하는)에서 7년 뒤인 3권으로 넘어갈 때처럼 세월의 흐름을 표시할 때 수차를 보여준다. 그리고 약 300년간 털리버 집안 소유였던 물방앗간의 주인이 웨이컴으로 바뀌어 털리버가 물방앗간을 떠나야 할 때나 털리버가 죽기 전에도 정지된 수차를 보여준다. 이처럼 영화에서는 강과 더불어 이 작품의 중심 상징인 물방앗간을 십분 활용한다.

영화에서는 어린 시절의 중요 일화들이 대부분 짤막하게나마 충실히 재현되어 있다. 죽은 토끼 일화와 스털링의 학교 장면, 일가 친척들이 모인 자리에서 톰의 교육문제를 논의하는 장면, 매기가 충동적으로 머리를 자르는 장면, 스털링 학교에서 아버지의 적인 웨이컴의 아들이자 예민한 성격의 꼽추인 필립과 만나는 일화 등을 통해 남매의 대조적 성격과 그로 인한 갈등, 그리고 남녀차별이 비교적 충실히 재현된다. 한 가지 아쉬운 점은 중산계급 남녀의 다른 역할을 강조하는 남녀 차별적 요소들이 충분히 부각되지 않았다는 점이다. 예를 들면 매기가 톰보다 더 영리하고 상상력이 풍부하다는 점이나 더 넓고 고귀한 삶에 대한 매기의 열렬한 동경과 성취욕이 별로 부각되지 않는다. 원작에서 상당한 비중을 갖고 다루어진 톰의 교육과 매기의 교육 간의 대조, 그리고 "여자 애들이 피상적으로는 매우 영리하지만, 어느 것도 깊이 배우진 못"(220-21)한다는 스털링 목사의 남녀차별적인 발언도 생략되었다. 뿐만 아니라 반항적이던 매기가 욕망 자체를 포기하면 실망할 일도 없다는 식으로 순종을 내면화하는 극단적인 변화가 그려지나, 그 변화의 계기 ─ 켐피스의 철학과 매기의 극심한 결핍감 등 ─ 가 무엇인지 분명히 밝혀지지 않는다. 아쉬운 대로 남녀차별을 보여주는 대사가 간혹 나온다.

가령 영화가 시작되기 전에 해설자의 해설을 통해 매기가 민감하고 상상력이 풍부하며 영리한 여성이라는 점이 설명되며, 스털링 학교에서 커서 똑똑한 여성이 되겠다는 매기의 말에 그렇게 되면 잰 체하는 사람(big-head)이 되어 모두가 증오하는 사람이 될 거라는 톰의 말에서 남녀차별이 암시된다. 이는 감독이 이런 문제를 중요 쟁점으로 파악하지 못했기 때문인 듯하다.

7년 뒤 매기가 성장한 뒤 아버지의 파산으로 인해 그녀의 결핍감이 강화된다. 톰에게 성경에 손을 얹고 복수를 맹세케 한 아버지의 영향으로 매기에게 필립과의 만남을 금지한 톰과, 오빠의 반대에도 불구하고 레드 딥스(Red Deeps)에서 필립을 만나는 매기간의 갈등에서 남매의 불화가 심화되었음을 짐작할 수 있다. 영화화하면서 매기가 머리를 자르는 일회나 죽은 토끼 일화 등 남매간의 간략한 대화 속에 핵심적인 대사를 집어넣으려 노력한 결과, 남매간의 갈등은 대체로 잘 부각된다.

다시 1년 뒤 매기와 스티븐의 관계에서는 원작에서 살펴본 바 있는 그들의 이끌림에 큰 영향을 미치는 그들이 만나는 시점 및 매기의 결핍감보다 주로 성적 이끌림이 강조된다. 즉 매기가 가정교사 생활을 했다는 점이나 그들이 만나는 시점이 매기가 가정교사 생활에서 돌아온 직후라는 사실이 분명히 밝혀지지 않는다. 손끝의 떨림이나 서로 끌리는 그들의 강렬한 시선, 지나가다 들른 스티븐의 등장에 바느질하던 매기와 스티븐이 서로 당황하는 모습, 파티에서 서로의 존재를 강렬히 의식하는 것, 무도회에서 스티븐이 매기에게 키스하려 하는 것, 감정을 드러내자 화를 낸 매기를 따라 고모 집까지 방문한 스티븐의 모습 등에서는 주로 신체적 면이 강조된다. 이처럼 고귀한 삶을 동경하던 매기가 극심한 결핍감 때문에 루시가 맛보게 해준 넉넉한 유한계급 여성의 삶(아무것도 하지 않아도 되는 달콤한 나날들)에 자기도 모르게 이끌리는 면면이 섬세히 조명되지 않는다.

결말부에서 매기는 다시 청혼하는 스티븐의 편지를 불태운 뒤 홍수 속에서 노를 저어 톰을 구하러 가 화해한 뒤 풀린 밧줄에 묶여 익사하는 톰과 더불어 죽는다. 그들의 화해는 예전처럼 톰이 매기를 "맥지"(Magsie) 라고 부르는 것으로 상징된다. 이런 결말은 원작과는 다소 다른 결말이다. 원작에서는 물방앗간에 혼자 있던 톰을 구하고 화해한 다음 루시를 구하러 가다 강에 떠다니는 거대한 "목재 기계"에 부딪쳐 남매가 손잡고 익사하는 것으로 되어 있다. 이는 남매의 화해를 상징하는 중요한 장면이다. 그러나 영화에서는 남매가 손을 잡았다가 놓은 채 익사한다. 또한 어린 시절 "데이지 꽃이 만발한 들판을 함께 돌아다니던 시절"(655)로 돌아가는 원작의 마지막 장면과는 달리, 영화에서는 나무에서 남매가 같이 내려와 손잡고 걸어가는 앞의 장면으로 처리된다. 데이지 꽃이 만발한 들판을 클로즈업했다면 영상미와 시각적 이미지가 돋보였을 텐데, 틱스톤 감독의 상상력이 여기까지 미치지 못해 매우 아쉽다. 아울러 과거의 유대 등 매기가 스티븐을 거부하는 이유 및 이 선택에 함축된 복합적인 의미가 분명하게 전달되지 않는다.

이제 엘리엇의 원작과 영화의 스타일을 비교해보자. 원작에서는 엘리엇의 유명한 산문, 즉 장황하지만 잘 정돈된 산문으로 영국 중부 워릭셔 지방의 자연과 시골생활이 잘 묘사된다. 예컨대 성 오그스 마을의 전설과 마녀 이야기, 도슨가와 털리버가의 대조, 그리고 물방앗간 주인이 바뀌면 불행한 일이 일어난다는 미신 등이 그것이다. 뿐만 아니라 엘리엇은 외부 환경과 정신이 미치는 영향을 기술적으로 결합하여 정확한 세부사항과 섬세한 문체로 인물들의 내면심리와 인물간의 긴장을 잘 그리고 있다. 다시 말해 작가는 인간의 열정이나 행동을 예리하게 통찰하여 그 뒤에 숨은 동기를 섬세하게 분석한다. 소설의 빠른 전개를 기대하는 현대 독자에게는 이런 분석들, 즉 1, 2권의 어린 시절 자서전적 일화들이나 3, 4권의 진행이 너무 느리며 불필요해 보일 수 있다. 그러나 이런 정교한 설명은 톰과 매기를 비롯한 주요 인물들의 성격이 형성된 배경을 보여주려는 작가의 계획에 따른 것으로, 이 작품의 주요 매력 중 하나다.

하지만 영화에서는 이렇게 예리하고도 복잡한 심리묘사와 산문이 살아나기 어렵다. 틱스톤과 스토다트는 원작의 중요 부분, 즉 톰과 매기간의 갈등에 관한 한 원문의 중요 대사를 살리려 노력한 결과 소기의 성과를 거두었다. 예를 들면 어린 시절의 대사들, 특히 헝겊조각을 이어붙이는 퀼트가 어리석은 일이라 분개하는 매기의 발언이나, 똑똑한 여자애는 꼬리가 긴 양이나 마찬가지로 별로 쓸모가 없다는 털리버 씨의 말(66), 죽은 토끼 일화에서 사랑하지 않는다고 말하며 변명할 기회도 주지 않는 오빠를 그래도 사랑한다는 매기의 말, 아버지의 파산 후 필립과의 만남을 허락 받으러 온 매기가 필립과의 관계를 반대하는 톰에게 오빠가 잘할 수 있었던 것은 힘을 가진 남자이기 때문이라고 반박하는 것, 스티븐과 떠났던 매기가 5일 만에 돌아오자 "넌 항상 극단적"이었다는 톰의 비난 등이 있다. 지금 보면 매우 진부한 주제이나, 아직도 현재성을 갖는 남매간의 애증, 억압된 근친상간의 욕망, 의무와 애정간의 갈등 등은 매우 잘 그려졌다. 그러므로 빅토리아 시대의 소설을 20세기 후반에 영화화했을 때의 시대적인 격차, 즉 19세기와 20세기 간의 관심과 흥미의 변화를 염두에 두고 작품과 영화를 비교해 보아야 할 것이다.

한편 최근 영화답게 음악이 효과적으로 이용된다. 가령 수차가 나올 때마다 같은 음악이 반복되어 수차의 이미지를 강조하며, 스털링 학교에서 필립이 매기에게 불러주던 노래를 7년 뒤 다시 부르게 함으로써 그들의 관계 진전을 효과적으로 암시하기도 한다.

그러나 스토다트의 각색과정에서 어쩔 수 없는 당연한 결과로서 원작의 장점인 심리묘사와 도덕적 사색, 그리고 인물, 특히 매기와 톰의 복잡성이 대폭 증발하였다. 가령 톰은 가문의 명예와 돌코트 물방앗간을 되찾기 위해 23세에 게스트 회사의 동업자가 될 정도로 연애나 결혼 등 모든 것을 희생하고 일에 몰두하는 미덕과 매기에 대한 사랑과 관용도 어느 정도 간직하고 있지만, 스티븐과 도망했다고 오해할 매기를 바리새인이라 비난하고 매기가 돌아오자 "여기 네 집은 없어. 네 행동, 네 속임수는 지겨워. 널 보기만 해도 역겨워."라고 냉정하게 쫓아낼 만큼 가혹한 인물로 그려진다. 매기의 심리는 더 복잡하다. 매기는 정신적 동경 때문에 필립에게 이끌리며 육체적으로는 스티븐에게 이끌리지만, 영화에서는 단지 충동적이며 무책임한 여성으로 보일 가능성도 있다. 스티븐을 거부하는 미묘한 문제만 해도, 자세한 전후사정은 배제된다. 이와 더불어 원작의 시대적 배경, 즉 "산업주의 이전" 시대인 매기의 어린 시절 러다이트(Luddite) 운동으로 시작된 혁명에의 반대 등 열띤 논쟁의 시대에 포함된 다양한 의미와 스티븐이 누리는 사치스러움이나 그의 댄디 행세를 아버지 공장 노동자들의 비참한 현실과 대비시킴으로써 신흥 부르주아 계급의 사회적 무책임과 이기심에 대한 작가의 간접적 비판도 생략되었다. 그리고 길이상의 군더더기를 없애려는 배려로 짐작되긴 하나, 활기 있고 흥미로운 밥 제이킨(Bob Jakin)이라는 톰의 친구이자 보부상도 사라졌다. 원작의 이런 여러 겹의 의미 생략은 영화화 과정에서 어쩔 수 없는 일이긴 하나, 그럼에도 불구하고 여전히 애석한 일로 남는다.

인터넷상 몇몇 관객의 평처럼 결론은 당연히 책이 영화보다 더 낫다는 것이다. 왓슨 외 다른 배역진의 훌륭한 연기에도 불구하고, 이 영화가 엘리엇의 풍부한 산문과 경쟁할 수 없으므로 왓슨의 팬이나 엘리엇 학자가 아니라면 실망할 것이라고 C등급을 매긴 평자도 있다. 그럼에도 불구하고, 원작과 함께 수업에 활용한다면 소기의 효과를 거둘 수 있을 것이다.

E. 『플로스강의 물방앗간』에 나타난 성경적 암시

이 작품에는 성경적 언급이 많이 나오는데, 이런 성경적 암시가 작품에서 어떤 역할을 하는지 살펴보자. 다이트 H. 퍼디(Dwight H. Purdy)는 엘리엇이 정통 기독교와 배교를 동시에 나타내기 위해 이런 성경적 암시를 교묘하게 사용했다고 주장한다. 즉 엘리엇의 텍스트는 얼핏 정통 기독교를 나타낸 것 같지만, 그 안에는 정통 기독교를 비판하는 내용이 담겨 있다는 것이다. 다음 내용은 주로 퍼디의 논문을 요약한 것이다.

첫째, 가장 대표적인 것은 "죽음에 있어서 그들은 나뉘지 않았다"는 작품 끝의 언급이며, 본문에서는 이 구절이 집중 분석된다. 이 구절의 출처는 다윗이 사울과 요나단의 죽음을 슬퍼하는 사무엘하 1:23절이다. "사울과 요나단이 생전에 사랑스럽고 아름다운 자러니 죽을 때에도 서로 떠나지 아니하였도다. 저희는 독수리보다 빠르고 사자보다 강하였도다. ... 내 형 요나단이여 내가 병기가 망하였도다."(사무엘하 1:23, 26-27) 여기서 매기는 사울에, 톰은 요나단에 비교된다. 매기의 기질이 매우 불안정하며, 그녀의 사소한 실패로 인해 중대한 결과가 초래되며, 가족 안에서 갈등을 겪는 것 등은 사울과 유사한 점이다. 또한 톰의 굳은 의지는 그 일관성에 있어 요나단과 닮았다. 그러나 톰을 열렬히 사랑한다는 점에 있어서 매기는 요나단과도 닮았기 때문에, 이 비유는 그리 간단치가 않다. 이와 같이 매기와 톰은 서로 나눌 수 없는 한 몸 같은 존재이다.

엘리엇은 겉으로 소설의 마지막 단어를 성경에서 인용함으로써 정통 기독교의 의미를 전달하는 것 같지만 안을 들여다보면 성경적 인용에 암시된 아이러니와 위트를 통해 배교를 암시하기 때문에 엘리엇의 의미는 이중적이다. 이 작품에서는 성경을 진지하면서도, 가볍게 다룬다. 세인트 오그스 세계에서 성경은 적합한 것 같지만, 얼마간 왜곡되어 있다. 이처럼 엘리엇의 성경 인용은 단어의 연상에서 더 나아가 성경과 소설을 비교함으로써, 윤리 문제가 얼마나 복잡한가를 보여준다.

둘째, 털리버가 톰으로 하여금 성경에 손을 대고 웨이컴에게 복수를 맹세케 하자, 매기는 "저주하고 악의를 품는 것은 나쁜 일"이라 말하면서 이들을 만류한다(성경 Sirach 28: 6-7). 그런데 엘리엇의 대다수 동시대인들은 이런 털리버의 저주에서 사울과 요나단의 죽음을 애도한 다윗의 유언(역대상 12: 8-10)을 연상할 것이다. 마치 다윗이 왕위에서 쫓겨날 때 자기를 저주한 시므이(Shimei)를 살려 두지만 자신의 사후에 그를 죽이라고 아들 솔로몬에게 유언했던 것처럼, 털리버는 생계 때문에 이를 악물고 웨이컴 밑에서 일하지만 자신의 사후 웨이컴에게 복수해 달라고 톰에게 당부한다. 매기가 성경을 근거로 아버지의 저주에 반대하지만, 솔로몬에게 복수를 당부한 다윗의 유언처럼 털리버에게도 성경적 근거가 있었던 것이다.

셋째, 탕자의 우화를 들어보자. 탕자의 우화는 잃어버린 한 마리 양을 찾아낸 목자와 잃어버린 은화(드라크마)를 찾고 기뻐하는 여인의 우화와 더불어 죄인의 구원에 관한 세 가지 우화 중 마지막 이야기다. 어떤 아버지에게 두 아들이 있었는데, 둘째 아들은 아버지가 돌아가시기도 전에 미리 유산을 상속받아 외국에서 방탕한 생활로 가산을 탕진한 뒤 굶주리게 되자, 돼지에게 주는 쥐엄 열매를 주워 먹을 정도에 이른다. 그는 아버지 집에 돌아가 종이 되더라도 배불리 먹을 수 있을 것이므로, 아버지 집에 돌아가기로 결심한다. 그가 돌아가자, 아버지는 아들의 귀환을 크게 기뻐하여 살찐 송아지를 잡아 잔치를 베푼다. 이에 그동안 아버지 곁에서 일만 하던 맏아들은 화가 난 나머지, 아버지에게 불평을 토로한다. 이에 아버지는 큰 아들에게 "너는 항상 나와 함께 있으니 내 것이 다 네 것이로되 이 네 동생은 죽었다가 살았으며 내가 잃었다가 얻었기로 무리가 즐거워하고 기뻐하는 것이 마땅하다 하니라."라고 대

답한다.(누가복음 15: 1-31)

물방앗간 일꾼인 루크의 집에서 탕자의 그림을 보게 된, 아홉 살의 매기는 자신을 탕자와 동일시한다. 매기는 탕자의 아버지가 탕자를 다시 받아들인 걸 기뻐하며 탕자가 잘 되었기를 바라지만 그가 나중에 큰 인물이 못 되었을 거라는 루크의 얘기를 듣고, "그 젊은이의 나중 얘기가 그렇게 공백이 아니길" 바라면서 슬퍼한다.

아버지를 떠나 외국에 나가 가산을 탕진한 말썽꾸러기 탕자처럼, 매기는 집시에게 도망갔다가 돌아온다. 그러나 집시 덕분에 딸을 되찾은 털리버가 아내와 톰에게 절대로 매기를 야단치지 말라고 엄명을 내린 덕분에, 매기는 야단맞지 않는다.

그러나 아버지가 돌아가신 뒤에는, 모든 양상이 달라진다. 겹친 우연으로 스티븐과 집을 떠났다가 5일 만에 집에 돌아온 매기는 환대받지 못한다. 죄인과 구원받은 사람간의 구분이 분명한 성경상의 우화와 달리, 세인트 오그스 사회에서는 매기가 돌아왔지만 매기를 환영하여 살찐 송아지를 잡아주는 아버지도, 구원도 없다. 그녀를 타락한 여인으로 취급하는 톰과 마을 사람들의 정죄와 냉대만이 있을 뿐, 그녀는 다만 죽음을 통해 용서받게 된다.

넷째, 매기가 아볼루온(Apollyon)을 언급하는 것은 성경, 더 나아가 존 번연(John Bunyan)을 암시한다(요한계시록 9:11). "저희에게 임금이 있으니 무저갱의 사자라. 히브리 음으로 이름은 아바돈이요. 헬라 음으로 이름은 아볼루온이더라." 매기는 <천로역정>에서 "본 모습을" 드러낸 악마 아볼루온과 크리스천의 싸우는 그림을 보고 즐거워한다. 매기는 집시에게 도망갈 때 "아볼루온"의 출몰을 상상하는가 하면, 집시촌의 천막에서 만난 남자가 "용의 날개 달린 불타는 눈의 괴물", 즉 "아볼루온"(171, 177)이 아닌지 의심한다. 이런 상상은 둘 다 아이의 수준에서 본『천로역정』이나「요한 계시록」이라 하겠다.

다섯째, 디포우의 『악마의 역사』에 등장하는 소리치며 "걸어 다니는" 사자의 그림이 매기의 흥미를 끈다. 이 사자가 나오는 출처는 "근신하라 깨어라 너희 대적 마귀가 우는 사자 같이 두루 다니며 삼킬 자를 찾나니"(베드로 5: 8)라는 구절이다. "사자가 소리치며 달려들면"(86) 어떻게 하겠느냐고 톰에게 물을 때 매기는 삼손이 맨손으로 찢어 죽인 사자(사사기 14: 5-6)를 연상한다. 현실적인 톰은 매기의 이런 질문을 무시하지만, 파산의 충격으로 아버지가 쓰러진 뒤 도슨가의 집안이 모여 회의할 때 매기는 암사자처럼 보인다. "그녀는 젊은 암사자의 눈처럼 번뜩이는 눈"과, "번뜩이는 큰 까만 눈"으로 친척들을 "도전"적으로 바라본다(296). 매기는 디포우의 책을 읽으면서 사람들이 다 "달아나서 하고 싶은 대로 시킬 수 없기" 때문에 악마가 변장하는 거라고 생각한다. 이것이 매기의 무의식적 동기이자 작가의 동기이다.

그러나 기적과 현실이 섞여 있는 성경에서는 기적이 언제든지 현실이 될 수 있다. 이런 연유로 해롤드 피쉬(Harold Fisch)는 성경에는 "놀라운 세계와 일상 세계, 우화와 현실"이 섞여 있다고 주장한다. 따라서 여섯째, 엘리엇은 탕자의 비유 외에, 씨 뿌리는 자와 착한 사마리아인, 알곡과 가라지의 비유를 사용한다.

1) 씨 뿌리는 자의 우화는 비범한 사건을 나타내기 위해 일상적인 것을 사용한다. "그 날에 예수께서 집에서 나가사 바닷가에 앉으시매 / 큰 무리가 그에게로 모여들거늘 예수께서 배에 올라가 앉으시고 온 무리는 해변에 섰더니 / 예수께서 비유로 여러 가지를 저희에게 말씀하여 가라사대 씨를 뿌리는 자가 뿌리러 나가서 / 뿌릴 새 더러는 길가에 떨어지매 새들이 와서 먹어버렸고 / 더러는 흙이 얇은 돌밭에 떨어지매 흙이 깊지 아니하므로 곧 싹이 나오나 / 해가 돋은 후에 타져서 뿌리가 없으므로 말랐고 / 더러는 가시떨기위에 떨어지매 가시가 자라서 기운을 막았고 / 더러는 좋은 땅에 떨어지매 혹 백 배, 혹 육십 배, 혹 삼십 배의

결실을 하였느니라 / 귀 있는 자는 들으라 하시니라"(마태 13: 1-9, 『빅 라이프 성경』). 예수님은 선택된 자의 귀를 설명하기 위해 이 비유를 사용하며, 여기서 씨는 "왕국 세계"이며, "길가에" 뿌려진 자는 이해하지 못한 채 듣는 것이며, "돌밭에" 뿌려진 씨는 이해는 하지만 내면에 "뿌리"가 없어서 환난 때에 말씀을 거부하는 사람을, 가시 떨기는 "세상의 염려와 재리의 유혹"에 "말씀이 막"힌 것을 나타낸다(마태 13: 18-23). "씨 뿌리는 자"(426)로서 필립은 매기에게 헌신의 말을 뿌렸지만, 원하는 결과를 얻지 못한다. 화자는 톰이 아버지의 빚을 다 갚은 뒤 털리버가 웨이컴을 공격하고 나서 쓰러졌을 때, "섞인 씨는 추수할 때 섞인 열매를 낳는다"(462)고 이 이미지를 다시 쓴다. 여기서 엘리엇은 신약에 나오는 '씨 뿌리는 자'라는 비유를 하기 위해 "네 밭에 두 종자를 섞어 뿌리지 말라"(레위기 19:19)는 구약 말씀을 인용한다.

2) 이 씨뿌리는 자라는 비유를 사용한 결과, 5권 제목인 "알곡과 가라지"(wheat and tares)가 나온다. 이 우화에서 어떤 사람이 알곡을 뿌리지만, 밤에 적이 와서 가라지를 뿌린다. 주인은 알곡(주의 자녀)과 가라지(악한 자의 자녀)를 따로 모을 것이므로 추수할 때까지 기다리라고 종에게 명령한다. 즉 [천사라는] 추수꾼이 올 때 주의 자녀는 구원받고 악한 자는 "풀무 불에 던져 넣으리니 거기서 울며 이를 갊이 있으리라"(마태 13: 24-30, 37-42)는 것이다. 도슨가에게 물질적 몰락과 악은 같은 뜻이므로, 털리버는 가라지가 된다. 그러나 "알곡과 가라지"는 보는 관점에 따라 달라지기 때문에, 이 우화는 복잡해진다. 5권에서 웨이컴을 때린 털리버의 알곡이 매기와 필립에게는 가라지가 된다. 톰에게는 필립이 가라지가 되지만, 톰의 적개심은 매기와 필립에게 가라지가 된다. 필립에게는 매기의 애정이 알곡이지만, 매기에게는 안정감을 주는 필립의 우정이 알곡이 된다. 또한 매기와 톰에게는 아버지의 죽음이 가라지가 된다. 이런 일련의 비유를 통해 작가는 사람을 윤리적으로 판단하는 게 얼마

나 복잡한 일인지, 또한 지옥과 구원을 구분하는 게 얼마나 잘못된 일인지를 암시한다.

3) 씨 뿌리는 자 및 알곡과 가라지의 비유가 도덕적 복잡성을 나타냈다면, 선한 사마리아인의 우화는 정통 신앙을 나타낸다. 화자는 (밥 제이킨만 제외하고) 매기를 비난하는 세인트 오그스 여자들에게 자비를 베푸는 착한 사마리아인이 되라고 요구한다.

일곱째, 성경을 아이러니가 없는 것처럼 읽는 것은 잘못이다. 엘리엇은 묘비명과 결말에서 "죽음"이란 단어를 강조한다. 살아 생전에 사울과 요나단은 거의 늘 사이가 좋지 않았다. 요나단이 전쟁에서 먹는 것을 금힌 사울 왕의 명령을 어기자, 사울은 아들을 죽이려 한다. 또한 아들 요나단이 다윗에게 충성하자 사울 왕은 화가 나서 단창(javelin)으로 요나단을 죽이려 힌다(14: 24-44, 20:33). 사울 왕과 요나단은 매기와 톰처럼 죽은 뒤에야 비로소 상호 갈등에서 벗어난다.

또한 이 작품의 묘비명과 결말에 나오는 "그들"이란 대명사가 매기와 톰만 언급하느냐는 의문이 제기된다. 왜냐하면 아버지의 무덤이 아이들 무덤 곁에 있기 때문이다. 어떤 의미에서 털리버는 사탄이나 다윗이 아니라 스스로 자멸했다는 사실을 깨닫지 못하고 격노한 비이성적 아버지, 즉 사울 왕이다. 다윗과 요나단, 그리고 사울왕, 이 세 사람은 다 스스로 나뉘었으며, 죽음만이 이들을 결합시킬 수 있다. 그러나 이 성경상의 언급이 매기와 톰만 가리킨다고 해석하면, 누가 사울왕이며 누가 다윗인가? 매기는 감정적으로 동요한다는 면에서는 사울왕과 비슷하다. 그러나 사울이 다윗과 요나단의 우정에 반대했듯, 톰도 매기와 필립의 관계에 반대한다. 게다가 꾸준히 헌신한다는 점에 있어서, 매기는 톰보다 요나단에 가깝다. 엘리엇이 톰보다 매기의 애정을 강조하듯, 성경의 사무엘상에서는 다윗보다 요나단의 헌신이 강조된다. 게다가 성경을 적용해 읽는데 젠더의 문제가 생긴다. 즉 남자간의 우정을 남매간의 애정에 적용시킨 이유가 무엇일까? 퍼디는 익사 장면에 내포된 성적 이미지가 금지된 남매간의 애정을 암시한다고 본다. 다윗에 대한 요나단의 애정묘사(사무엘 1장)를 보면, 이런 해석이 그다지 무리는 아니다. "요나단은 다윗을 자기 생명같이 사랑하여 더불어 언약을 맺었으며 요나단이 자기의 입었던 겉옷을 벗어 다윗에게 주었고 그 군복과 칼과 활과 띠도 그리 하였더라"(사무엘상 18: 3-4). 또한 요나단은 "다윗을 심히 기뻐"(19:1) 하였다. 요나단은 "네 마음의 소원이 무엇이든지 내가 너를 위하여 그것을 이루리라."(20:4)고 다윗에게 맹세하며, 다윗에 대한 요나단의 사랑은 "자기 생명을 사랑함같이 그를 사랑"(20:17)했다고 묘사된다. "그대가 나를 사랑함이 기이하여 여인의 사랑보다 승하였도다." (삼하 1:26)고 다윗이 사울과 요나단의 죽음을 슬피할 때, 이 모든 사실이 입증된다. 구약에서 유례를 찾아보기 힘든 이 열렬한 애정묘사처럼, 톰에 대한 매기의 사랑도 남매간의 우애를 넘어선 사랑이라 하겠다.

여덟째, 에덴 동산에 대한 언급도 매기의 애정에 함축된 성적인 측면을 암시한다. 낙원에서 추방되는 아담과 이브(창세기 3: 17-19)처럼, 2권은 톰과 매기가 집으로 떠나는 장면으로 끝난다(270). 6권("크나큰 유혹")에서도 매기의 추방이 반복된다. 그녀는 "낙원에서의 이중창"(469), 즉 하이든(Haydn)의 창조(The Creation)를 연주하는 스티븐의 반주에 맞춰 노래하는 루시의 노래를 듣는다. 후에 스티븐은 매기를 유혹하는 교묘한 뱀 같은 존재로 밝혀지며, 그를 너무 뒤늦게 거부하는 매기는 스티븐에게 그들의 상황을 낙원에 비교한다. "낙원에서 그랬듯이, 인생이 매우 쉽고 단순하고, 우리가 항상 누군가에게 어떤 사람[톰]... 을 볼 수 있다면, 내 말은, 인생이 우리에게 사랑보다 의무를 앞세우지 않는다면 — 사랑은 두 사람이 마땅히 서로에게 속했다는 표시일 것이다."(570) 이 생략된 부분에서 의식적으로 억제한 매기의 무의식적 감정이 드러난다. 그녀는 필립에게 자기 인생에 있어 최초로 기억하는 장면은 오빠와 손잡고 "플로스강가에 톰과 함께 서 있는 장면"(402-3)이라고 말하는데, 이것이 바로 매기와 톰이 "마땅히 서로에게 속했다"는 "표시"다. 따라서 묘비명과 결말에 나오는 성경의 암시는 어느 인물과 비슷한지 묻는 대신, 1860년 언급할 수 없었던 남매간의 사랑을 암시하는 한 가지 방법이었을 것이다.

이 성경적 암시를 둘러싼 마지막 수수께끼는 작가다. 엘리엇은 누가 묘비명을 썼는지 분명히 밝히지 않는다. 엘리엇은 "그 이름들 아래 [묘비명이] 쓰였다"(657)는 것 외에 아무 단서도 제시하지 않는다. 첫 세 판에서 엘리엇의 이전 소설들 제목 아래 그 묘비명이 쓰였다는 것은 작가 자신이 묘비명과 비문을 나누었음을 암시한다. 엘리엇은 성경을 대담하게 자기 식으로 다시 썼다. 이런 의미에서 묘비명과 비문의 암시를 통해 리얼리즘과 정통 신앙의 담이 무너졌다고 볼 수 있다.(Dwight H. Purdy, "The Wit of Biblical Allusion in *The Mill on the Floss*". 참조)

인용문헌

Bushnell, John P. "Maggie Tulliver's Stored-up Force': A Re-reading of *The Mill on the Floss*". *Studies in the Novel*, 16 (Wint.,1984). pp. 378-95.

Ermarth, Elizabeth. "Maggie Tulliver's Long Suicide". *Studies in English Literature,* V.14 (Autumn, 1974), pp. 587-601.

Goodman, Charlotte. "The Lost Brother, The Twin: Women Novelists and the Male-Female Double Bildungsroman". *Novel,* 17(1) (Fall, 1983), pp. 28-43.

Haight, Gordon S., ed., *Selections of George Eliot's Letters.* New Haven and London: Yale Univ. Press, 1985.

______, ed. *A Century of George Eliot Criticism.* Boston: Houghton Mifflin Company, 1965.

'The Novels of George Eliot'. Henry James. *Atlantic Monthly.* 18(Oct., 1866), pp. 479-92.

James, Henry. "'The Lifted Veil" and "Brother Jacob"', *A Century of George Eliot Criticism,* Gordon Haight ed., Boston: Houghton Mifflin Company, 1965,

Nation, 26 (25 April 1878).

Leavis, F. R. *The Great Tradition*. London: Chatto & Windus, 1948.

McDonnel, Jane. "Perfect Goodness" or "The Wider Life": *The Mill on the Floss* as Bildungsroman" *Genre*, 15 (Winter, 1982), pp. 379-402.

Showalter, Elaine. *A Literature of Their Own: British Women Novelists From Bronte to Lessing*. New Jersey: Princeton Univ. Press, 1977.

Stephen, Leslie. *George Eliot*. New York: The Macmillan Company, 1902.

George Eliot
The Mill on the Floss

VII. 참고문헌

VII. 참고문헌

조애리. 「빅토리아 시대의 여성상: 『제인 에어』, 『플로스강의 물방앗간』」, 『성, 역사, 소설』. 서울: 동인, 51-65쪽.

조정호. 『조지 엘리어트의 소설 연구』. 서울: 이화여자대학교 출판부, 1992.

한애경. 『죠지 엘리엇과 여성문제』. 서울: 동인, 1998.

이 책에서는 엘리엇의 전 작품인 8편의 장편소설을 일관성 있게 페미니스트 비평의 관점에서 분석하였다.

_____. 『19세기 영국 소설과 영화』, 서울: L.I.E., 2009.

이 책에는 제인 오스틴과 조지 엘리엇이 다루어지고 있으며, 특히 엘리엇의 작품 중 『플로스강의 물방앗간』과 『사일러스 마너』, 『미들마치』의 세 작품과 영화를 비교분석하였다.

_____. 『19세기 영국 여성작가 읽기』, 서울: L.I.E., 2008.

이 책에서는 제인 오스틴과 메리 셸리, 조지 엘리엇 등의 19세기 영국 여성 작가를 다루고 있다. 그 중에서도 조지 엘리엇을 다룬 III장에 네 편의 논문이 수록되어 있다. 특히 『플로스강의 물방앗간』을 '상징폭력'과 지젝의 관점에서 새롭게 접근했으며, 『대니얼 데론다』와 『미들마치』, 그리고 국내에서 거의 연구되지 않은 "암거트"(Armgart)라는 시까지 다루고 있어 엘리엇 연구자라면 한 번 읽어봐야 할 것이다.

조지 엘리엇, 한애경, 이봉지 옮김. 『플로스강의 물방앗간 1, 2권』, 서울: 민음사, 2007.

『플로스강의 물방앗간』의 한글 번역판이다.

Ashton, Rosemary. *The Mill on the Floss: A Natural History* (Twayne's Masterwork Studies). Boston: Twayne Publichers, 1990.

Beer, Gillian. *George Eliot*. Brighton: The Harvester Press, 1986.

영국의 비어 교수가 쓴 엘리엇 전공자의 필독서다.

Bennett, Joan. *George Eliot, Her Mind and Her Art.* London: Cambridge

UP, 1948.

엘리엇 연구에 있어 거의 고전적인 입문서다.

Bloom, Harold, ed. *Modern Critical Interpretations: George Eliot's* The Mill on the Floss. New York: Chelsea House, 1988.

예일 대학의 해롤드 교수가 엘리엇 비평에 있어 반드시 읽어야 할 비평을 모은 엘리엇 비평 모음집이다.

Bushnell, John P. "Maggie Tulliver's 'Stores-up Force': A Re-reading of *The Mill on the Floss.*" *Studies in the Novel*, 16 (Wint., 1984). pp. 378-95.

끝 장면에서 톰을 구조하는 매기의 적극적이며 긍정적인 모습을 부각시킨 비평이다.

Cecil, David. *Victorian Novelists.* Chicago: U. of Chicago P., 1958.

빅토리아조 소설가를 다룬 권위 있는 비평서다.

Christ, Carol T., ed. *The Mill on the Floss: Authoritative Text, Backgrounds, Comtemporary Reactions Criticism.* New York: W. W. Norton, 1994.

작품의 원문과 비평이 수록된 노튼판 주석서로 『플로스강의 물방앗간』의 결정판이라 할 수 있다.)

Draper, R. P., ed. *George Eliot's* The Mill on the Floss *and* Silas Marner: *A Casebook.* London: Macmillan, 1977.

*The Mill on the Floss*와 *Silas Marner*에 대한 중요한 비평을 모은 비평서다.

DuPlessis Rachel Blau. *Writing Beyond the Ending: Narrative Strategies of Twentieth-Century Women Writers* (Bloomington: Indiana Univ. Press, 1985)

매기가 자신의 열망을 보존할 공간을 발견하지 못하고 죽음에 이르는 과정을 성적·사회적 성공과 실패를 각기 결혼과 죽음에 입각하여 로맨스의 전통적 결말과 비슷한 점과 다른 점을 분석한 비평이다. 또한 남매의 익사라는 결말을 홍수(자연)와 인간이 만든 기계(문명)가 함께 작용한 것으로 분석한다.

Ermarth, Elizabeth. "Maggie Tulliver's Long Suicide." *Studies in English*

Literature, V.14 (Autumn, 1974), pp.587-601.

결말에서 매기의 죽음을 정신적·육체적 죽음의 상징으로 파악한 비평이다.

Gillbert, Sandra M. & Gubar, Susan, *The Madwoman on the Attic*. New Haven and London: Yale UP, 1979.

페미니스트 비평으로 매기의 분노를 높이 평가한다. 아울러 19세기 여성 작가들이 가부장적 문학전통에 직면하여 고안해 낸 전략을 언급하면서 홍수에서의 익사를 일종의 자살로 봄으로써 매기를 부정적으로 평가한다.

Goodman, Charlotte. "The Lost Brother, The Twin: Women Novelists and the Male Female Double Bildungsroman." *Novel*, 17(1) (Fall, 1983), pp.28-43.

이 작품을 성장소설의 전통 속에서 파악하지만, 남매의 성장이 서로 다르다는 점에서 좌절된 성장소설로 분석한다.

Haight, Gordon S. *George Eliot: A Biography*. New York and Oxford Univ, 1968.

하이트는 훌륭한 엘리엇 연구자이며, 이 책은 여러 권의 엘리엇 전기 중에서 가장 믿을만한 것으로 엘리엇 연구자라면 반드시 읽어야 할 전기다.

Haight, Gordon S., ed., *Selections of George Eliot's Letters*. New Haven and London: Yale UP, 1985.

방대한 엘리엇의 편지 중에서 중요한 편지만 모아 수록한 서간집으로, 소설에 나타나지 않은 그녀의 사상을 알 수 있다.

_____, ed. *A Century of George Eliot Criticism*. Boston: Houghton Mifflin Company, 1965.

엘리엇 비평 중에서 중요하고도 핵심적인 비평만 모아 수록하였다.

Hardy, Barbara. *The Novels of George Eliot: A Study on Form*. London: Athlone Press, 1959.

엘리엇에 관한 비평은 주로 주제 면에서 분석하고 있는데 반해, 이 책은 엘리엇 비평 중에서 드물게 소설의 형식면에서 접근한다.

Harvey, W. J. *The Art of George Eliot*. New York: Oxford U.P, 1962.

주로 주제 면에서 칭찬받아온 엘리엇의 소설이 형식면에서도 훌륭한 소설임을 분석해낸 연구서다.

James, Henry. "The Novels of George Eliot". *Atlantic Monthly*. 18 (Oct., 1866), pp.479-92.

James, Henry. "'The Lifted Veil" and "Brother Jacob"', *A Century of George Eliot Criticism,* Gordon Haight ed., Boston: Houghton Mifflin Company, 1965, *Nation,* 26 (25 April 1878).

내면 심리묘사나 사실적 리얼리즘 등에서 엘리엇의 영향을 크게 받은 제임스가 쓴 엘리엇 비평이다.

Kim, Young-Moo. "Between Social Liberation and Individual Liberation: Ambivalence in George Eliot's Moral and Social Thinking." Ph. D. dissertation, State Univ. of New York at Stony Brook. 1987.

엘리엇의 도덕적·사회적 사상을 사회와 개인의 해방이라는 관점에서 분석한다.

Leavis, F. R. *The Great Tradition*. London: Chatto & Windus, 1948.

영문학의 위대한 전통 속에서 조지 엘리엇을 논한 비평으로, 작가가 매기에게 너무나 연민을 보이고 있다고 작가와 여주인공간의 거리에 대해 언급하고 있다.

McDonnel, Jane. "Perfect Goodness" or "The Wider Life": *The Mill on the Floss* as Bildungsroman." *Genre*, 15 (Winter, 1982), pp.379-402.

이 소설을 하나의 성장소설로 접근하면서 남매간의 갈등을 잘 분석하고 있다.

McSweeney Kerry. *George Eliot*(*Marian Evans*)*: A Literary Life*. New York: St. Martin's Press, 1991.

Haight의 전기와 더불어 읽을 만한 엘리엇 전기다.

Newton, Judith. *Women, Power, and Subversion: Social Strategies in British*

Fiction 1778-1860. New York & London: Methuen, 1981.

뉴톤은 빅토리아조 성 이데올로기의 핵심을 "여성의 영역"으로 보고 엘리엇을 비롯한 19세기 여성 작가들의 여주인공이 이성 이데올로기에 보이는 저항과 순응의 양면적 반응에 초점을 맞추어 분석한다. 특히 중간계급 여성에 대한 관심 때문에 『물방앗간』을 집중적으로 분석한다.

Pinney, Thomas. *Essays of George Eliot*. London: Routledge and Kegan Paul, 1963.

엘리엇의 사상을 알기 위해 반드시 읽어야 할 에세이 모음집으로 소설들에 표현되지 않은 엘리엇의 사상을 폭 넓게 잘 알 수 있다.

Rignall, John, ed. *Oxford Reader's Companion to George Eliot*. New York: Oxford UP, 2000.

엘리엇에 대해 잘 알 수 있는 충실하고 정통한 안내서다.

Showalter, Elaine. *A Literature of Their Own: British Women Novels from Bronte to Lessing*. New Jersey: Princeton UP, 1977.

페미니즘적 입장에서 접근한 비평서다. 쇼월터는 남성문화와 다른 주변문화(subculture)로서 여성문화를 강조하고, 영소설의 여성문학 전통을 세 단계로 나누며, 여성문학의 발전단계를 여성작가 중심의 "여성중심비평"(gynocritics)과 독자 중심의 "페미니스트 비평"(feminist, feminist reading)으로 구분한다. 또한 쇼월터는 고통을 수동적으로 인내하는 매기를 "수동적이며 자기 파괴적인 여주인공"의 선조로 본다.

Stephen, Leslie. *George Eliot*. New York: The Macmillan Company, 1902.

20세기 초에 쓰인 고전적인 엘리엇 비평서다.

Thale, Jerome. *The Novels of George Eliot*. New york: Columbia UP, 1959.

베넷의 비평서와 더불어 엘리엇 연구에 있어 고전적인 비평서다.

Internet

Stewart, Bhob. *All Movie Guide*

Leonard, John. "Gothic Horror", *New York* (October 13, 1997) *National Video Archive*

http://www.cinema.pgh.pa.us/movie/reviews

http://www.moviesunlimited.com/musite/pr....mscssid...

http://Bostonphoenix.com/Archive/tv/97/10/TheMillontheFloss.html 97.10.13

http://www.theatlantic.com/unbound/classrev/middlema/htm (*The Atlantic Monthly*, 1873.4 1860.6)

http://www.Amazon.com/com/exec/obidos/ASIN

http://www.Amazon.com/com/exec/obidos/search...actor=Emily Watson

http://www.Amazon.com/com/exec/obidos/search-r=graham Theakston

http://www.Amazon.com/com/exec/obidos

http://amazon.imdb.com/Title/ASIN

http://amazon.imdb.com/Name.Theakston,Greham

http://amazon.imdb.com/Details/ASIN

http://amazon.imdb.com/Name?Watson, Emily

http://amazon.imdb.com/Name?Stoddart,Hugh

http://amazon.imdb.com/www-wp7.washingtonpost.com/wp-srv/style/movies/oscars/emilywatson.htm (Washingtonpost.com: Emily Watson Filmography)

http://amazon.imdb.com/www.ncapartnents.com/oscars/watson/html (Best Actress Nominee — Emily Watson)

The Jacksonville Film Journal — Film reviews by Chuck Dowling.

http://www.skillsware.couk/theatre/video54.htm

http://www.personal.psu.edu/faculty/t/a/kaw16/Eliot.htm

한애경

이화여자대학교 영어영문학과를 졸업하고, 서울대학교 대학원에서 영어영문학과 석사 및 박사학위를 받았다. 현재 한국기술교육대학교교수로 재직중이다.

저서 및 역서로는『죠지 엘리엇과 여성문제』,『19세기 영국 여성작가 읽기』,『19세기 영국소설과 영화』,『플로스강의 물방앗간 1, 2권』등이 있다.

영미소설 해설총서 8 플로스강의 물방앗간

1판 1쇄 찍음 • 2010년 12월 20일
1판 1쇄 펴냄 • 2010년 12월 30일

지은이 • 한 애 경
발행인 • 정 현 걸
발 행 • 신 아 사
인 쇄 • 예지인쇄

출판등록 • 1956년 1월 5일 (제9-52호)
서울특별시 은평구 녹번동 28-36 2F
전화 02.382.6411 • 팩스 02.382.6401
홈페이지 • www.shinasa.co.kr
이메일 • shinasa@chol.com

ISBN 978-89-8396-721-3 (93840)
정가 **12,000** 원